L'ÉLYSÉE DE MITTERRAND

SECRETS DE LA MAISON DU PRINCE

Michel Schifres est né en 1946 à Orléans (Loiret). Marié, deux enfants. Centre de formation des journalistes. Depuis 1982, il est rédacteur en chef du Journal du Dimanche.
Michel Sarazin est né le 3 août 1955 à Paris. Marié, un enfant. Centre de formation des journalistes, promotion 1976. Il est chef du Service politique du Journal du Dimanche.

Voyage à l'intérieur de la première maison de France et radiographie de la Présidence de la République, ce livre révèle tout de l'Elysée : la vie quotidienne des quelque sept cents personnes célèbres ou obscures, qui font « tourner » le palais; le fonctionnement politique des rouages du pouvoir suprême; les méthodes de travail et les habitudes de François Mitterrand et de ses conseillers. Ouvrage de journalistes attachés avant tout aux faits, ce livre repose sur une longue enquête durant laquelle les auteurs ont interrogé, souvent à plusieurs reprises, environ cent cinquante personnes; suivi des voyages présidentiels; visité l'Elysée de fond en comble jusqu'au plus secret, la salle « Jupiter » d'où le chef de l'Etat peut déclencher la bombe atomique; suivi la préparation d'un conseil des ministres; etc.

Tout à la fois tableau de la vie au jour le jour à l'Elysée, galerie de portraits des « hommes du Président » et description de la manière dont s'exerce le pouvoir, ce livre concilie le récit et l'ouvrage de référence, avec ses annexes et ses index auxquels on se reportera pour connaître la « manière » Mitterrand d'occuper ce lieu dont les socialistes sont restés éloignés pendant vingt-sept ans.

MICHEL SCHIFRES
MICHEL SARAZIN

L'Élysée
de Mitterrand

SECRETS DE LA MAISON DU PRINCE

ÉDITIONS ALAIN MOREAU

PROLOGUE

L'ENTRÉE À L'ÉLYSÉE

CE matin du jeudi 21 mai 1981 un soleil timide tente de percer les nuages parisiens. Quelques hommes sont réunis dans le petit salon des appartements privés de l'Elysée. Il n'est guère plus de dix heures et François Mitterrand, Pierre Mauroy, Pierre Bérégovoy, André Rousselet, Michel Vauzelle, Jean Glavany, une dizaine en tout, ceux qu'on appellera plus tard, par commodité et par tradition, les hommes du Président, parlent de choses et d'autres. C'est-à-dire de rien. Ce rien, justement, donne son poids à la conversation. Chacun sent que des mots graves ou des phrases sentencieuses détruiraient la grâce de l'instant. Le moment est trop doux, trop délicieux, trop impalpable pour qu'on se montre brutal et pompeux. Comment pourrait-on, sans paraître cuistre, décrire le bonheur ? Comment pourrait-on, sans être butor et alors que Valéry Giscard d'Estaing vient à peine de quitter le Palais sous les lazzis de la foule, peindre la joie ? Même si cette joie habite les uns et les autres devant l'extraordinaire réalité : ils sont à l'Elysée. Parce que les Français leur ont confié le pouvoir pour sept ans. Sur une ligne politique ébauchée il y a presque vingt ans. Alors peu importe, comme ils le savent au fond d'eux-mêmes, que Valéry Giscard d'Estaing ait plus perdu que François Mitterrand n'a gagné, peu importent arguties et analyses, le fait est là.

Vingt-sept ans qu'un président de la République socialiste n'était pas installé à l'Elysée ! Mais c'était Vincent Auriol et c'était un homme qui devait son succès autant aux notables du centre et de la droite qu'à ceux de la gauche et c'était, comme tous ceux de la IIIe et de la IVe République, un chef d'Etat sans grand pouvoir. Vingt-trois ans qu'un ministre socialiste d'importance n'avait pas franchi les portes du palais pour se rendre au Conseil ! Mais c'était Guy Mollet et c'était, lui qui se voulait le « père des socialistes français », un socialiste détesté et haï par une partie de ses enfants et c'était le socialisme de la guerre d'Algérie et du « oui » à la Constitution du général de Gaulle ! Deux ans qu'un socialiste n'avait pas parcouru les salons de la Présidence et c'était déjà François Mitterrand. Mais c'était un François Mitterrand résolu dans son opposition qui, pour la troisième fois seulement depuis 1958, venait en ces lieux et c'était un homme qui y venait, comme chaque fois, dire qu'un accord n'était pas possible entre la politique qui s'élaborait là et celle qu'il incarnait.

Cet homme, qu'aucun de ceux qui l'entourent, ce jeudi, n'appelle encore « Monsieur le Président » et que tous continuent de nommer « Monsieur » ou « Président », un titre si commode dans la politique française qu'il convient à tout le monde, cet homme-là disait il y a peu de semaines encore : « Si je m'installe un jour à l'Elysée, ne croyez pas que j'en tirerai un quelconque plaisir personnel. Cette fonction, avec ce qu'elle impose et ce qu'elle empêche, c'est même l'une des choses que je redoute le plus. » Il disait aussi : « Victoire, échec, on est toujours seul

8

devant soi. » Sans doute mais pour les hommes qui l'entourent, l'heure n'est pas à la solitude. Ils ont encore dans leur mémoire les images qui vont devenir leur histoire. Celle de François Mitterrand, ce dimanche 10 mai, apprenant à Château-Chinon, là où il s'est toujours tenu les soirs d'élection, sa victoire. Robert Mitterrand, François de Grossouvre, Roger Hanin, Christine Gouze-Renal, Jean Riboud, Irène Dayan, Marie-Claire Papegay [1] ont effectué le voyage-pèlerinage. Ils sont de ceux qui entendent à la mairie de la petite ville nivernaise la première déclaration de Mitterrand-Président : « Je mesure le poids de l'histoire, sa rigueur, sa grandeur; seule la communauté nationale entière doit répondre aux exigences du temps présent. J'agirai avec résolution pour que, dans la fidélité à mes engagements, elle trouve le chemin des réconciliations nécessaires. »

La phrase et le climat du premier soir se sont estompés dans le souvenir. Et pour les amateurs d'images fortes, ce jeudi, le jour de gloire de François Mitterrand commence. Les symboles ne manquent pas. Comme l'entretien de quarante-sept minutes entre le nouveau et l'ancien président qui marque la rupture. Comme l'accolade que le chef de l'Etat donne, à l'issue de la cérémonie d'intronisation — « C'est convaincre qu'il m'importe et non vaincre » — au seul Pierre Mendès France, un Mendès France ému et qui pleure. Comme la présence à l'Arc de triomphe de tous les amis qui jalonnent une vie politique : Mélina Mercouri, Andréas Papandreou, Mario Soarès, Felipe Gonzalès, Willy Brandt, Olof Palme, Léo-

1. Nous retrouverons tous ces personnages, ainsi que ceux qui suivent, au fil des pages. En annexe, figurent les organigrammes des conseillers avec leur date de naissance et un écorché de l'Elysée.

pold Senghor, Hortensia Allende, Arthur Miller, Carlos Fuentes, Gabriel Garcia Marquez, Mikis Theodorakis. Comme la montée vers le Panthéon, rose à la main, seul devant la multitude, dans le déchirement de *L'Hymne à la joie* et le recueillement, toujours rose à la main, devant les tombes de Jean Moulin, de Victor Schoelcher, de Jean Jaurès. Au même moment, pour que la symbolique soit parfaite, Jacques Attali, lui, dépose une autre rose sur le monument de Léon Blum.

Ce jeudi soir (Pierre Mauroy, Pierre Bérégovoy et Jean Saulnier, le chef d'état-major, ont été nommés dans la matinée) les hommes du Président auront vécu, comme des millions de Français mais sans doute avec encore plus d'émotion qu'eux, la première journée d'un chef de l'Etat. Et demain, ils se mettront au travail dans leur nouveau bureau — l'Elysée. Depuis longtemps déjà, quelques-uns connaissent leurs futures responsabilités. Au lendemain du premier tour, le 27 avril, les résultats indiquaient tellement une chance sérieuse de l'emporter que François Mitterrand a griffonné sur un de ces bouts de papier qui emplissent toujours ses poches la liste de ceux qui pourraient être ministres et celle de ceux qui seront, en tout état de cause, ses collaborateurs. Ces listes, celui qui n'est encore que le candidat les garde pour lui : il est trop tôt et les Français se sont révélés trop souvent des électeurs qui entendent rester maîtres du scrutin jusqu'au bout pour les dévoiler. Mais, dès la victoire, les choses vont vite. Du moins pour ceux qui sont des intimes du nouveau président.

André Rousselet, par exemple. L'homme a l'élégance naturelle et un charme physique immédiat. Habitué à séduire et visiblement aimant cela, il ressemble volontiers aux Anglais tels qu'on les imagine. Moins d'ailleurs par ses costumes de flanelle admirablement coupés ou sa parfaite connaissance du vin que par une nonchalance soignée — vite démentie par une lecture rapide de son agenda — et un humour qui ne dit pas mais suggère, qui ne provoque pas le rire mais suscite le sourire, qui ne foudroie pas brusquement mais assassine sûrement. Si en écoutant Giscard on se sentait, comme on l'a dit, intelligent, avec lui on a l'impression d'être brillant. Ces quelques traits lui vaudraient déjà d'être considéré comme un mitterrandien et d'appartenir à la galaxie fermée et prisée des intimes. André Rousselet a d'autres caractéristiques qui ne peuvent que le faire aimer du chef de l'Etat. D'abord il est fidèle : ce n'est pas tout le monde qui, sous-préfet, abandonnerait la carrière parce que l'homme, François Mitterrand, dont il a été le chef de cabinet, lui assure, en 1958, qu'on ne peut cautionner le régime gaulliste. Et qui, chaque fois que ce sera nécessaire, se mettra « au service ». Ensuite il est libre : même s'il a été député F.G.D.S. en 1967, même s'il est tout acquis au destin de François Mitterrand, jamais il ne prendra sa carte au parti socialiste et il n'aura cure du reproche qui montera, à différentes reprises, plus ou moins fort, plus ou moins haut, des rangs de la gauche. Enfin il a réussi : les affaires qu'il a dirigées, notamment la compagnie de taxis parisiens G. 7, ont été généralement des succès.

Sa passion du golf, son goût de la peinture, son souci de discrétion, la réserve hautaine qu'il manifeste parfois au point d'être autoritaire, cassant et donneur de leçons, oui, tout cela aussi ne peut que le rapprocher de François Mitterrand. D'autant qu'il a déjà une conception très haute des hommes qui doivent servir le Président : être à l'Elysée se mérite, ne serait-ce que par son comportement, et requiert une dignité de tous les instants. Déjà s'annonce l'homme qui va prendre un poids important à la Présidence : à cinquante-neuf ans, l'autorité ou le sens de l'Etat (la différence n'est pas aisée à établir) ne lui font pas peur mais l'indécision, l'hésitation le rebutent. Ce n'est pas son genre. Il serait plutôt sans pitié.

Deux jours après la victoire, à son domicile parisien, rue de Bièvre, François Mitterrand lui demande donc de venir travailler avec lui à l'Elysée. Qu'est-ce qui vous intéresserait? l'interroge-t-il. André Rousselet ne répugnerait pas à jouer le rôle que tenait Pierre Juillet auprès de Georges Pompidou, un rôle de conseiller-confident, prompt à régler les affaires et résolu à s'occuper de celles qui nécessitent plus d'ombres que de lumière. Il le dit. Il souhaiterait également que la fonction de directeur de cabinet soit recréée et ne se cantonne pas à la gestion de l'agenda présidentiel. Il le dit. Il considère enfin qu'à son âge et compte tenu de ses responsabilités, il n'a plus à faire carrière, ni à en commencer une nouvelle, bref qu'il ne viendra que s'il peut être utile et que sa venue sera avant tout un témoignage d'amitié. Il le dit. C'est dit et c'est fait : André Rousselet sera directeur de cabinet.

François de Grossouvre, non plus, n'a pas de carrière à mener et il est, lui aussi, un proche de François Mitterrand. Il ne se souvient même pas quand son ami François lui a proposé de venir au palais ou même s'il le lui a proposé. Cela s'est enclenché comme ça, c'était naturel, ce ne pouvait être autrement : où est Mitterrand est Grossouvre. C'était physiquement vrai pendant la campagne : il habitait rue de Bièvre. Chez Roland Dumas. Un peu comme pour Jacques Attali : il en serait, forcément. Même chose pour Guy Penne : lui, au lendemain du 10 mai, a reçu un coup de téléphone du Président. Simplement pour l'avertir de se tenir prêt s'il acceptait d'aider le chef de l'Etat. Quinze jours après, il était convoqué : ce serait l'Afrique. Quant à Charles Salzmann, autre intime, qui douterait qu'il soit à l'Elysée ? Le Président ne lui téléphonera toutefois qu'une fois installé au Palais. Et Paul Guimard ? Et Régis Debray ? Un jour, rue de Bièvre, ils descendent l'escalier pour passer à la salle à manger. « Que souhaitez-vous faire ? » demande Mitterrand. « La culture », dit le premier. « Le tiers monde », répond le second. On n'y reviendra plus.

Il n'en est pas de même pour Pierre Bérégovoy : lui n'est pas un ami, ni même un proche. Tout juste un familier. Et un formidable animal politique.

La route a été longue pourtant et cet homme qui va bientôt gouverner l'Elysée n'oublie jamais qu'à six ans, il écrivait, lui qui fut la première génération de sa famille à aller à l'école, les lettres des siens et qu'à quinze ans et neuf mois, le 2 octobre 1941, il dut se mettre au travail : graisseur de machines dans une usine de textile. Dès lors la volonté, que chez lui on ne doit jamais oublier même si, l'âge venant, le corps est enveloppé et peut donner l'impression — illusoire — de la bonhomie placide, oui, la volonté ne le quittera plus. Il en faut pour réussir quand on est parti du plus bas. Pour, entré en politique, devenir l'ami de Mendès France qui apprécie la clarté, la rigueur et la capacité de travail de ce fidèle. Pour s'imposer aussi chez les intellectuels et les « nantis » qui ironisent un peu sur « Béré », trop habile, trop attaché à sa réussite, trop personnel. L'homme n'est ni un dilettante ni un nonchalant et dans certains milieux, ces qualités-là sont vite considérées comme des défauts. Pierre Bérégovoy, chaque fois, serre les dents et ne dit mot : mordant comme peuvent l'être les gentils, fidèle et finalement timide, il sait qu'il forcera une fois encore le destin — et les autres — par son efficacité et que sa devise — « quand on veut, on peut » — saura toujours triompher. François Mitterrand, qu'il a rencontré au début des années 60 et avec lequel il travaille depuis 1973, lui a décerné, dans un de ses livres, cet hommage : « Un grand souci de conciliation et une égale fermeté. » Entre les deux hommes, même si l'attachement au terroir les réunit — Pierre Bérégovoy collectionne les outils de paysans —, la conquête sera lente; une fois acquise, la confiance sera solide. Alors, entre eux, il y a peut-être moins d'amour que d'estime, mais quand il s'agit de travailler, quel est de ces deux sentiments le plus important ?

En tout cas, élu, François Mitterrand songe très vite à faire de cet organisateur-né son principal collaborateur. Sans doute a-t-il pensé, avant même sa victoire, à le nommer secrétaire général de l'Elysée. Dès le 11 mai, il le charge de diriger ce qui allait devenir l'antenne présidentielle. L'expression a une histoire : un jour « Béré » téléphone à l'Agence France-Presse pour dicter un communiqué. La sténographe demande qui transmet l'information. Silence. « Mettez l'antenne présidentielle de François Mitterrand. » Voilà la structure baptisée.

L'antenne reste pour ceux qui y ont participé une expérience démente et passionnante. Le lieu ? 10, rue de Solférino, à Paris, à deux pas du P.S., un grand appartement clair de six pièces, sans beaucoup de meubles, qui donne à la fois sur la rue et sur l'hôtel de la Légion d'Honneur. Ce n'est pas très « fonctionnel » et c'est assez bruyant. La mission ? Triple : assurer la liaison avec l'ancien régime, répondre aux multiples interlocuteurs qui cherchent à lier contact avec le nouveau pouvoir et préparer les premières décisions. Les personnages ? Une vingtaine pas plus, même si parfois les allées et venues donnent l'impression d'un immense état-major. Désignés comment ? Comme toujours avec François Mitterrand, on a le sentiment que le choix s'est effectué à l'improviste, presque avec précipitation, et à l'affection. En réalité, ce sont tous des fidèles que le leader socialiste connaît bien et dont il a mesuré depuis longtemps les compétences et les qualités.

Hubert Védrine se trouve ainsi à Château-Chinon le soir de l'élection. Le Président lui indique simplement de téléphoner le lendemain à son secrétariat. Il obéit et n'entend plus parler de rien jusqu'au mardi où Michel Vauzelle, autre fidèle de François Mitterrand depuis 1974, lui demande de venir d'urgence à l'antenne. Il quitte son bureau, se précipite, tombe sur Pierre Bérégovoy qui lui confie une masse de télégrammes diplomatiques émanant du monde entier et félicitant François Mitterrand de sa victoire. « Réponds-leur », est la seule consigne. Mais comment répond-on à Ronald Reagan, Leonid Brejnev, Helmut Schmidt ou à la reine d'Angleterre ? Alors Hubert Védrine improvise et, faute qu'on lui ait jamais précisé plus en détail ses fonctions, devient le « diplomate » de l'équipe, travaillant de sept heures du matin jusqu'à minuit dans l'appartement de la rue de Solférino et faisant porter, rue de Bièvre, les parapheurs.

Tous sont logés à la même enseigne. Tous travaillent beaucoup et tous découvrent leur nouveau métier. Sans toujours bien savoir ce qu'il faut faire : parce qu'il présente bien et qu'un avocat, ça sait parler, Michel Vauzelle est réquisitionné pour aller accueillir aux aéroports les personnalités venues assister à l'intronisation de François Mitterrand. De passage à Paris, le président du pétrole mexicain souhaite-t-il rencontrer un spécialiste socialiste? Ce sera Alain Boublil. Nathalie Duhamel, elle, s'occupe des journalistes qui découvrent l'univers mitterrandien. Les tâches des uns et des autres ne sauraient cependant pas être résumées à ces anecdotes et si leur travail est un étonnant mélange de technicité, d'artisanat et de débrouillardise, ils constituent presque le futur organigramme de l'Elysée et ils fonctionnent déjà comme ils fonctionneront plus tard au palais.

Fonctionner... Le mot est bien venu et correspond exactement à la situation. C'est que les conseillers de François Mitterrand, s'ils découvrent les aspects « techniques » de la fonction présidentielle, n'ont à imaginer ni une politique ni même des mesures conjoncturelles. Tout a été élaboré depuis de longs mois par les multiples experts du parti socialiste. Mieux, dès février 1981, une équipe, réunie autour de Jacques Attali et qui comprend la majorité de ceux qu'on retrouvera à l'Elysée, a non seulement animé la campagne du candidat mais a également affiné les décisions qui devront être prises après la victoire.

Au fur et à mesure que l'échéance s'approche, deux groupes de travail apparaissent : un groupe Attali, où se retrouvent par exemple Alain Boublil, François Stasse, Régis Debray, François Hollande, Ségolène Royal ou Maurice Benassayag, qui élabore les « 110 propositions » de François Mitterrand et réfléchit aux moyens de sortir de la crise; une équipe Jacques Fournier-Nicole Questiaux qui programme dans le temps les mesures qui devront être adoptées. Ces deux structures, déjà en liaison pendant la campagne sous le contrôle de Jacques Attali, se fondent au lendemain du 10 mai et multiplient les notes aussi bien à l'intention du Président que des futurs ministres : ceux-ci pourront ainsi être rapidement opérationnels et ne pas donner le sentiment d'une vacance du pouvoir. Nouveau taux du SMIC, augmentation du minimum vieillesse et des allocations familiales, modifications en ce qui concerne les retraites, abaissement de la durée du travail, création d'emplois de fonctionnaires sont ainsi décidés avant même que François Mitterrand ne soit officiellement entré en fonction. Ces documents de travail ne s'attachent pas qu'aux mesures ponctuelles : ils orientent également la réflexion dans tous les domaines aussi bien pour ce qui est des prochaines législatives — depuis longtemps François Mitterrand a fait savoir qu'il dissoudrait l'Assemblée nationale — qu'en ce qui concerne la défense du franc. Qui, ces temps-là, baisse et s'en va : tous les jours, pendant une semaine, entre le 11 et le 18 mai, de sept cent millions à un milliard de dollars quittent la France [2] sans que personne ne bouge : Raymond Barre n'entend prendre de mesures que si François Mitterrand le lui demande et celui-ci ne veut assumer les affaires que lorsqu'il sera investi.

De part et d'autre, volontairement, rien ne se passe et l'Etat semble pétrifié. Conséquence dramatique et symbole dérisoire de la coupure en deux, non de la France (elle montre plus de maturité) mais de la classe politique. Quand on pense qu'entre le 5 mai, date de leur duel à la télévision, et le 21, où un protocolaire tête-à-tête les réunit, Giscard et Mitterrand ne se sont pas rencontrés... Seize jours où l'Histoire bascule sans que ses acteurs se parlent !

Pendant toute cette période, l'antenne a trouvé son rythme de croisière; chaque jour on y fait le point; Jacques Fournier et Nicole Questiaux y

2. Cité par Philippe Bauchard in *L'Expansion* du 11-24 mai 1984.

sont installés; Jacques Attali y a un bureau et, surtout, assure la liaison avec la rue de Bièvre. Les uns et les autres ont pris leurs contacts : le diplomate Hubert Védrine, par exemple, dispose, dès le 13 mai, grâce à Jacques Viot, le directeur de cabinet du ministre giscardien Jean François-Poncet, de la collection des télégrammes diplomatiques et d'une quarantaine de dossiers, établis spécialement, sur les sujets en cours.

La transmission des pouvoirs d'une présidence à l'autre se déroule d'ailleurs de manière fort correcte : André Rousselet rencontre plusieurs giscardiens comme Jean Serisé, le conseiller et l'ami de Valéry Giscard d'Estaing, prend contact avec le préfet de Police, s'entretient avec le chef du protocole; le général Saulnier [3], le futur chef d'état-major particulier du président de la République, a différentes conversations avec ses prédécesseurs; la majorité des documents de son secteur lui sont remis même si quelques trous existent sur les rapports avec les alliés et... certaines affaires africaines. Pierre Bérégovoy, lui, est partout : il anime, il coordonne; il rencontre les syndicats; il appelle la presse; il se rend au Quai d'Orsay, au secrétariat général de la Défense, ailleurs aussi. Ne connaît-il pas quelqu'un avec qui il veut parler ? Il prend son téléphone, se présente et discute; le 15 mai à quinze heures quarante-cinq pour la première fois, il rencontre Jacques Wahl, le secrétaire général de Giscard. Il est très ému : il est, officiellement, le premier socialiste à entrer à l'Elysée. Les deux hommes sympathisent et la conversation est presque amicale.

Pourtant, entre eux, une négociation au moins est serrée. François Mitterrand a averti : « Je n'assumerai la présidence de la République que le

3. Voir le chapitre « Jupiter et la Défense ».

jour où j'aurai pris effectivement mes fonctions. »
Valéry Giscard d'Estaing, lui, avait pensé, dans un
premier temps, « rendre l'Elysée » le 26 mai, puisqu'il y avait été installé le 27 mai 1974. Puis, se
ravisant et trouvant le délai trop long, il avait
suggéré le 19 mai, jour anniversaire de son élection. Les socialistes, pour leur part, ne voulaient
rien faire qui ne soit pas parfaitement légal et
entendaient suivre l'avis du Conseil constitutionnel. Pour ce dernier la passation des pouvoirs
doit avoir lieu le 24 mai au plus tard. Va pour le
20, juge Mitterrand. Mais le 20 est un mercredi et
il y a conseil des ministres. Bérégovoy en réfère à
Wahl qui en réfère à Giscard. « A dix-huit
heures », propose celui-ci. Consulté, Mitterrand se
met en colère : on se moque de lui ! De nouveau on
discute. « Alors quinze heures », suggère Giscard.
Cette fois Mitterrand — il est dans la Nièvre —
explose : que signifient tous ces atermoiements,
ces marchandages ? Finalement, on se met d'accord.
Sur le 21, à neuf heures et demie du matin.

En définitive, le grotesque sera rare mais le
ridicule existera. De part et d'autre. Comme l'assurance demandée par les giscardiens que les
avantages de tout ancien chef d'Etat soient main-
tenus pour le Président sortant. Comme le vœu
des socialistes qu'on procède, avant leur arrivée,
à un inventaire des objets précieux de l'Elysée
afin qu'ils ne disparaissent pas !

C'est la règle en République : place nette doit
être laissée au successeur et le chef de l'Etat sortant emmène toujours ses « papiers » avec lui.
Valéry Giscard d'Estaing suivra la coutume et
transmettra un seul document : une lettre où il
attire l'attention sur le recours en grâce du dernier condamné à mort.

Pendant toute cette période, mis à part quelques sorties officielles ou privées, François Mit-

terrand demeure rue de Bièvre. Seul symbole que le pouvoir se situe désormais dans cette ruelle : devant le 22, deux agents de police en gants blancs et fourragère rouge. Dans sa maison, le chef de l'Etat reçoit beaucoup, non seulement les proches mais aussi ceux, plus éloignés, qui vont devenir ses ministres — Michel Jobert, par exemple, s'entretient avec lui dès le 11 — ; il consulte; il peaufine la liste du gouvernement que dirigera Pierre Mauroy; il dîne, comme toujours, avec de nombreux amis. Le mercredi soir, veille de son installation officielle, il y soupe encore avec quelques fidèles comme André Rousselet. Il ne prendra son premier dîner à l'Elysée que le lendemain, le jeudi soir.

Dans son bureau pigeonnier près de la Seine, le Président imagine également ce que sera l'Elysée : très vite il a demandé aux hommes qui l'entourent depuis longtemps, Jacques Attali, André Rousselet, Pierre Bérégovoy et Jean-Claude Colliard, de réfléchir à une organisation de la Présidence. Un signe : il leur suggère d'en examiner le fonctionnement sous Giscard bien que, dit-il, ce ne soit sans doute pas le plus intéressant. Surtout, il leur conseille de se référer à la marche de la maison sous de Gaulle. Pendant cette période, il constitue aussi son état-major. Sans toujours en prévenir vraiment les intéressés. Dès le 11 mai, par exemple, il avertit Michel Vauzelle qu'il souhaite le conserver avec lui à l'Elysée. Les deux hommes se connaissent depuis 1974 et, en janvier, François Mitterrand lui a téléphoné pour le prier de rejoindre son équipe. Dès le 15 il est entendu que Michel Vauzelle sera porte-parole; lui s'en doute, des bruits lui sont venus aux oreilles, mais il attendra le 23 pour que cela lui soit officiellement confirmé. Ce matin-là François Mitterrand le reçoit en tête-à-tête. L'offre lui est faite. Vauzelle est indécis : il souhaite, certes, mener une carrière politique mais cette fonction-là lui semble bien trop en vue. De plus, explique-t-il, je suis plutôt d'un tempérament discret et réservé; je parle peu. « Vous conviendrez donc parfaitement », lui répond le Président. L'affaire est conclue.

Il n'est pas le seul alors à être dans ce cas. Alain Boublil, présent à l'antenne, n'apprit qu'il serait à l'Elysée que le jour même de l'installation présidentielle. Rares sont ceux qui ont rapidement des assurances et beaucoup se posent des questions : Jacques Attali est de ceux-là et Pierre Bérégovoy se demandera un temps s'il vaut mieux être secrétaire général ou ministre.

Le recrutement s'opère aussi par le biais des plus proches collaborateurs du chef de l'Etat qui prennent contact avec ceux avec lesquels ils souhaitent travailler. Au point qu'un temps, l'impression se dissipera assez vite, on aura le sentiment à l'Elysée de vivre avec trois équipes concurrentes. Jacques Attali amène Jean-Louis Bianco, Pierre Morel, François Hollande et Ségolène Royal. André Rousselet, lui, constitue le cabinet. Comme adjoint, il sollicite Jean-Claude Colliard qui avait déjà participé à la campagne de 1974 et qui, depuis 1979, universitaire, s'était replié à Nantes. Un temps André Rousselet avait pensé à un préfet — alors en place — mais le recrutement a achoppé.

Jean Glavany est chef de cabinet : travaillant depuis longtemps avec François Mitterrand, il rechigne un peu à accepter le poste; il considère anormal de ne pas avoir la totalité des prérogatives de son homologue giscardien. André Rousselet recrute encore, comme conseiller technique, un homme que peu de socialistes connaissent, qui lui a été recommandé par le préfet Maurice Grimaud et qui fera rapidement son chemin : Gilles Ménage. Ces choix sont, bien sûr, soumis au chef de l'Etat qui n'en écarte aucun. Pierre Bérégovoy, lui, a moins d'états d'âme. Le Président lui demande-t-il de réfléchir au recrutement ? Alors il prend un organigramme de la maison du temps de Valéry Giscard d'Estaing et met des noms en face des fonctions ! Simplement il veille à ce que Michel Charasse, un autre fidèle, qui, depuis son bureau du Sénat, a fourni maintes notes politiques, bénéficie d'un traitement particulier et soit nommé « conseiller auprès du secrétaire général », un titre qui n'existait pas. A tous, le jeudi, alors qu'ils remontent la rue Soufflot pour gagner, à la suite de François Mitterrand, le Panthéon, il recommande : « Rendez-vous demain. A onze heures. A l'Elysée. »

Le vendredi, l'Élysée ressemble un peu au désert des Tartares. Chacun y erre, désœuvré, dans l'attente d'on ne sait quel événement qui ne se produit pas. Par petits groupes, les conseillers visitent, découvrant des salons, ouvrant des portes, se saisissant çà et là d'un bureau. De temps en temps on leur confie une mission mais en dépit de la joie qui leur tient chaud au cœur — même si elle est moins intense que la veille — ils sont mal à l'aise. Ils ne savent ni trop quoi faire ni trop comment se conduire : le tutoiement est la règle mais Jean Glavany a jugé bon, c'est un symbole, de mettre une cravate, lui qui n'en porte jamais. Ils ont des surprises d'enfants, c'est-à-dire d'opposants qui ne connaissent rien des marques du pouvoir et s'étonnent de ce que d'autres ne voient même plus : à un de ses visiteurs, un conseiller demande, ce jour-là, s'il souhaite se rafraîchir. Un huissier est mandé et la commande passée. Peu après elle est apportée. Alors le conseiller : « Vous vous rendez compte. Ici, même pour un verre d'eau, ils servent en gants blancs. »

On pourrait sourire si on oubliait la coupure qui existe, en France, entre majorité et opposition et l'invraisemblable climat de guerre froide qui est la règle en politique. Au pouvoir, on a tout et dans l'opposition rien ou presque. Perdus, un peu inquiets, sans grandes idées de ce qui les attend, les hommes du Président n'ignorent pourtant pas qu'ils incarnent le nouveau pouvoir et que bien des gens ont les yeux braqués sur eux : voilà qui ne facilite pas les choses et rend nerveux. Et quand, plus tard, André Rousselet expliquera que, pour le bien même du chef de l'Etat, chacun doit essayer de donner à l'extérieur l'image la plus flatteuse qui soit, la remarque, bien qu'évidente, sera mal prise par beaucoup.

Pendant que ses conseillers se baguenaudent ainsi, heureux et empruntés, ce vendredi François Mitterrand prépare, avec ses plus proches collaborateurs, son gouvernement — il sera connu dans la soirée. Tôt le matin, il s'est installé pour travailler dans le bureau de Valéry Giscard d'Estaing. La chose surprend et choque Michel Vauzelle : respectueusement, il évoque la pièce où se tenait le général de Gaulle. Le chef de l'Etat hausse les épaules : comme si cela avait de l'importance ! Cependant, peu après il s'installe — et y restera — dans l'endroit qu'avait choisi de Gaulle. Michel Vauzelle connaît trop son Mitterrand pour croire que son intervention ait pu être décisive. De fait, quelques jours seulement après sa victoire, François Mitterrand avait déjà décidé d'habiter ce cabinet-là.

Les autres bureaux sont attribués le lendemain samedi. L'affaire n'est pas qu'anecdotique. Comme dans tous les lieux de pouvoir, elle est même essentielle puisque la grandeur, le volume et surtout l'implantation du logement témoignent de l'importance de l'occupant. François Mitterrand, d'ailleurs, supervisera la répartition effectuée par Pierre Bérégovoy et Jacques Fournier. En fait, à l'Elysée, cinq bureaux seulement sont réellement plaisants; ceux qui, au premier étage et en façade, donnent sur le parc. Les pièces du Président et de son secrétariat décomptées, il en reste trois. Tout naturellement, les grands commis s'y installent : Pierre Bérégovoy dans le bureau traditionnellement affecté au secrétaire général (il y trouve un petit mot de Jacques Wahl : « Voici mon téléphone si vous avez besoin de précisions »), André Rousselet dans celui de Giscard et Jacques Attali, après quelques péripéties qui font sourire l'Elysée[4], dans celui qui jouxte celui du chef de l'Etat. D'autres ont aussi leurs places désignées : le général Saulnier siège rue de l'Elysée à l'état-major particulier et le porte-parole, Michel Vauzelle, dans l'ancienne sacristie du palais. Guy Penne, lui, hérite — il viendra plus tard —, rue de l'Elysée, d'une pièce gigantesque avec terrasse et beau jardin. Il n'aime pas l'inconfort et apprécie peu le palais. Alors il s'est replié sur ce qui fut le bureau de Jacques Foccart du temps du général de Gaulle et Jean-Christophe Mitterrand occupe la pièce qui fut la salle de cinéma de Georges Pompidou quand, malade, il avait habité la Présidence. L'immeuble faillit aussi devenir les appartements privés du chef de l'Etat : Giscard, un temps, y songea.

Les autres conseillers s'installent où on le leur indique et, même si on procède encore à quelques changements, tout est bientôt réglé. Certains ont même de petites joies : Alain Boublil ne possède-t-il pas un globe terrestre qui, dit-on, était dans le bureau de De Gaulle et les fauteuils du secrétaire

4. Lire pages 183 et 184.

général ne sont-ils pas ceux dans lesquels s'asseyaient les visiteurs du général ? Certains s'aménagent leur « chez-soi » : ainsi Charles Salzmann remplace les tableaux qui lui sont attribués par ceux que peint sa fille Juliette.

Ce samedi encore, le matin, François Mitterrand reçoit en tête-à-tête quelques-uns de ses conseillers. Puis il réunit tous ses collaborateurs à dix heures et demie; il annonce les nominations, fixe les responsabilités et définit le fonctionnement de la maison : le secrétariat général suivra l'action gouvernementale et le cabinet s'occupera essentiellement des activités de François Mitterrand. André Rousselet souhaite que la presse, l'audiovisuel et le contact avec les préfets fassent également partie de ses attributions; cela lui sera accordé. Désormais tout est en place. Même si François Mitterrand, mécontent de découvrir dans la presse l'organigramme de l'Elysée et furieux que des fuites aient pu se produire, ajourne quelques nominations.

L'ordre donc règne et tout va très vite : dès le dimanche, le 24, trois jours seulement après l'installation, Helmut Schmidt est reçu à Paris. La machine est huilée et ses plus modestes servants, c'est-à-dire l'ensemble du personnel de l'Elysée, travailleront comme à l'accoutumée, presque comme s'il n'y avait pas eu changement de pouvoir : craignant d'être remplacés par les nouveaux maîtres, ils seront vite rassurés et ceux qui partiront [5] ne devront cette décision qu'à leur propre choix.

Bref, cette fois, les socialistes sont à l'Elysée. Tout leur appartient et les quinze jours de rêve

5. Ils sont rares : dans un premier temps l'intendant et le valet de chambre de l'ancien chef de l'Etat démissionneront à la demande, dit-on, de Valéry Giscard d'Estaing. Pour sa part, le général Saulnier conservera à l'état-major deux officiers de l'ancienne équipe : consulté, François Mitterrand ne fera aucune objection.

qu'ils viennent de vivre augurent un septennat où sans doute des difficultés surgiront (qui, au palais, serait assez fou pour ne pas les imaginer?) mais qui sera (qui, au château, oserait prétendre le contraire?) celui d'une nouvelle étape de la construction française et qui marquera leur présence dans l'Histoire. Ils sont là pour bâtir, pour édifier ce socialisme à la française dont ils rêvent depuis des années et s'inscrire dans la continuité du temps.

Las, au fil des mois, le rêve se brisera. Les réalités économiques, avec leur cohorte d'indices médiocres et de résultats déprimants, changeront à leur tour le changement. Et les Français diront sans fard, au travers des élections partielles et des sondages, qu'à défaut de regretter leur vote de 1981 ils n'approuvent pas la politique que ces hommes-là mènent. Quel abîme quand on se souvient qu'en juin 1981, 74 pour 100 d'entre eux se déclaraient satisfaits de l'élection de François Mitterrand et quand on constate qu'à mi-course du septennat, trois ans et demi plus tard, ils n'étaient plus que 26 pour 100 à avouer leur satisfaction devant son action.

Entre-temps les citoyens, incrédules puis éberlués, ont tenté de suivre, et pour beaucoup de comprendre, une politique qui donnait le tournis : certaines fois le pouvoir se crispait sur un combat douteux, comme celui de l'école libre, pour l'abandonner ensuite; d'autres fois il définissait des buts économiques qu'il laissait en chemin pour en adopter d'autres, volontiers antagonistes; ailleurs, il faisait la leçon aux Américains pour, après, être l'allié le plus fidèle et le plus sûr; un temps il avait défini un programme et tracé une ambition qui ne se retrouvaient guère dans la gestion du quotidien; un autre il présentait l'Etat comme la panacée pour en découvrir vite les horreurs et prôner, en l'avouant à mi-voix, un libéralisme discret; la rigueur, sous l'égide de la modernisation, voire de la modernité — que chacun entend comme il veut —, prend la place de la distribution sociale. Oui, comme le note avec pertinence une journaliste, le rouge vire au noir [6]. Et l'opinion prend l'habitude des politologues qui, de mois en mois, classent et reclassent le Président au fil de ses discours : il est de gauche assurément, recentré évidemment, socialiste certainement plus, centriste bien sûr, à gauche sans aucun doute.

Charge grotesque ? Résumé grossier ? C'est pourtant bien de cette façon que les citoyens perçoivent, en cette fin 1985, le régime. Au point que celui-ci, sans convaincre dans ses nouveaux choix ses adversaires, déçoit ses partisans. L'Elysée, vaisseau amiral de la flottille en dérive, poursuit son travail : faire fonctionner vaille que vaille un pays, la France. Les hommes, fidèles, œuvrent, même troublés, pour le Président. La machine, même si parfois elle hoquette, continue de tourner.

Ce sont ces hommes, cette machine, cette permanence de la Présidence que ce livre se propose de découvrir. Ce qui nous intéresse, ce sont les mécanismes d'une fonction et d'une maison; nous nous sommes davantage attachés à la recherche du « comment » que du « pourquoi »; nous avons voulu tout connaître de cette institution-là. Aussi bien la façon dont se prépare une grande réception que la manière dont s'élabore une décision. Aussi bien la sécurité du Président que le travail de ses conseillers. Aussi bien le déroulement d'un voyage présidentiel que celui d'un conseil des

6. Catherine Nay : *Le Noir et le Rouge ou l'histoire d'une ambition.* (Grasset.)

ministres. Et nous avons voulu en rester aux faits : des faits, avons-nous réclamé aux quelque deux cents personnes que nous avons questionnées; des faits, avons-nous exigé de nos yeux et de nos oreilles; des faits, des faits, des faits et non des commentaires, des impressions, des sentiments. Journalistes d'un pays qui ne cesse de louer (notamment sa classe politique) la presse américaine pour l'opposer au « subjectivisme » des médias français — quitte d'ailleurs à refuser peureusement les méthodes des Etats-Unis — nous avons tenté, dans ce livre, de fournir avant tout des informations. Au lecteur de juger si le pari est gagné. Mais assez de précautions. Que le voyage commence...

PREMIÈRE PARTIE

UNE JOURNÉE À L'ÉLYSÉE

6 HEURES : LE PRÉSIDENT,
C'EST LE 201

Paris, dit-on, s'éveille à cinq heures. Pourtant, dans ses murs, un palais ne dort jamais : la République y a installé longtemps son dignitaire suprême avant qu'il ne cède la place, par la grâce d'un changement de constitution, au chef, au seul homme élu par l'ensemble des Français. Alors, symbole du pouvoir, l'Elysée est devenu l'endroit le plus secret, le plus attirant, le plus intrigant de France. Surnommé depuis longtemps « le Château », il est aussi, avec ses trois cent soixante-cinq pièces [1] réparties sur 11 179 mètres carrés de planchers, un village. Ne serait-ce que par sa chapelle, simple pièce d'une trentaine de mètres carrés sans ornement si ce n'est un autel, quatre prie-Dieu et une armoire renfermant les habits sacerdotaux, vestige de celle qui, plus vaste, existait auparavant et qui fut amputée en 1947 sous Vincent Auriol avant qu'en 1959, le général de Gaulle décidât de lui rendre sa vocation : il y entendait la messe et y communiait. François Mitterrand, lui, s'est contenté d'y jeter un coup

---

1. 145 au rez-de-chaussée; 140 à l'entresol; 45 au premier étage; 35 au deuxième étage. Il faut ajouter à ce total les 90 pièces du sous-sol.

d'œil : aujourd'hui, elle n'est plus utilisée même si elle est toujours consacrée.

Ce palais-là ne peut s'assoupir. Puisqu'il incarne un Etat, une nation, et qu'il doit toujours être en relation avec d'autres Etats, d'autres nations. Alors, dans une pièce, dont la porte déclenche une sonnerie dès qu'on la pousse, deux personnes au moins veillent en permanence. C'est le standard : ici se relaient vingt-trois opérateurs détachés des P.T.T. Parmi eux, une seule femme, ce qui provoqua un mini-incident en octobre 1983 lorsque l'Elysée demanda, conformément à l'habitude sexiste, un homme pour compenser un départ. Le « comité des femmes des Télécommunications » s'insurgea et la Présidence plia : Sylvie Bordin est nommée !

A l'automne 1984, un standard ultra-moderne [2] a remplacé le vieux modèle manuel à fiches, déchargé l'équipe d'une partie de son travail et permis de décider l'embauche en 1985 d'un « mal-voyant », la nouvelle installation le permettant. Désormais, il suffit pour appeler l'Elysée de composer le préfixe de la Présidence — 4292 — et les quatre chiffres du service demandé. A l'intérieur, six cent cinquante postes — recensés par ordre alphabétique dans un petit annuaire bleu — sont reliés au central. Vers l'extérieur, plus de deux cents lignes du réseau P.T.T. normal et des connexions directes avec les ministères et les grands services publics [3]. Mais la Présidence n'est pas un abonné comme les autres : chaque jour, sans que personne n'y prête plus attention, le téléphone réalise de petits prodiges.

Vous désirez appeler un conseiller chez lui sans

2. Il s'agit d'un Opus 4000 de Thomson, qui permet notamment les rappels automatiques et les numéros abrégés.
3. Certains ministères comptent plusieurs lignes, par exemple l'Intérieur, l'Economie et le Quai d'Orsay.

connaître son numéro? Composez celui de l'Elysée, on vous passera immédiatement le domicile de l'intéressé... si vous avez montré patte blanche. Seuls, le Président et quelques-uns de ses collaborateurs possèdent à leur logis un combiné qui communique directement avec le palais.

Comme dans toute entreprise, la hiérarchie se mesure, entre autres, par les petits privilèges téléphoniques. Les uns sont chefs, d'autres pas! Les uns peuvent en toutes circonstances être joints par l'Elysée grâce à un « euro-signal », les autres n'ont pas droit au petit bip-bip. Certes, une ligne directe est attribuée à chacun, ainsi que le « classeur ». Dans le jargon du pouvoir — cet appareil se retrouve dans les ministères — on appelle ainsi la grosse boîte hérissée de boutons, attribut inséparable de la puissance. Et qui posa bien des problèmes aux socialistes lorsqu'ils arrivèrent aux affaires : les premiers jours, Pierre Bérégovoy « pataugeait » un peu devant l'engin! A chaque touche correspond un interlocuteur que l'on peut appeler sans rien composer, ni passer par le filtre d'une secrétaire. Mais ce « classeur » n'est pas le même pour tous : la fiche « Président » est réservée à quelques très proches collaborateurs.

Tout cela n'est rien par rapport au plus mystérieux : l'Interministériel et le Régis. Comme son nom l'indique, l'Interministériel relie les instances gouvernementales au plus haut niveau : les ministres, leurs directeurs de cabinet et quelques-uns de leurs collaborateurs uniquement; à l'Elysée, tout le monde. Le gotha du pouvoir, qui peut composer les numéros à trois chiffres sur ce téléphone d'apparence très ordinaire, figure dans un bottin marqué du sceau « secret ». Chaque année, le secrétariat général du gouvernement, responsable du réseau, met à jour l'annuaire de l'Interministériel. Un cauchemar : les remaniements. Deux classements : la fonction et l'alphabet. Trois petits secrets : Attali, Jacques, c'est le 401; Bianco, Jean-Louis, le 224; Saulnier, Jean, le 424. Mitterrand, François? le 201... mais pratiquement seuls les ministres peuvent appeler le Président et cette ligne est filtrée par le secrétariat particulier du chef de l'Etat.

Plus secret encore, le Régis[4]. Géré par le secrétariat général de la Défense nationale, ce réseau quadrille toute la France avec des câbles et des techniciens bien à lui : Elysée, ministères, administrations centrales, préfectures et sous-préfectures communiquent sans risque de grève ou de panne. Mis en place après les événements de mai 1968, en principe inviolable, il peut être équipé d'un système de brouillage. Pour plus de sûreté, sécurité toujours, l'annuaire ne comporte qu'un classement par fonction. Les hommes changent, le petit livret orange reste. Pas de mises à jour inutiles qui multiplieraient les exemplaires en circulation. Même à l'Elysée tout le monde n'a pas le sésame : seulement la moitié des conseillers du Président disposent des téléphones — toujours à touches — du Régis, sur lesquels ils composent des numéros à cinq chiffres. Oui, vraiment, on est loin de Jules Grévy qui fit installer la première ligne téléphonique à l'Elysée!

Mais, la nuit, le standard n'émet qu'un faible ronronnement. Ailleurs, dans le palais, pas un souffle, pas un bruit. Seulement un inlassable « tic-tac ». En principe les trois cent quarante pendules de l'Elysée, presque une par pièce, ne s'arrêtent jamais. Deux hommes y veillent : Michel et Patrick Arvaud, le père et le fils. Une

4. Il s'agit d'un sigle : Réseau électronique gouvernemental inter-administratif spécial.

fois par semaine, ils renouent, de quelques tours de clefs, le fil du temps.

C'est que l'Elysée, lieu de pouvoir, est aussi lieu de travail avec toutes les ambiguïtés qui en découlent. Jusque dans le mobilier. Lieu de travail ? On y trouve des téléphones, des photocopieurs, une douzaine de Minitel, une dizaine de télécopieurs et les meubles de bureau fonctionnels des secrétariats. Mais des secrétariats seulement : ailleurs − lieu de pouvoir ! − le style est de rigueur. Lieu de pouvoir, donc, et même lieu de prestige : progressivement, les tables très ordinaires des huissiers sont remplacées par des pièces plus solennelles venues des réserves du Mobilier national.

Tout ici arrive d'ailleurs de l'austère bâtisse de la rue Berbier-du-Mets dans le XIIIe arrondissement de Paris : les 3 150 meubles, 242 tableaux et 64 sculptures de l'inventaire [5]. Des meubles rares, des tableaux de maîtres et des sculptures de prix qui mettent l'Elysée au rang de quasi-musée. Si tous les styles sont représentés, l'Empire domine, même s'il n'est pas toujours d'époque : c'est le cas du bureau du secrétaire général adjoint. L'authenticité est en revanche garantie pour les meubles sur lesquels travaillent Jean-Louis Bianco − Louis XV, bois de violette et de rose, maroquin marron − ; Jacques Attali − Empire, acajou clair, cuir vert − ; et surtout Jean-Claude Colliard qui jouit du bureau « porte-bonheur » de Valéry Giscard d'Estaing, signé Riesener [6]. Age − elle n'avait pas vingt-huit ans à sa nomination − et spécialité − la jeunesse − aidant, Ségolène Royal avait obtenu d'être la seule conseillère meublée en contemporain. Nommée à la succession de

5. Etat en juillet 1984.
6. Voir page 157.

Yannick Moreau pour les affaires sociales, elle dut en 1984 émigrer du 2, rue de l'Elysée vers le palais lui-même : le bureau, les trois fauteuils et la bibliothèque modernes en acajou ne suivirent pas et Ségolène Royal s'est retrouvée derrière un meuble Empire — comme la plupart !

Rarissime pour le mobilier, la modernité est courante pour la peinture. Jean-Claude Colliard a donné l'exemple en demandant que l'on remplace dans son bureau des toiles d'Hubert Robert par des Manessier, Branner et Fautrier. Erik Arnoult, lui, descend de temps en temps à la cave où sont entreposées les toiles en réserve : il y a exhumé « La jeune fille » de Dmitrienko et un Bettencourt. Autre grand consommateur d'art moderne, Régis Debray : Miró, Pignon, de Stael décorent son cabinet. Des pièces dignes d'un musée, comme le Carzou de Perrine Canavaggio, le Dufy de Jeannette Laot, les deux Hartung de Michel Charasse, le Poliakoff de Cyrille Schott, le Ubac de Christian Sautter ou le Léger de Jean Glavany. Tellement dignes d'un musée que cette « composition cubiste » de Fernand Léger a, un temps, été prêtée au Centre Pompidou avant de réintégrer le bureau du chef de cabinet.

Très présents dans les appartements privés du rez-de-chaussée, les maîtres anciens figurent aussi dans les bureaux : par exemple un van der Meulen au secrétariat du conseiller économique et, chez Jean-Louis Bianco, un « Echevin d'Esnault » du XVIIIᵉ siècle, signé Largillière. L'œuvre d'art la plus ancienne du palais n'est pas une peinture : une tête masculine en pierre, antiquité grecque du VIᵉ ou Vᵉ siècle avant Jésus-Christ, conservée dans le bureau de Paule Dayan. Inutile de préciser que toutes ces œuvres font partie du patrimoine national. Pas question de les emprunter pour en décorer sa chambre à coucher. Ni même, en principe, de les déplacer d'un bureau à l'autre : « l'œil » du Mobilier national, le responsable de l'inventaire, Philippe Richard, y veille, qui fait régulièrement sa tournée, bloc-notes à la main. Emprunter ou déplacer ne serait d'ailleurs guère concevable en ce qui concerne les sculptures.

Mis à part les quelques statuettes — notamment de Pigalle — les statues de l'Elysée pèsent en effet bon poids : deux tonnes pour l'œuvre d'Arman, « Deux siècles de République », commande spéciale de l'Elysée. Installée en juillet 1984, cette sculpture occupe la place d'honneur du hall du même nom. Deux cents drapeaux taillés dans un bloc de marbre blanc et portés par deux cents hampes de bronze doré : autant que d'années de République lorsque, en 1989, la France célébrera le bicentenaire de la Révolution. Mais, si la sculpture a changé ce 9 juillet 1984, l'ancien socle est resté : celui sur lequel reposait le « Vertumne et Pomone » de Lemoine, représentant Louis XV avec la Pompadour, que Giscard avait fait installer.

L'été 1984 a d'ailleurs vu une arrivée massive de nouvelles sculptures. A l'entresol du grand escalier, « Amphion 1937 », d'Henri Laurens, confié à la Présidence par le Musée national d'Art moderne. Dans le parc, les célébrissimes « Homme au mouton » de Picasso et « L'homme qui marche » de Giacometti, prêtés par la Fondation Maeght de Saint-Paul-de-Vence. Pour le parc encore, l'Elysée a commandé au sculpteur Ivan Theimer trois obélisques de bronze hauts de quatre mètres et ciselés de paysages français [7].

Répertoriées, surveillées et dûment assurées, ces sculptures ont un avantage : ne guère exiger d'entretien. Pour le reste, il en est autrement.

7. Le premier a été livré en juillet 1984.

Tapis, tapisseries ou meubles ont souvent besoin d'un sérieux rafistolage. Or, surchargés, les ateliers du Mobilier national ne sont pas très véloces et obtenir un meuble de remplacement peut aussi bien demander une semaine qu'un semestre! Alors, l'Elysée a sa propre équipe de restaurateurs très qualifiés : deux tapissiers pour les moquettes, tapis, tapisseries et sièges; un ébéniste; et un lustrier — ah! nettoyer ces suspensions à cent lumières et leurs pendeloques... Régulièrement, ils inspectent leur domaine : nettoyer un tapis ici, cirer un bureau là, resserrer une douille électrique ailleurs. Dans leurs ateliers du quai Branly, ils réalisent les réparations plus importantes, voire effectuent de menus travaux qui économiseront les deniers de l'Elysée. Ainsi, l'ébéniste fabrique les cadres pour les photographies officielles du président Mitterrand accrochées dans chaque bureau : la moulure au mètre et la dorure en pot coûtent moins cher que les encadrements tout préparés !

Justement, il est presque sept heures. L'heure à laquelle les restaurateurs commencent leur journée de travail, comme tous les agents du « service intérieur »...

7 HEURES :
PAS DE ROSES POUR LE PRÉSIDENT

LE palais, à sept heures, est déjà tout éveillé. Jardiniers, lingères, argentiers, magasiniers, menuisiers, peintres, électriciens, tous les agents du « service intérieur » prennent leurs fonctions : c'est l'heure des petits métiers à l'Elysée-village. Cent vingt personnes veillent au bon déroulement de la vie quotidienne de la maison. A leur tête, un baroudeur, Noël Albertini, engagé dans l'armée à vingt ans, officier du génie, qui travailla au Sahara et sur le site de Mururoa où sont expérimentées les bombes atomiques françaises. Rondeur corse mais rigueur militaire, juste le bon profil pour commander cette petite armée éclectique qui manœuvre dans un champ miné : jusque dans ses plus petits détails la vie à l'Elysée est rythmée par l'agenda du Président. Les plages disponibles sont rares, c'est pour cela que les troupes arrivent tôt : on peut vaquer à l'intendance sans gêner personne, ressouder une gouttière ici, réparer une toiture là, redonner un coup de peinture ailleurs. Tout cela constitue le lot quotidien : il n'est pas de semaine sans que des petits travaux de ce type ne soient effectués par « l'équipe des Finances » ou par des entreprises privées.

« L'équipe des Finances » est un héritage de Valéry Giscard d'Estaing qui, en son temps, fit venir de la rue de Rivoli quelques peintres, menuisiers et maçons : Giscard est parti, ils sont restés mais ne peuvent tout assumer. Car on répare beaucoup. Sans compter les aménagements importants [1] on a, depuis le début du septennat, retouché quelques couvertures; remplacé une canalisation souterraine pour les eaux usées; creusé sous la cour Ouest un grand trou pour les centraux de téléphone et d'électricité; réorganisé les branchements des télex du service de presse; repeint la loge d'honneur, les dortoirs des gardes républicains, les archives, la cantine du personnel; dissimulé sous les planchers les câbles qui couraient au plafond des couloirs de la cour Est...

Le plus gros de ces tâches est assuré par des entreprises privées, choisies sur appel d'offres et après enquête. Lors de l'ouverture d'un chantier, la liste complète des ouvriers est transmise au commandement militaire du palais qui mène une enquête sur chacun; le labeur lui-même est sous la responsabilité de trois surveillants de travaux, toujours des sous-officiers de la Garde républicaine.

Ah! les gardes républicains... On les rencontre partout; ce sont eux, avec les marins chargés plus spécialement de l'intendance, qui font marcher la maison. A la loge, des gardes républicains portiers qui contrôlent l'identité des visiteurs. Aux voitures, des gardes républicains chauffeurs. Au garage, des gardes républicains mécaniciens. Aux écritures, des gardes républicains : tout un service imprime les milliers de tirages de la Présidence, prépare les plans de table des réceptions, calligraphie les cartons d'invitation. A la photo,

1. Voir le chapitre « Messieurs, la Cour ».

des gardes républicains : ils photographient les manifestations officielles, suivent le Président dans ses déplacements, réalisent un album-souvenir par voyage, tirent des clichés pour les invités du chef de l'Etat. A la sécurité intérieure du palais, des gardes républicains : ce sont eux qui l'assurent[2]. Dans les couloirs, des gardes républicains plantons : ils portent le courrier et introduisent les visiteurs.

Au palais proprement dit des gardes républicains huissiers : ils sont quatre et, en habit, précèdent le Président dans les cérémonies, qu'elles se déroulent à l'Elysée ou dans une autre résidence de la Présidence. Toujours présents quand le chef de l'Etat est là et, s'il revient la nuit, un garde républicain huissier sera dépêché pour l'accueillir. Ne pas confondre ces hommes en noir avec les garçons en bleu et rouge qui transmettent les plis et ouvrent les portières des voitures : ceux-ci sont des appelés du contingent, recrutés à la sortie des écoles hôtelières, qui effectuent rue du Faubourg-Saint-Honoré dix mois de service militaire après leurs classes.

Servir à l'Elysée est évidemment prestigieux et les meilleurs sont choisis même si cela ne donne droit à aucune prime spéciale, ni à un avancement particulier. Commandé obligatoirement par un colonel de gendarmerie qui a pour titre « commandant militaire du palais de l'Elysée », ce détachement est constitué d'une compagnie, dite « compagnie de sécurité du président de la République », qui ne sert que la Présidence : deux cent quarante-trois hommes au total auxquels s'ajoute un peloton de la Garde républicaine (un officier et trente-neuf sous-officiers) qui, lui, n'est pas attaché à l'Elysée et vient en renfort.

2. Voir le chapitre « La sécurité du Président et des autres ».

Tandis que les gardes républicains s'apprêtent pour la relève de la garde — il est maintenant sept heures trente — Bernard Duvivier arrive à son tour. Détaché de la ville de Paris depuis 1968, c'est le fleuriste de l'Elysée. Avant de s'enfoncer dans les sous-sols où se tiennent ses réserves, il a noté qu'il n'y avait pas de petit déjeuner officiel rue de Bièvre, ce qui d'ailleurs est peu fréquent; sinon il aurait dû y composer quelques motifs. Maintenant, avec son adjoint, il va fleurir l'Elysée.

Il connaît les goûts du Président : ils sont simples et François Mitterrand n'a pas de répugnances, à la différence de Georges Pompidou qui détestait les œillets et n'aimait que les roses. Simplement, il préfère — c'est sans doute un de ses rares points communs avec Valéry Giscard d'Estaing — des fleurs champêtres, naturelles, coupées, en petits bouquets disposés dans des vases sans fioriture, en verre. Ce sont les ordres pour les appartements privés : rien de compliqué, jamais de compositions, jamais de plantes, jamais de motifs, que des fleurs simples des champs. Au début du septennat Bernard Duvivier, naïf et précis, a demandé s'il devait disposer des roses rouges, emblème du P.S., dans le bureau présidentiel. Surtout pas, lui a-t-on vivement répondu : le chef de l'Etat, au-dessus des partis, n'a pas à être marqué par quelque symbole que ce soit. Ce qui ne doit pas être le cas de Pierre Bérégovoy, Jacques Attali ou Michel Charasse : tous ont souhaité un bouquet de roses rouges.

Il y a chaque matin sept bureaux à fleurir, ou du moins à vérifier, car les compositions ne sont changées qu'une ou deux fois par semaine : celui du Président (deux bouquets, un sur une table basse, un autre sur une console), celui de Jacques Attali (le plus orné : deux coupes de plantes fleuries, deux plantes vertes, un bouquet), celui de Jean-Louis Bianco (il a repris l'héritage de Pierre Bérégovoy : une plante fleurie et un bouquet), ceux des secrétaires du Président, de Jean-Claude Colliard, du secrétaire général adjoint et de Michel Charasse. Etre fleuri, signe d'importance et de position, est accordé avec parcimonie : il faut en faire la demande auprès d'un conseiller du Président, Jean-Claude Colliard, et celle-ci est, dans la majorité des cas, refusée. Pour les plantes vertes, en revanche, pas de problèmes : il suffit de le souhaiter.

C'est aussi que l'Elysée ne regorge pas de fleurs : seuls ces bureaux, les appartements du Président — du bas comme du haut, inspectés, vers dix heures, quand il les a quittés et où chaque pièce contient des fleurs —, l'appartement de permanence et le salon d'attente du premier étage sont décorés tout le temps. Mais les cinq grands salons ne sont ornés qu'au moment des réceptions; Marigny, la résidence des chefs d'Etat étrangers, ne dispose que de cinq plantes vertes, et Rambouillet n'est fleuri qu'occasionnellement. Pour Bernard Duvivier, alors, la journée est presque finie : avec ses fleurs coupées achetées à Rungis et ses plantes fleuries venues des serres de la ville de Paris — qui les facture à la Présidence — à la porte d'Auteuil, il lui faudra encore s'occuper de la salle à manger du secrétaire général — un déjeuner s'y tient presque chaque jour —, de celle des appartements particuliers — la table y est toujours décorée — et veiller aux compositions des déjeuners officiels, en fonction du nombre de convives bien sûr, mais aussi de la nappe, du service et... de l'impression qu'on veut donner.

Tout cela sera prêt depuis longtemps lorsque les conseillers de l'Elysée arriveront au palais. Pour l'heure, ils sont encore chez eux et jonglent sur leur transistor avec les éditorialistes du petit matin : attraper Pierre Briançon à sept heures vingt-cinq sur France-Inter, bondir vers R.T.L. et Philippe Alexandre à sept heures quarante-cinq, sauter sur Europe 1 dix minutes plus tard pour Jean Boissonnat. Le tout en s'occupant des enfants — à peu près le seul instant où ils peuvent les voir tant les journées s'achèvent tard — ; en faisant, comme Jean-Louis Bianco, sa gymnastique quotidienne; en se préparant pour partir au « bureau ». François Mitterrand, lui, trouve en se réveillant tous les journaux : ils lui sont chaque matin livrés à son domicile de la rue de Bièvre, dans le Vᵉ arrondissement de Paris, qu'il n'a jamais cessé d'habiter. Huit heures vont bientôt sonner : le Président, douché, peigné, barbe faite — il utilise un rasoir électrique — va délaisser un instant la presse pour sacrifier à un rite : le petit déjeuner en famille.

8 HEURES :
TROIS MILLIONS DE PHOTOCOPIES

Bien sûr, François et Danielle Mitterrand sont là. Jean-Christophe — dans la famille tout le monde l'appelle « Christophe » —, sa femme Elisabeth et leur fils Adrien aussi : normal ! Cette demeure est aussi la leur. Quand l'Assemblée nationale siège, l'autre fils, le député socialiste de Libourne, est également de la partie : Gilbert Mitterrand loge rue de Bièvre lorsqu'il se trouve à Paris. Bref, comme tous les matins, le Président, sa femme et leurs enfants sont restés chez eux pour le petit déjeuner. Thé pour François, café pour Danielle et bien-être pour tous : le rendez-vous de huit heures est immuable. Au 22, rue de Bièvre, dans l'ancien relais de poste qu'il occupe avec sa proche famille, François Mitterrand est vraiment chez lui. Tout en haut de l'escalier orné d'une superbe rampe du XVIIᵉ siècle, son pigeonnier-bureau-bibliothèque du troisième étage est pour lui plus qu'un refuge : une mémoire. Celle d'une vie politique qui a ici basculé plusieurs fois avant l'apothéose du 10 mai. Celle d'une existence balafrée par la disparition de quelques-uns des plus proches compagnons, dont la photo ne quitte jamais ce grenier. Ces clichés parfois jaunis suffiraient à eux seuls pour expliquer l'intraitable volonté de François Mitterrand de demeurer ici. Il y a le reste, tout le reste : les livres et les œuvres d'art, tant aimés, la solitude possible et la convivialité choisie, la liberté en somme.

Tandis que le Président n'est encore que le monarque du clan Mitterrand et qu'il savoure toasts et miel devant la table ronde, l'Elysée attend déjà le chef de l'Etat. A huit heures précises, au rite intime du petit déjeuner de la rue de Bièvre répond celui, pompeux, de la relève de la garde du palais : grandes tenues, pas cadencés, sabres au clair et martiale trompette. L'hiver brise toutefois la liturgie : de la mi-novembre à février, la cérémonie est suspendue faute de lumière du jour. Mais qu'il vente ou qu'il pleuve, le drapeau tricolore flotte sur l'Elysée : les couleurs ne sont amenées que lorsque le chef de l'Etat quitte officiellement le territoire national : un déplacement privé à l'étranger ne sera pas signalé.

Sans tant de cérémonial, Roger Jan noue son tablier de toile bleue comme chaque matin depuis 1956. Aidé de trois autres jardiniers, il est chargé de l'entretien du parc de l'Elysée — comme de ceux de l'hôtel Marigny, du 2, rue de l'Elysée, du quai Branly et des jardinets qui, à l'extérieur, longent les grilles du palais. Au total, 26 325 mètres carrés dont 21 250 pour l'Elysée proprement dit.

La pelouse n'occupe qu'un petit tiers de cette superficie. D'un dessin savamment désordonné, légèrement vallonnée, piquetée de quelques arbres et cernée de massifs d'arbustes ou de fleurs, elle s'étale de la terrasse du palais à la grille du Coq entre des allées de gravier impeccablement ratissées. Au printemps et à l'automne, elle emploie une large partie de la journée des jardiniers. Toujours ras, le gazon est tondu au moins une fois par semaine avec deux machines

autotractées; toujours net, il est râtelé quotidiennement au temps des feuilles mortes.

Pour sauvegarder la perspective de cette
pelouse, les arbres sont régulièrement élagués.
Chaque année, une entreprise privée vient rac-
courcir ici, ébrancher là, dégager ailleurs. En
taille et en nombre les marronniers dominent
mais, en âge, la palme revient à deux platanes et à
un noyer d'Amérique plus que centenaires. Aux
peupliers ou aux érables sycomores, Valéry Giscard d'Estaing a ajouté une rangée de tilleuls.
François Mitterrand, lui, a demandé un frêne et
un hêtre, en terre depuis l'automne 1983. Si tant
de verdure surprend en plein Paris, l'Elysée n'est
pas pour autant épargné par les caprices de la
nature : la maladie qui, partout, décime les
ormes, a franchi les grilles et cette espèce a disparu du parc depuis la fin des années 70. Au
printemps et à l'automne, les deux « coups
de feu », on taille les innombrables arbustes —
troènes, lauriers, taxus (des petits ifs), hibiscus,
seringas, fusains, aucubas (les plus nombreux) —,
les lierres d'Irlande qui grimpent aux grilles et les
charmilles proches de la grille du Coq. En octobre, les orangers installés en mai dans la cour
d'honneur et sur la terrasse repartent passer l'hiver dans l'orangerie de Versailles. Mais, si ces
petits arbres donnent au palais son visage estival,
on ne se souvient pas de mémoire de jardinier d'y
avoir jamais vu le moindre fruit.

C'est qu'ici on ne travaille guère que pour l'œil
des rares privilégiés dont le bureau plonge sur le
parc — François Mitterrand, Jean-Louis Bianco,
Jacques Attali, Jean-Claude Colliard et les secrétaires du Président. Les visiteurs sont moins
nombreux encore : hormis François Mitterrand,
son épouse et les quelques invités avec lesquels
l'un ou l'autre flâne parfois sous les frondaisons,

personne n'y vient prendre le frais. Même le labrador noir présidentiel, Nil, qui gambadait sur la pelouse les premiers temps du septennat, a déserté l'endroit. François Mitterrand, qui se pique de botanique, accorde beaucoup moins d'attention à ce parc qu'à ses chênes de Latché ou aux pâturages de la Nièvre. S'il ne répugne pas, le matin, à arrêter sa voiture avenue Gabriel pour gagner son bureau en longeant la pelouse, il tient plus l'endroit pour un lieu de méditation ou de conversation sans protocole que pour une enclave parisienne de cette nature dont il écrivit : « Il me faut, pour ne pas m'égarer, garder le rythme des jours avec un soleil qui se lève, qui se couche, le ciel par-dessus la tête, l'odeur du blé, l'odeur du chêne, la suite des heures [1]. »

La grande maîtresse du parc, c'est Danielle Mitterrand. Sans le sécateur dont elle s'arme dans les Landes mais vigilante, elle l'inspecte presque tous les jours et, soit dans le parc, soit dans son bureau où elle le convoque parfois, donne à Roger Jan des consignes très précises. C'est elle qui a choisi les bégonias éclairés du bleu des taches d'ageratums pour le parterre des appartements privés. C'est elle qui, aussitôt après l'installation de son époux, a demandé un petit coin fleuri à l'est de la pelouse. Mais la flore ne connaît qu'une alternance, celle des saisons, et la fin mai est trop tardive pour les semis. On a donc attendu le printemps 1982 pour planter impatiences, flox, œillets mignardises, lupins, astibles, asters, bruyères, fougères, hémérocalles [2] et les quelques rosiers voulus par François Mitterrand lui-même et qui, n'appartenant pas à une espèce

1. In *L'Abeille et l'Architecte*. (Flammarion et Le Livre de Poche.)
2. Plus connues sous le nom de « belles-d'un-jour ».

répertoriée, portent désormais le nom du Président.

En instituant une touche fleurie, le couple présidentiel s'est inscrit dans une solide tradition qui veut que les occupants successifs de l'hôtel d'Evreux apposent leur marque sur le parc qui, depuis 1722, a souvent changé de visage.

Jardin à la française du temps du comte d'Evreux, il est agrandi par la marquise de Pompadour qui l'agrémente de fontaines, cascades, bassins, d'un labyrinthe, d'une grotte, et même d'un potager. Ce dernier est supprimé lorsque l'Elysée devient l'Hôtel des ambassadeurs extraordinaires et l'architecte Beaujon transforme le parc en jardin anglais. Lorsque Napoléon Ier l'acquiert de Murat, il ressemble alors à un étrange bric-à-brac où l'on trouve « le lac, la rivière, quantité de statues et de vases de marbre, un jeu de bagues [3], un pont chinois, des bosquets, un logement de jardiniers à l'entrée sud-est du jardin, une chaumière à l'ouest, une grotte à la tête du lac, dans un des bosquets un temple égyptien et plus loin, des salles de verdures [4] ».

Tout cela disparaît peu à peu. Après que le parc a atteint sa superficie actuelle lors du percement de la rue de l'Elysée en 1860 et que Napoléon III a supprimé la rivière, il ne reste guère que le lac — en fait un bassin — dans lequel barbotent des canards : parfois le général de Gaulle leur lance des croûtons de pain. Georges Pompidou comble la pièce d'eau, renvoie les volailles,

3. Jeu de bagues : « Machine tournant sur un pivot, à laquelle sont adaptés des sièges et chevaux de bois, où se placent les joueurs ; ceux-ci, en tournant avec la machine, tentent d'enlever, à la pointe d'un stylet ou petite lance, des anneaux suspendus à un plateau fixe. » Dictionnaire des dictionnaires Guérin, 1888.
4. Description dans « Le Jardin de l'Elysée aux XVIIIe et XIXe siècles ». Hubert Beylier, *Bulletin de la société d'histoire de Paris et de l'Ile-de-France*, 1980.

démonte les vétustes arceaux métalliques et remplace par une pelouse la roseraie située devant les appartements privés.

Valéry Giscard d'Estaing, outre les nouveaux tilleuls, plante buis taillés à la française et fleurs à la place de cette même pelouse. François et Danielle Mitterrand, enfin, fleurissent l'est mais, surtout, remodèlent l'ouest. Dans le cadre de la rénovation de la salle des fêtes, le chef de l'Etat tranche lui-même en faveur d'un petit théâtre de verdure. Dessiné par un paysagiste privé, il est ouvert depuis avril 1984 après que la pelouse a été légèrement rétrécie pour permettre le déplacement d'une allée.

Les conseillers n'ont qu'exceptionnellement accès à ces merveilles. D'ailleurs, la plupart d'entre eux ne sont, pour l'heure, pas encore arrivés : ils se trouvent sur le chemin de l'école où ils conduisent leurs enfants chaque matin. Si le petit déjeuner de la rue de Bièvre et la relève de la garde résistent, cette tradition-là va peut-être disparaître pour les parents des plus jeunes bambins : une crèche de vingt-trois places, souhaitée par Danielle Mitterrand, a été installée en 1985 dans les anciennes écuries du 14, rue de l'Elysée.

Les enfants confiés aux écoles, leurs conseillers de parents vont bientôt arriver à l'Elysée. Il est à peu près huit heures trente, l'un des deux magasiniers recharge en encre et papier les photocopieurs de la maison. Chaque jour, plus de huit mille feuilles sortent des machines : la consommation annuelle avoisine les trois millions. Les dix-huit photocopieurs en location et les deux en pleine propriété sont disséminés dans les couloirs pour desservir plusieurs bureaux : seuls les secrétariats de François Mitterrand et de Jean-Louis Bianco en possèdent un attitré. Ces parcelles entières de forêts abattues pour les photocopies ne représentent qu'une partie des petits et grands papiers de l'Elysée. Dans le coffre d'une importante papeterie de la rue de Berri dorment des plaques gravées : tous les papiers à en-tête de la Présidence sont imprimés là [5]. C'est que l'Elysée a pleine confiance dans ce magasin qui l'alimente pour toutes les fournitures de bureau depuis une quarantaine d'années. Le papetier, il est vrai, fait tout pour garder ce gros et ce prestigieux client : prêts de matériels servant exceptionnellement, délais de livraison défiant toute concurrence, disponibilité complète aux besoins urgents et... substantielles remises sur les tarifs! De solides économies, tant les quantités sont imposantes.

Chaque année, l'Elysée use quelque 3 000 feutres ordinaires — quatre couleurs seulement : noir, bleu, rouge et vert; 5 000 Bic — dont 2 000 noirs; 2 500 crayons à papier; 150 gros marqueurs; 640 surligneurs; 450 tubes de colle; 200 crayons-gommes pour machines à écrire; 400 blocs grand format, 600 petits et 800 de sténographie, etc. Les plus spectaculaires sont sans doute les chiffres des chemises et sous-chemises : 70 000 par an pour les premières — en vert, bleu, rose, jaune ou orange — et 100 000 pour les secondes... Il est vrai que chaque note est transmise dans une sous-chemise à la couverture rabattue et que l'on communique beaucoup par cette voie!

Depuis le printemps 1983, ces fournitures sont « made in France » : la reconquête du marché intérieur interdit désormais d'écrire étranger à l'Elysée. Ceux qui ont leurs habitudes, notamment avec les feutres japonais, en sont quittes

5. Seules exceptions : le papier à sigle du Président, dont le secrétariat particulier a la responsabilité; et les cartons d'invitation, dont s'occupe le protocole.

pour payer de leurs deniers leur outil de travail. Et certains le font! Qui dit « made in France » n'implique pas français : lorsque le fabricant est étranger, l'Elysée s'assure que l'article est produit dans l'Hexagone. C'est le cas du « scotch », de la firme américaine « 3 M » : 1800 rouleaux de 33 mètres sont dévidés chaque année par la Présidence, presque soixante kilomètres de ruban adhésif!

Avec « acheter français », l'autre constante de la vie quotidienne à l'Elysée est « dépenser moins ». Pour le papier à en-tête on a défini en 1981 une mise en page et une police de caractères fixes pour chaque échelon de la hiérarchie : le chargé de mission n'aura pas les mêmes droits que le conseiller technique, qui se contentera lui-même de moins luxueux que le secrétaire général adjoint, etc. Pour les fournitures, les responsables du magasin épluchent les bons de commande et tiennent une fiche par secrétariat. Gare au « gaspi » : lorsque les commandes sont trop fréquentes ou trop importantes, un rappel à l'ordre tance le mangeur de gommes. Mieux, les magasiniers n'hésitent pas devant la récupération. Ainsi, les chemises à sangle devenues inutiles mais encore présentables sont recyclées : on colle une étiquette vierge et le tour est joué, elle resservira. Ce n'est pas que l'on craigne de manquer : l'Elysée a des stocks pour tenir deux à trois mois. Mais, de pointes-billes en papier blanc, de sous-chemises en crayons noirs, la Présidence dépense une fortune : environ deux millions de francs par an, curieusement financés par le ministère de la Culture.

A côté, le budget des équipements apparaît misérable : 120 000 francs par an pour acheter coffres-forts, dictaphones, lecteurs de cassettes et, bien sûr, machines à écrire. Une quinzaine de ces dernières sont mises au rebut chaque année : celles qui atteignent l'âge fatidique de dix ans. Ainsi, le parc de deux cents machines à écrire[6] est-il régulièrement renouvelé. Mais, ne le répétez pas : les plus nombreuses sont des I.B.M. à boules, suivies d'Olivetti, les françaises, Japy et Hermès, n'ayant que quelques représentantes isolées dans la maison. Eh, quoi! Et les produits français, alors?

6. Y compris les services du quai Branly.

9 HEURES :
LE CHÂTEAU EST TROP PETIT

DANS la cour de l'Elysée — il est environ neuf heures — les voitures pénètrent peu à peu. La R 30 blindée de Jacques Attali, qui a déjà largement commencé sa journée : il se lève dès cinq heures. La R 25 de Jean-Louis Bianco, qui vient de conduire ses enfants à l'école — publique — du XIe arrondissement. Celle du chef de l'état-major particulier du Président, arrive du quai Branly où logent de nombreux collaborateurs de l'Elysée dans des bâtiments austères mais rénovés datant de Napoléon III. R 25 encore pour Jean-Claude Colliard, même si le directeur de cabinet ne répugne pas de temps en temps à utiliser, barbe au vent, sa moto. Voitures également, par exemple, pour le conseiller technique Cyrille Schott : on le prend à la sortie du RER, à l'Etoile — il habite la banlieue. Ou pour le chef de cabinet Jean Glavany — lui aussi a un appartement quai Branly : il a abandonné depuis longtemps sa vieille Fiat 500 qui, jugeait-il, faisait vraiment provocatrice pour un conseiller. D'autres se servent de leur propre véhicule, et quelques-uns restent fidèles au métro, Jeannette Laot par exemple.

Posséder en permanence une voiture de fonction, avec un ou deux chauffeurs, est évidemment, à l'Elysée comme ailleurs, une marque de prestige; le nombre des élus est restreint : huit personnalités[1] seulement y ont droit. Comme il se doit, la catégorie dépend de l'importance et le seul choix possible concerne la puissance — encore n'est-il accepté que s'il se situe en dessous de ce qui est attribué! Les autres doivent prendre les voitures du « pool » qui fonctionnent comme des taxis et auxquelles peuvent prétendre les conseillers, les chargés de mission et certains chefs de service. Après vingt heures, on n'est pas des chiens, les secrétaires qui habitent en banlieue sont reconduites par ce moyen. Devant les abus, une note fort administrative a toutefois précisé les conditions : « Le véhicule commandé, dit cette note, doit être utilisé dans le quart d'heure qui suit la commande. Le véhicule commandé reste sur place si l'attente ne dépasse pas une demi-heure. Le chauffeur ne suivra pas les demandes des personnalités comme de brûler un feu rouge. Les avertisseurs deux tons ne sont pas autorisés. »

Toutes les voitures[2], conduites par quarante et un gardes républicains volontaires (en cas d'attentat une seule consigne : éventuellement tirer mais surtout dégager le plus vite possible) appartiennent en propre à l'Elysée et non à l'Etat.

1. Au 1er juillet 1984, il s'agissait de Jean-Louis Bianco (une R 25 V6), Jacques Attali (une R 30), Jean Saulnier (une R 25 GTX), François de Grossouvre (une R 30), Christian Sautter (une R 25 GTS), Régis Debray (une R 9 TSE), Jacques Hérisson, le commandant militaire (une R 20 TS) Jean-Claude Colliard (une R 25 GTX).
2. Le parc comprend quarante-neuf véhicules. Le couple présidentiel a à sa disposition neuf voitures : trois R 25 dont une réservée à Mme Mitterrand; trois R 30; une CX et deux S.M. Le pool est composé de vingt-trois voitures, le parc des personnalités de huit et le Conseil supérieur de la magistrature en a deux. Enfin, sept véhicules sont considérés comme utilitaires. Mme Mitterrand a deux chauffeurs et François Mitterrand trois : deux gendarmes du G.S.P.R. et Pierre Tourlier, qui était déjà à son service au temps du parti socialiste.

Comme telles, elles sont assurées — tous risques — auprès d'un groupe privé et revendues tous les quatre ans, à 90 000 kilomètres. Elles sont entretenues dans un garage qui se trouve à l'Elysée et boivent « Total » — 140 000 litres de super par an; fin 83, un rapport a écarté le diesel. Enfin, comme tout est prévu, elles doivent être garées moteur face aux bâtiments de l'Elysée afin de ne pas polluer ceux-ci et leurs coloris sont choisis après de savantes discussions : les voitures du pool sont gris acier métallisé; celles du Président et des personnalités bleu schiste. Auparavant c'était le « gris baltique ». Renault l'a abandonné et l'a remplacé par un « gris nuage » — que certains appelaient déjà à la Régie, ô impudence, « gris Elysée ». Un véhicule revêtu de ce ton a été présenté à la Présidence : il n'a pas plu et le bleu a été préféré. La R 25 présidentielle, la nouvelle voiture officielle, est donc bleue.

Détail ? Pas seulement : tout a son importance à l'Elysée et tout y est volontiers symbole. Alors lorsque, en 1984, on abandonne Citroën pour Renault, régie nationale, qui, déjà, se taille la part du lion dans le parc automobile de la Présidence, il ne faut pas y voir un hasard : le retour à l'Elysée d'une marque qui n'y était plus présente, au plus haut niveau, depuis la guerre, est une volonté. Oui, vraiment, le symbole... Symbole également l'emblème qui frappe les pavillons tricolores fixés sur la voiture présidentielle pour les cérémonies officielles : un chêne, pour la force et le septentrion de l'Hexagone, enlacé avec un olivier, pour la paix et la France du Sud.

Il est neuf heures, donc, et les collaborateurs de François Mitterrand sont à leur poste de travail. L'expression peut surprendre; elle est pourtant exacte, la plupart des bureaux étant loin de représenter un modèle de confort ! Exigus et bas de plafond, les cabinets des ailes transversales du palais ont l'avantage d'être proches des lieux de décisions mais l'inconvénient d'être peu plaisants à vivre. Ceux du 2, ou du 14, rue de l'Elysée sont l'inverse : plus spacieux mais éloignés du « soleil ». En somme, il s'agit de choisir entre des inconvénients.

Choisir est un bien grand mot car on manque cruellement de place : le nombre de conseillers avoisine la quarantaine alors qu'ils n'étaient que vingt-cinq sous le précédent septennat. Il a fallu se serrer, jouer des coudes — Pierre Bérégovoy avait même en 1981 demandé à Jeannette Laot de venir d'urgence « occuper » son futur bureau — et même créer de nouveaux locaux : au deuxième étage du bâtiment central, on a gagné de la place sur les appartements du roi de Rome. En fait, cinq pièces seulement présentent tous les avantages; elles sont occupées par François Mitterrand, son secrétariat, Jacques Attali, Jean-Louis Bianco et Jean-Claude Colliard. Autant de personnalités difficiles à déloger ! Alors, on laisse agir la pesanteur institutionnelle : Jean Glavany prend le bureau traditionnellement attribué au chef de cabinet où sont prévus tous les branchements téléphoniques nécessaires; Charles Salzmann, le conseiller en image, récupère les locaux de son prédécesseur qui avait aménagé une salle de télévision; on cède à la pression des événements : Pierre Castagnou se résigne à quitter son vaste bureau du 2, rue de l'Elysée pour un beaucoup plus modeste dans le palais simplement parce qu'il n'ose pas refuser une deuxième fois une proposition qu'il a déjà repoussée; on s'entête : Guy Penne est ravi dans le sien — sans doute le plus beau après les cinq du bâtiment central — et n'entend pas en bouger. Et, surtout, on se raisonne : après tout on n'est pas là pour le confort mais pour ce Président dont la photo officielle signée Gisèle Freund trône dans chaque pièce.

Les voici donc tous à l'ouvrage, qui s'attellent à la lecture des journaux ou du courrier, aux premières réponses au téléphone, à la rédaction de la première note que le Président lira tout à l'heure.

Exceptionnellement, si le temps le permet et si l'envie lui en prend, François Mitterrand vient à pied de la rue de Bièvre jusqu'à l'Elysée. Mais la règle est qu'il achève sa lecture des journaux assis à la droite du chauffeur dans la voiture qui l'amène, où il écoute les informations à la radio. S'il veut passer par ses appartements, il entre par la porte qui fait l'angle des avenues Gabriel et Marigny, arpente le parc ou se fait déposer au pied du perron proche du salon Cléopâtre. Son intendant personnel, Michel Julien, l'attend à sa descente de voiture pour recevoir ses instructions : combien de personnes à déjeuner? Faut-il préparer un costume? Le Président et son épouse dîneront-ils à l'Elysée?

François Mitterrand répond puis monte souvent à ses appartements où il se change parfois avant de gagner son bureau vers neuf heures trente. Il emprunte alors l'ascenseur qui lui est réservé et dont la porte est maintenue entrouverte à l'étage où il se trouve afin qu'il n'ait jamais à attendre. L'appareil est entouré de soins méticuleux : le général de Gaulle, un jour, y resta coincé entre deux étages et il fallut le secourir en descendant l'engin à la manivelle; l'incident ne s'est jamais reproduit depuis. L'ascenseur est spacieux, avec une large banquette recouverte de velours : ce n'est pas pour déplaire à François Mitterrand qui exècre se trouver à l'étroit dans un ascenseur.

S'il gagne son bureau en empruntant le grand escalier d'honneur, François Mitterrand, au terme de la dernière volée de marches, croise de l'œil, sur sa droite, les portraits du général de Gaulle par Chapelain-Midy et de Georges Pompidou — installé en 1983 — par Hudeux. En face de ces deux toiles, l'emplacement est prévu — on a même dans ce but inversé le sens d'ouverture d'une porte — pour des tableaux représentant Valéry Giscard d'Estaing et François Mitterrand. Frédéric Pardo a été chargé de croquer l'actuel Président, une vieille connaissance puisqu'il l'avait déjà portraituré en 1976 [3].

Sur le palier, où veille l'huissier à chaîne, le Président s'engage aussitôt sur sa gauche dans un étroit couloir aux allures de coursive. Quelques pas encore et, tournant à droite, le voici dans le bureau de ses quatre secrétaires — il dispose aussi d'un accès direct dont la porte, du temps du général de Gaulle, allumait en s'ouvrant une lampe dans le bureau des aides de camp. Paulette Decraene et Marie-Claire Papegay sont déjà là et François Mitterrand se trouve en terre familière : elles pratiquent le Président depuis l'U.D.S.R., le parti charnière grâce auquel François Mitterrand fit carrière sous la IVe République.

Fille d'un compagnon de résistance du chef de l'Etat, épouse d'un ex-journaliste du *Monde* et ancienne d'H.E.C., Paulette Decraene assistait au P.S. le premier secrétaire depuis 1976 — elle est née en 1933 — et, tout naturellement, l'a suivi à l'Elysée. Autant Paulette Decraene est rieuse et déliée, autant Marie-Claire Papegay apparaît réservée voire timide : son domaine a toujours été

---

3. Ce portrait, commandé en 1982, devait en principe être installé à l'automne 1983; il ne l'était toujours pas en octobre 1984, le Président ayant entre-temps décidé que ce tableau ne serait pas accroché sous son septennat et laissant à ses successeurs le soin de trancher.

moins en vue puisqu'elle assurait depuis 1961 — elle est née en 1935 — le secrétariat de François Mitterrand rue de Bièvre. Elle a d'ailleurs conservé ce secteur et s'occupe encore des affaires personnelles du Président.

Malgré tant d'attaches, celui-ci ne serre la main ni de l'une ni de l'autre lorsqu'il arrive le matin et s'il appelle toujours la première « Paulette », il donne encore parfois du « Mademoiselle » à la seconde. Un bonjour, quelques considérations météorologiques, une pincée de politesses et le Président, courtois mais pas vraiment cordial, gagne son bureau, le salon doré, qui n'est jamais fermé.

En empruntant cette porte, il est presque le seul à embrasser ce salon sous cet œil : la plupart des visiteurs entrent par l'issue opposée. A sa gauche, un téléviseur sur une petite table en plexiglas et trois hautes fenêtres qui s'ouvrent sur le parc; la vue en est belle, juste dans l'axe de la perspective. A sa droite, son bureau. Pour cette pièce, François Mitterrand a demandé au décorateur Pierre Paulin de concevoir un aménagement contemporain. Mais les conseillers du Président ont longtemps freiné l'installation de ce nouveau mobilier, de crainte que cet ensemble ultra-moderne rouge et bleu tranche par trop avec le cadre et surtout que le déménagement de la table de travail de Charles de Gaulle provoque un inutile tumulte. En s'installant dans le salon doré, François Mitterrand a en effet gardé le bureau du Général : de style Louis XV en bois de violette et maroquin rouge pour le plateau, il est attribué — mais aucune signature ne l'atteste — au célèbre ébéniste Cressent; mais il a changé le fauteuil : Empire et rehaussé pour de Gaulle, Régence avec un coussin de velours vert afin de donner un peu de confort à l'assise pour Mitterrand [4].

Hormis le personnel qui, vers huit heures, a fait le ménage, personne n'a pénétré dans ce cabinet depuis le départ du Président, la veille. Sur sa table de travail, il retrouve tels qu'il les a laissés ses papiers, ses dossiers, ses livres, son étui à lunette en cuir rigide, sa pendulette en laque marron offerte par Pierre Mauroy, ses stylos posés sur l'encrier en vermeil doté d'une clochette — qui ne sert pas. La table n'est jamais impeccablement rangée : le chef de l'Etat est volontiers désordre. La cheminée, à laquelle il tourne le dos, a un usage : la fidélité. C'est là que François Mitterrand regroupe les quelques souvenirs personnels qu'il a apportés et qu'il change parfois : la feuille de carrière de son père aux chemins de fer; et des photos, ses grands-parents, un arbre, le Mur des Lamentations, le bureau de Clemenceau, un cousin germain décédé avec lequel il a été élevé comme un frère, une chapelle enfin, celle du château de Poltrot de Méré, à Nabinaud, aux confins

4. Dans son agencement traditionnel, l'inventaire du bureau du chef de l'Etat en juillet 1984 comportait un agrégat de styles divers. Sous le lustre en cristal de roche à soixante-douze lumières, les peintures murales ayant été créées pour l'impératrice Eugénie, on recensait le Louis XV pour un tapis de la Savonnerie; le Louis XVI pour le canapé, les sept fauteuils et les deux chaises en bois doré, soie bleue et fil d'or qui constituent le coin salon où sont reçus les invités; Louis XVI encore pour la table de décharge en acajou, deux consoles en acajou et bronze, les deux candélabres à huit lumières – dont l'un a perdu un bras –; Napoléon III pour une console en bois doré; Chine du XVIIIe siècle pour deux tables basses en laque noir et or et le plateau d'une troisième posé sur un piètement moderne et pour deux brûle-parfum en porcelaine représentant des « chiens de Fo-Hi », reposant sur des socles de bois en forme de fleurs de lotus. Mais où classer les deux flambeaux à six lumières placés face aux fenêtres? D'époque Empire, leurs aigles napoléoniens ont, à la Restauration, été remplacés par de royales fleurs de lis! On pourrait encore évoquer les statuettes, essentiellement du XVIIe siècle : la « Femme debout » de Pierre Garnier qui fait la paire avec le « Bacchus » de Daniel Auguier; la « Minerve », dont le socle manque d'une pièce de marqueterie; ou la « Diane » qui a gardé une flèche dans la main droite mais dont l'arc a disparu depuis longtemps.

de la Charente et de la Dordogne, où il assistait à la messe du dimanche durant son enfance.

Peu de choses au total pour un homme qui aspire tant à un environnement familier chargé d'affection et de ferveur. Un tel dépouillement dans l'empreinte personnelle n'est pas un hasard : François Mitterrand ne mélange pas les genres. Comme il refuse d'habiter les appartements de l'Elysée, comme il se préserve de larges espaces pour sa vie privée, il n'entend pas que son intimité franchisse les grilles du palais.

Lorsqu'il s'est installé en 1981 le président de la République n'a pas hésité longtemps : son bureau serait le salon doré, celui du général de Gaulle qui, le premier, en fit celui d'un chef d'Etat. Sous les précédentes Républiques, les hôtes de l'Elysée[5] s'installaient au rez-de-chaussée. Mais, Constitution de 1958 aidant, on s'est mis à travailler rue du Faubourg-Saint-Honoré et les salons d'apparat se sont révélés mal commodes. Charles de Gaulle a donc pris ses quartiers dans cette pièce qui appartenait à l'appartement aménagé par Vincent Auriol pour les chefs d'Etat en visite[6].

Symbole, symbole... Lorsque Alain Poher assure l'intérim en 1969 après la démission de De Gaulle, il ne s'installe pas dans le salon doré[7] : l'ombre du Général, que Poher a contribué à faire chuter, plane encore sur cette pièce. Georges Pompidou, lui, s'inscrit dans la continuité gaulliste : il met ses pas dans ceux du Général et son bureau dans le salon doré où il ne changera que quelques meubles et tableaux. Valéry Giscard

5. A l'exception d'Emile Loubet.
6. Elisabeth d'Angleterre l'a occupé lors de sa visite en 1957 et la salle de bain existe toujours; on s'y rend par le couloir du secrétariat particulier.
7. Le président du Sénat choisit le bureau du secrétaire général de l'Elysée, aujourd'hui occupé par le secrétariat du Président.

d'Estaing enfin, pour bien marquer « l'ère du changement » qui s'ouvre en France, déménage le saint des saints. Au salon doré, il préfère la chambre de la Reine, pièce d'angle moins vaste à l'est du premier étage [8]. Au meuble Louis XV, il aime mieux le bureau en acajou Louis XVI estampillé par Jean-Henri Riesener qui lui servit lors de son premier poste gouvernemental de secrétaire d'Etat du Budget. A l'impersonnalité du cabinet de ses prédécesseurs succède des témoignages de sa vie privée : profusions de photos de sa femme, de ses enfants ou de ses rencontres avec des « grands ». François Mitterrand, on l'a dit, réintègre le salon doré et pose simplement sa marque en installant quelques photos et un chevalet présentant les esquisses pour la rénovation de la salle des fêtes et les grands chantiers culturels de la capitale.

Au premier journal qui l'interrogeait sur son choix en la matière [9] François Mitterrand a répondu : « Ce bureau est plus beau, plus central et, à mon avis, plus commode quoique au premier étage (...). Ce bureau est dans l'axe du palais et du jardin, dans un style très achevé. N'y voyez pas autre chose. J'aurais préféré m'installer au rez-de-chaussée pour communiquer aisément avec le jardin. Mais rien n'était prévu pour cela. »

Peut-être. Voyons-y pourtant, sans risque de se tromper, bien autre chose : la volonté de s'inscrire dans une lignée gaullienne de la fonction et de bien marquer une rupture avec le précédent septennat.

8. Attribué au directeur de cabinet de Mitterrand; André Rousselet y a laissé la place à Jean-Claude Colliard.
9. *Le Monde*, 2 juillet 1981.

10 HEURES :
LE TEMPS DES VOISINS

PAUVRE petite fille... Ce jour-là, la fillette de Mme Hallé, qui habite au 82, rue du Faubourg-Saint-Honoré, fêtait son anniversaire. Elle avait invité ses camarades à passer la journée avec elle, à boire de l'orangeade, à manger des gâteaux et à souffler les bougies. Mais ce jour-là, c'était un dimanche, d'importants conciliabules se déroulaient à l'Elysée et des ministres ne cessaient d'aller et venir avec leur voiture à cocarde. Alors les policiers avaient barré la rue et interdisaient à quiconque d'y pénétrer. Et les petites amies de la fille de Mme Hallé, avec leurs mamans, ne pouvaient passer. Une fois, deux fois, trois fois, Mme Hallé dut parlementer et fléchir les policiers. Qui, à la fin de la journée, émus quand même, lui demandèrent si la fête avait été réussie.

Ce n'est pas toujours simple d'être voisins du chef de l'Etat. Ceux-ci, il est vrai, ne sont pas nombreux. Aucun avenue de Marigny, uniquement bordée de bâtiments officiels. Cinq immeubles rue du Faubourg-Saint-Honoré — les numéros 82, 84, 86, 88 et 90 —, immeubles bourgeois, sans grand caractère, typiquement parisiens. Sept hôtels particuliers avec jardins intérieurs rue de l'Elysée, cette artère d'aspect londonien en plein

Paris. Cent cinq personnes exactement habitent ce quartier de prestige. Des noms célèbres : Edmond de Rothschild et sa femme, Pierre Cardin et sa sœur, la petite-fille par alliance de Georges Clemenceau. Des noms connus : le sénateur Bonnefous, l'antiquaire Popov et la journaliste Marlyse Schaeffer. Des familles entières : les Durfort-Civrac de Lorge vivent à quatorze et occupent tout un hôtel particulier rue de l'Elysée. Et une ambassade, celle de Colombie.

Les uns et les autres, sauf en hiver, sont réveillés à huit heures du matin au son des trompettes de la relève de la Garde républicaine de l'Elysée. Mais ce n'est que vers dix heures que le quartier s'anime : lui si tranquille la nuit, au point de connaître une activité moins intense que la dernière des sous-préfectures, voit ses trottoirs se gorger de piétons et ses chaussées de voitures. L'endroit est commerçant, riche, luxueux et les touristes, en car ou à pied, jettent toujours un coup d'œil sur le palais. Voilà qui doit être bon pour les affaires. Pas sûr, répondent en cœur les boutiquiers. Sans doute l'adresse est connue et les pas-de-porte sont parmi les plus chers de Paris. Sans doute, les touristes en profitent pour lécher les vitrines et se laissent souvent tenter. Sans doute les reportages des télévisions et les photos du monde entier assurent une publicité gratuite. Mais le quartier est parfois bloqué pour des raisons de sécurité. Au point qu'au printemps 1984, une pétition a circulé pour que cessent ces verrouillages qui font fuir les clients. L'interdiction absolue de stationner dissuade ainsi une clientèle à hauts revenus qui, ne pouvant se garer, renonce. D'autant, jurent les commerçants, que la présence fréquente de malabars en civil ou de policiers mitraillette à l'épaule devant les vitrines ne fait pas la meilleure impression.

Ah! ces policiers. Ils rassurent et ils agacent. On a bien ri dans le faubourg du cambriolage d'un magasin commis au nez et à la barbe des forces de l'ordre. Mais on n'a plus souri quand on a su ce qui s'était passé, en plein jour, en 1984, dans un magasin de fourrure. Trois jeunes femmes, très bien habillées, ont examiné de nombreux articles et les ont essayés. Pendant que deux d'entre elles occupaient la vendeuse par mille questions, la troisième glissait sous sa cape un manteau. Elles ont filé. La directrice, qui s'était aperçue du manège, les a poursuivies en hurlant au voleur. Aucun des policiers dans la rue n'a bougé. Ils ont expliqué ensuite que les règles de sécurité interdisaient qu'ils interviennent : un tel incident pourrait être une manœuvre de diversion pour une tentative d'attentat autrement plus grave. Les commerçants ont compris l'explication; ils ne l'ont pas admise. Pas plus qu'un riverain : lui, un soir de juin 1984, en face de l'Elysée, a eu le visage aspergé par une bombe lacrymogène. Là encore les policiers ne se sont pas manifestés. Et si cela avait été une feinte?

Bénéficiant d'une protection qui fait de ce rectangle l'endroit le plus sûr de Paris, les voisins doivent toutefois se soumettre à plusieurs obligations : demander chaque année une autorisation pour pouvoir se garer avenue Marigny ou rue de l'Elysée; dans celle-ci, toujours barrée, ils ne peuvent marcher sur le trottoir — le côté soleil, hélas! — qui longe l'Elysée et, pour pénétrer en voiture, doivent justifier d'un laissez-passer; qu'ils aient le soir des invités et ils ont l'obligation de fournir leurs noms et les numéros d'immatriculation des véhicules. Régulièrement leur identité est contrôlée et toute modification dans le personnel doit être signalée. De même, en cas de travaux, le nombre et l'identité des ouvriers doivent être communiqués et tout déménagement nécessite une autorisation. Et puis, régulièrement, dès qu'un événement sortant de l'ordinaire se produit au palais, des policiers investissent l'immeuble, s'installent sur le toit [1] et renforcent les contrôles.

Toute cette surveillance est pourtant supportée avec bonhomie par les voisins qui se sentent en sécurité et qui, peu à peu, ont tissé des liens de bon voisinage avec la police. Beaucoup n'ont qu'une récrimination mais elle est de taille : sous leurs fenêtres stationnent les cars des gardes mobiles, et ceux-ci, pour avoir chaud, laissent les moteurs tourner. D'où du bruit et l'odeur des gaz d'échappement qui provoquent bien des plaintes. Voilà quand même qui n'est pas suffisant pour abandonner une adresse aussi prestigieuse.

En réalité, si l'Elysée est un village, le quartier l'est aussi : tout se chuchote, tout se dit, tout se sait. Comme l'habitude des hommes de garde devant le palais d'avoir souvent les yeux levés vers la boutique Féraud : c'est qu'au premier étage sont installées les cabines des mannequins et qu'ils les regardent se déshabiller ! Oui, un village. Pour une concierge du faubourg, cela reste son plus beau souvenir : un jour, comme elle portait à l'Elysée du courrier qui lui avait été adressé par erreur, elle dit au chef de poste : « Je suis une voisine. Franchement, le Président — c'était Giscard — pourrait venir prendre le café chez moi. » Elle n'y pensa plus. Jusqu'au jour où Giscard vint effectivement boire le petit noir. De même, un chèque au moins du général de Gaulle n'a jamais été encaissé : le maroquinier de la rue du Fau-

1. Voir le chapitre « La sécurité du Président et des autres ».

bourg-Saint-Honoré à qui il était destiné l'a toujours gardé en souvenir. C'est que ce village-là vit à l'ombre de l'Histoire et en est fier. Comme le dit joliment un voisin : « Habiter en face de l'Elysée, c'est passionnant : c'est le journal de l'autre côté de la rue. »

Mais un journal qui ne s'intéresse guère qu'au rez-de-chaussée et au premier étage du palais. Dix heures, le moment où s'éveille vraiment le quartier, est pourtant celui où il se passe des choses essentielles dans le sous-sol de l'Elysée : l'activité gagne les cuisines. L'équipe est là depuis déjà deux heures, huit cuisiniers-pâtissiers confirmés, ayant l'expérience des maisons bourgeoises, et une demi-douzaine d'appelés du contingent, choisis parmi les meilleurs apprentis de France ou les lauréats de concours professionnels; ils effectuent là leur service militaire et, faute de galons, gagnent une précieuse carte de visite. L'énorme fourneau surmonté de sa hotte est chaud, les choses sérieuses vont commencer mais les cuisiniers de l'Elysée n'ont déjà pas chômé. Vers trois heures du matin, certains d'entre eux se trouvaient à Rungis en compagnie d'un représentant du personnel privé de François Mitterrand.

Il y va du prestige de la France : l'Elysée ne tolère que les produits de toute première qualité. Lorsque les livreurs — tout arrive « à domicile » — apportent la marchandise, le chef ou son adjoint inspecte : au moindre problème, le lot est refusé et le fournisseur risque fort de perdre un client si l'incident se reproduit. Quantités obligent, la Présidence achète à des vendeurs en gros ou demi-gros — autant d'économies ! — et ne se rabat sur des petits commerçants du quartier qu'en cas d'extrême urgence et pour de très petites commandes. Tout cela se compte bien sûr en tonnes. A titre d'exemple, l'Elysée a consommé en deux mois [2] 495 kilos de bœuf, 267 de veau, 225 d'agneau et presque une tonne (919 kilos) pour le reste de la boucherie (porc, abats, charcuterie).

Pour cuisiner tout cela, une impressionnante batterie de vaisselle en acier inoxydable pour le petit matériel mais surtout en cuivre. Ah ! les cuivres de l'Elysée... Ils sont partout dans les cuisines du sous-sol du palais, petits et grands, bas et hauts, aisément maniables ou quasi importables par un homme seul. Et toujours superbes. Tôt le matin, ils ont été fourbis par les « bidasses » porteurs de la toque blanche et tous les quatre ou cinq mois chaque pièce est rétamée par une petite entreprise qui ne vit quasiment plus que de ce client-là ! Tant de soins ne sont pas superflus, les cuivres de l'Elysée étant plus que des ustensiles de cuisine : de petits bijoux. Le plus grand nombre date de Napoléon III — son emblème est resté gravé — mais on trouve aussi les monogrammes de Louis-Philippe ou de Charles X.

Qu'on ne croie pas que ces pièces rares ne se trouvent à l'Elysée que pour le prestige du lieu. Tous les cuisiniers savent que le cuivre est irremplaçable. Inusable, particulièrement stable et excellent régulateur de chaleur, ce métal protège des mésaventures culinaires les plus courantes. On n'a guère le temps, ici, de recommencer une sauce renversée ou brûlée et les précieux ustensiles voyagent lorsque les cuisiniers de l'Elysée assurent la préparation d'un repas à l'extérieur du palais. C'est par exemple arrivé en juin 1984 pour le sommet européen de Fontainebleau.

Deux déjeuners officiels étaient prévus, dont Marcel Le Servot, le chef de l'époque, avait la charge. On apporta donc les casseroles mais ce

2. Mai et juin 1984. A noter toutefois : ces deux mois furent assez chargés en réceptions de personnalités étrangères.

fut en l'occurrence le plus simple : le palais de Fontainebleau n'est plus qu'un musée où rien n'est prévu pour de telles occasions et la pièce attribuée aux cuisines ne comportait ni eau, ni gaz, ni branchements électriques ! Il fallut donc installer d'urgence un évier provisoire, une arrivée de courant — dix mille watts ! —, deux réfrigérateurs, deux étuves et trois cuisinières !

Tout cela se trouve évidemment à demeure à l'Elysée où, désormais, il est presque onze heures. A ce moment, les préparations commencées, le temps de la composition s'achève. Celui de l'exécution va débuter et le rideau se lever sur plusieurs services. Le Président et ses conseillers, eux, sont encore totalement plongés dans leur matinée de travail mais, dans les coulisses, on s'affaire pour que la pause du déjeuner se déroule sans fausse note.

11 HEURES :
UNE ASSIETTE A 6000 F

LE cuisinier de l'Elysée quitte le petit bureau nettement défraîchi où, occupé à ses nombreuses tâches administratives, il a, depuis ce matin, passé le plus clair de son temps. Il est onze heures. Un coup d'œil par-ci, par-là sur les marmites ne suffit plus, il doit jouer les chefs d'orchestre pour plusieurs partitions : les repas du personnel, de certains conseillers et du Président, en liaison pour ce dernier avec la cuisine installée dans les appartements privés.

Les registres sont, bien sûr, très différents : simple mais soigné pour le personnel; frugal pour les plateaux-repas des conseillers; fignolé pour les déjeuners de la salle à manger du secrétaire général; délicat pour ceux du Président dans ses appartements privés; prestigieux pour les banquets officiels. Jusqu'en octobre 1984, celui qui tenait la baguette des cuisines de l'Elysée était un homme plutôt petit, à l'accent du terroir, aux manières plébéiennes et sympathique en diable : Marcel Le Servot. Un personnage, « Marcel », le copain de tous les grands chefs du moment.

A treize ans, en 1935, ce gamin normand de très modeste famille est déjà derrière les fourneaux. A vingt-deux ans, en 1944, il s'engage dans la Marine dont la réputation hôtelière n'est plus à faire et parvient au sommet comme chef du *Jean-Bart*, le navire amiral de la Flotte. A trente-six ans, en 1958, il entre dans les cuisines du pouvoir : le général de Gaulle, durant son bref passage comme dernier président du Conseil de la IVᵉ République, l'appelle à l'hôtel Matignon. Il y nourrira Michel Debré, Georges Pompidou et Maurice Couve de Murville jusqu'à ce qu'en 1969 le second de la liste, élu président de la République et se souvenant de l'excellente chère dégustée pendant sept ans, fasse venir Marcel Le Servot à l'Elysée. Il n'en bougera plus pendant quinze ans mais ne passera qu'une seule fois de l'autre côté des fourneaux pour déjeuner à la table du président Valéry Giscard d'Estaing en compagnie de ses collègues des meilleurs restaurants de France.

Bref, Marcel Le Servot a nourri tous les « grands » de France et du monde et ainsi gagné un titre auquel il tient plus que tout, président d'honneur, à vie, du « Club des cuisiniers de chefs d'Etat » qu'il créa en 1977. Vingt-quatre « chefs de chefs » en sont membres [1] qui représentent notamment les présidents ou les rois des Etats-Unis, de Belgique, de Suisse, de Suède, d'Allemagne fédérale, du Mexique, du Danemark, du Brésil, du Maroc... Ce n'est pas tellement d'avoir réuni tant de beau monde dont Marcel Le Servot est fier; ce qui le fait rire sous cape de son petit sourire qui lui tord la mâchoire, c'est d'avoir consacré la primauté de la grande cuisine nationale : les statuts du « C.C.C. » stipulent que le président en est de droit le cuisinier du chef de l'Etat français. En imposant cette disposition léonine, il pensait bien sûr à son pays, mais sans doute avait-il aussi à l'esprit son adjoint, presque

1. En octobre 1984.

son fils spirituel, Joël Normand, « élyséen » depuis 1969 et Meilleur ouvrier de France en 1982. Marcel Le Servot, en prenant sa retraite en octobre 1984, souhaitait que sa succession fût officiellement réglée avant son départ pour transmettre le flambeau à Normand. Las! Le Président et ses conseillers en décidèrent autrement : Joël Normand fut au préalable mis à l'essai.

Dans le concert culinaire orchestré par le chef de l'Elysée, l'ouverture retentit à partir de onze heures trente : le déjeuner du personnel. Chaque jour, une bonne centaine de couverts sont ainsi assurés aux huissiers, argentiers, certains chauffeurs, fleuristes... Tandis que les cuisiniers mangent sur une grande table proche des fourneaux, les autres s'installent dans un réfectoire genre cantine d'entreprise au premier étage de l'aile ouest. Les menus sont simples — les grillades sont fréquentes — mais soignés — la pâtisserie fraîche est quotidienne. Avant de venir déjeuner, les lingères et les argentiers, dirigés comme le reste du personnel par l'intendant, Denis Vauthier, ont effectué l'essentiel de leur travail.

La tâche des lingères n'est pas mince : à six, elles s'occupent de vingt et un mille pièces environ. Le chiffre surprend-il ? C'est que l'Elysée, on l'a dit, est un village où vit une communauté entière et que sur cet inventaire on recense par exemple trois cents cinquante et un draps et un millier de serviettes de toilette. Chaque semaine, quelque deux mille cinq cents articles partent au blanchissage : tabliers, torchons, peignoirs en tissu éponge des permanenciers, etc. Nettoyage à la dure aussi pour les nappes en damassé utilisées pour tous les repas où le protocole n'est pas trop strict. La plus vieille de l'Elysée est de ce type — elle date de 1896 — et aucun nouvel achat n'a été fait dans cette qualité depuis 1977 : cette année-là, la Présidence a fait rouvrir le dernier métier européen spécialisé et, pour la peine, commandé cinq cents mètres de long sur trois mètres de large!

Les quelque quatre-vingt-dix nappes brodées, de quatre à cent vingt couverts [2], réservées aux réceptions, bénéficient de soins jaloux : souvent ornées au fil d'or, elles ont droit à un nettoyage à sec particulièrement prudent et à des raccords réguliers aux ornements. La plus ancienne des nappes brodées — en coton d'Egypte, elle date du début des années 50 — ne risque guère de s'abîmer : il y a belle lurette qu'elle ne sert plus!

Après que les lingères ont installé la nappe, vient le tour des argentiers chargés de monter la table. En temps normal, ils s'affairent aux alentours de onze heures pour le déjeuner, mais beaucoup plus tôt en cas de grand repas de gala : pour un dîner de deux cents couverts, par exemple, ils commencent dès le matin.

Ces six hommes, dirigés par Louis Niel, ont la responsabilité d'une véritable fortune : 5 315 pièces en porcelaine de Sèvres; environ 6 000 verres ou carafes en cristal taillé; 10 130 couverts en vermeil, argent ou — c'est le moins luxueux — métal argenté. Tous les deux ou trois mois, les argentiers en font un inventaire complet mais comptent les pièces avant et après chaque repas : la tentation existe d'emporter un « souvenir » et bon an mal an quatre ou cinq pièces disparaissent, surtout les petites cuillères. On voit mal, il est vrai, un invité partir avec un candélabre : chacun pèse de trente à cinquante kilos!

De telles quantités ne sont pas superflues. Un grand dîner peut exiger cinq ou six assiettes par

2. La plus grande, décorée par des étoiles, mesure 38 mètres sur 258 centimètres mais le record appartient au damassé : 42 mètres de longueur!

personne; en comptant deux cent cinquante convives, on aboutit à... 1 250 ou 1 500 pièces! Le service dit des « Oiseaux », qui date du XIXe siècle, le permet. Mais à quel prix! Entièrement réalisé à la main par la Manufacture de Sèvres — qui ne présente pas de facture à l'Elysée —, chaque élément de cette vaisselle en porcelaine vaut de l'or : environ 1 800 francs la soucoupe et 6 000 francs l'assiette [3]! Ce service, qui ne sert que pour les très grandes occasions, est certes le plus cher mais, même dans les autres séries, une soucoupe coûte souvent le prix d'un service entier dans le commerce : pour une assiette, 4 000 à 5 000 francs sont courants; on descend à 2 600 francs pour les « cerises »; mais on ne va pas plus bas que 1 500 francs, pour le modèle uni à frise bleue.

L'argenterie aussi atteint quelques sommets. Surtout dans le service Puyforcat en vermeil, unique au monde puisqu'il fut dessiné et fabriqué spécialement pour l'Elysée : 7 000 francs un plat de trente-trois centimètres de diamètre, par exemple. Encore doit-on noter que ce prix date de 1978, dernière année où la Présidence a commandé un article de ce type. En effet, hormis les quelques larcins, tout ce matériel ne s'use guère et est soigneusement entretenu, en particulier réargenté ou redoré régulièrement.

Porcelaine et argenterie servent aussi bien aux cérémonies qu'aux repas officiels ou aux déjeuners du Président dans ses appartements. Mais, dans ce dernier cas, les argentiers se contentent de fournir le matériel : personne ne pénètre dans le domaine personnel de François Mitterrand en dehors des maîtres d'hôtel privés et ce sont eux qui dressent la table vers midi ou midi et demi.

Treize heures approchent; les réunions cessent,

3. En juin 1984.

les conseillers commencent à interrompre les affaires en cours qui peuvent attendre. Le Président ne va pas tarder lui aussi à se reposer. Dans une maison où tout est important, pourquoi le déjeuner ne le serait-il pas ? Surtout qu'il ne s'agit pas seulement d'un élément de standing mais aussi d'un signe extérieur de pouvoir.

13 HEURES :
LE BONHEUR DES ORMEAUX
AU BEURRE AILLÉ

TREIZE heures. Au pays du bien manger, l'instant est d'importance. Certains des conseillers de l'Elysée se sont déjà égaillés dans les restaurants ou les salles à manger privées où les attendent des « déjeuners en ville » dont ils seront les vedettes : on n'a pas tous les jours un hôte de l'Elysée à sa table. D'autres n'auront pas cette chance. Rue du Faubourg-Saint-Honoré, l'urgence prime et lorsque l'actualité s'en mêle il n'est pas toujours facile ni même possible de s'absenter, ne fût-ce qu'une heure. S'ils ne vont pas déjeuner, le déjeuner viendra à eux : chaque jour, les cuisines de l'Elysée préparent des plateaux-repas pour des collaborateurs de la maison, jamais moins de trois, rarement plus de quinze. L'équipe du service de presse est parmi les habitués : les journaux radio-télévisés de treize heures et la nécessité de répondre d'urgence aux journalistes les empêchent souvent de s'éclipser.

Chacun, un jour ou l'autre, connaît un coup de feu dans son secteur, d'autres aiment bien travailler pendant cette heure qui fait taire le téléphone, d'autres encore voient là un bon moyen de préserver leur ligne : les plateaux-repas ne risquent pas en effet de donner des kilos superflus ! Après que l'on a, dans les premiers temps, usé largement de ce service et parfois consommé des mets raffinés, les plateaux-repas se sont, pour cause d'économies, raréfiés et simplifiés. Certes, ils sont apportés par un serveur en veste blanche, les couverts sont en métal argenté, la viande ne vient pas d'un quelconque supermarché, les assiettes sont tenues au chaud sous un couvercle en argent, et la nourriture vaut mieux qu'un vulgaire casse-croûte. Mais tout cela reste frugal : salade de tomates, grillade, pommes sautées, salade, fromage et fruits constituent un bon exemple de menu. Le poulet rôti n'est pas exclu, l'assiette anglaise non plus. A la saison, on ira jusqu'au melon mais le saumon fumé en entrée est rarissime. Pendant les mois en « r », de septembre à avril, le conseiller qui en fera la demande obtiendra peut-être une douzaine d'huîtres... mais les crustacés remplaceront la viande !

Un peu moins austère, mais tout juste, le « mess ». Ce mot militaire qui désigne la cantine de la Présidence — deux salles situées au 2, rue de l'Elysée — n'est pas un hasard : le mess dépend du ministère de la Défense; les victuailles préparées ici proviennent des magasins de la caserne Latour-Maubourg et le personnel est constitué d'appelés du contingent.

La couleur du badge que possède quiconque travaille à l'Elysée détermine les droits et les devoirs : tout le monde a accès au rez-de-chaussée où trois cent cinquante repas environ sont servis, à 10,25 francs par personne; le premier étage est réservé aux conseillers, chargés de missions et officiers de l'état-major particulier, qui paient 15 francs [1]. Cette dernière salle ne peut servir

1. Tarifs de juin 1984.

qu'une trentaine de couverts; il est donc recommandé de réserver, surtout que les collaborateurs du Président ont le droit d'inviter des personnalités extérieures. L'hôte sera sans doute fier de déjeuner à l'Elysée avec un conseiller du chef de l'Etat, mais il ne gardera pas un souvenir inoubliable du repas lui-même : la nourriture est convenable sans plus. Très proche de celui des plateaux-repas, l'ordinaire peut être amélioré par quelques « suppléments » et surtout par le vin, la cave étant bien fournie tout en restant abordable : quatre-vingts francs le côte-de-beaune 1973, cent francs le château-figeac 1979 et le chambolle-musigny 1978, par exemple.

Le mardi et le jeudi, pourtant, le mess sert dans un salon particulier un menu spécial, celui réservé aux « déjeuners Legatte ». Lorsqu'il travaillait auprès du Président avant d'être nommé au Conseil constitutionnel, Paul Legatte avait institutionnalisé ces rendez-vous bihebdomadaires.

Au début, il s'agissait d'aider à se connaître les hommes et les femmes de l'Elysée qui, bien souvent, ne s'étaient jamais rencontrés avant de travailler ensemble. Très vite, la fonction de ces déjeuners s'est élargie : patrons, hauts fonctionnaires, diplomates, syndicalistes et bien d'autres se retrouvent autour d'une table avec des conseillers élyséens qui respirent ainsi l'air du dehors et peuvent expliquer leurs orientations. Aujourd'hui encore, bien qu'il n'appartienne plus à la Présidence, Paul Legatte assiste parfois à ces déjeuners qui portent son nom. Mais désormais, la place d'honneur revient à Jean-Claude Colliard ou Michel Charasse.

Ces deux derniers hommes se retrouvent en principe tous les mercredis pour déjeuner à l'issue du conseil des ministres. Ils sont aussi de ceux qui ont la possibilité d'utiliser la « salle à manger du secrétaire général », au premier étage de l'aile ouest. Le cadre ne paie pas de mine, la peinture est vétuste et le local, plutôt réduit, n'est séparé d'une grande pièce de réunion que par un vulgaire paravent; mais la chère est de haute tenue : elle est préparée avec beaucoup de soins par les cuisines de l'Elysée. Les personnalités qui mangent ici sont d'importance : invités par Jean-Louis Bianco, Jacques Attali, Christian Sautter ou quelques autres, ils sont parlementaires, responsables étrangers, grands patrons ou encore hauts fonctionnaires. Alors, même si le Président n'y participe jamais, le prestige de l'Elysée est en jeu : on met les petits plats dans les grands et ces repas ressemblent par le menu et le service à ceux que préside officiellement François Mitterrand.

Dans ce dernier cas, le déjeuner a lieu dans l'un des grands salons du bâtiment central et doit respecter deux impératifs. La diversité d'abord : une « carte » trop rigide obligerait le chef de l'Etat et ses collaborateurs à manger souvent les mêmes choses; quant aux invités, l'intendant Denis Vauthier tient une fiche pour chacun d'entre eux afin de ne pas leur servir un plat identique à quelques mois d'intervalle. La rapidité ensuite : tout devant être fini en une heure au maximum, le nombre de mets est restreint — entrée, plat principal, légume, fromage et dessert — et le service se fait « à la française » : les convives ne reçoivent pas leur assiette toute prête mais doivent piocher dans des plats contenant de six à dix portions que leur présentent les maîtres d'hôtel.

Voici trois exemples de menu pour des déjeuners officiels : le 1er décembre 1981, fricassée de homard armoricaine, pièce de bœuf en croûte à l'ancienne, ragoût de champignons mélangés, fromages, délice Elysée-Opéra, jus de fruits, Corton

Charlemagne L. Lalou 1978, Château-la-Croix 1971, Dom Ruinart 1973; le 17 décembre 1982, asperges sauce hollandaise, bar grillé aux herbes sauce choron, riz sauvage, fromages, sorbet aux pommes vertes, Chevalier-Montrachet 1976, Château-Boujeaux 1970, Veuve Clicquot-Ponsardin 1976; le 4 février 1984, gigot de lotte braisé aux langoustines, croustade de cailles farcies périgourdine, flan de pommes aux morilles, fromages, crème glacée à la pistache sauce à la vanille, jus de fruits [2].

Parmi la très riche palette dont disposent les cuisines de l'Elysée en plus de ce qui s'y invente chaque jour, on peut encore citer, pour les hors-d'œuvre : homard à la parisienne, foie gras truffé en pièce ou saumon de Loire froid à la française; pour les plats principaux : selle d'agneau rôtie Argenteuil, homard breton au velouté d'oursins ou filet de charolais clouté aux truffes; pour les accompagnements : bouquetière de légumes, riz créole aux amandes ou pleurottes sautées; pour les desserts : tourte glacée aux copeaux de chocolat, glace Saint-Honoré ou charlotte à la fraise des bois; pour les vins blancs : Chablis premier cru Montée de Tonnerre 1981, Pouilly fumé Ladoucette 1980, Tokay d'Alsace Hugel 1976; pour les rouges, Château l'Angélus 1961, Château Haut-Bages-Liberal 1976 ou Puligny-Montrachet Drouhin 1978; pour les champagnes, Laurent Perrier cuvée Grand Siècle, Taittinger Comtes de Champagne 1973 ou Krug 1975.

A ces déjeuners très protocolaires, François Mitterrand préfère ceux, plus intimes, qu'il prend dans ses appartements privés. Intimes ne veut

2. L'absence totale de boissons alcoolisées ce jour-là s'explique par le nom de l'invité : « Sa Majesté Fahd Bin Abdul Aziz Al Saoud, roi d'Arabie Saoudite ».

pas dire solitaires puisqu'ils peuvent réunir jusqu'à vingt-quatre personnes même si l'habitude est plutôt à huit ou dix couverts : collaborateurs, ministres, amis, familiers, parlementaires, dirigeants socialistes, membres de la famille, artistes ou intellectuels se succèdent ici [3]. Préparés le plus souvent dans la cuisine des appartements privés que fit installer Georges Pompidou, les menus conviennent mieux au Président que ceux des repas officiels.

En quelques mois, après son élection, François Mitterrand avait pris du poids : on ne mange pas impunément tous les jours une nourriture prestigieuse et sophistiquée, donc riche! Très vite, il a demandé que l'on allège les sauces et que l'on ne repasse plus les plats. Une diététicienne, Mme Dumai, fut même déléguée aux cuisines pour y conseiller le chef Marcel Le Servot. Il n'en sortit que des étincelles, la stricte hygiène alimentaire ne faisant pas un excellent ménage avec la grande cuisine, et la dame ne resta pas longtemps dans les sous-sols de l'Elysée : l'homme à la toque ne la supportait guère.

Si François Mitterrand manifeste des préférences pour ce qui est de la nourriture, il n'en montre pas quant aux vins : il n'a jamais visité la cave pas plus que les cuisines — ce qui a déçu le personnel — et tout lui convient. Il souhaite seulement que pour les repas privés, on serve des bouteilles légères, sans trop de bouquet, adaptées au temps. Un verre par repas lui suffit amplement et il n'accepte jamais ni apéritif ni digestif. D'ailleurs, à l'Elysée, les amateurs de bons crus ne sont pas légion. Seul ou quasiment, André Rousselet, du temps où il était directeur de cabinet, se piquait de connaissances œnologiques et souli-

3. Voir le chapitre « Petits et grands déjeuners ».

gnait, par exemple, qu'il fallait parler de « château d'Yquem » et non de « château Yquem » comme on le faisait malheureusement trop souvent.

La cave est pourtant la propriété personnelle du chef de l'Etat : elle est achetée sur sa cassette et, lorsqu'il s'en va, il peut théoriquement l'emporter avec lui. L'usage veut qu'il la laisse à son successeur. Mme Pompidou, à la mort de son mari, en vendit toutefois une partie, Valéry Giscard d'Estaing lui ayant fait savoir qu'il souhaitait choisir ce qu'il conserverait. C'est pourquoi, quand il était ministre de François Mitterrand, Michel Jobert put déguster les bouteilles qu'il avait achetées quand il était secrétaire général de Georges Pompidou : le Château Cap de Mourlin le laissa insatisfait; il avait mal vieilli.

Même si elle est abondante, la cave de l'Elysée ne recèle guère de trésors : les vieux alcools n'y existent pas, le whisky est un simple Johnny Walker carte noire, et la bouteille la plus ancienne est un Château d'Yquem de 1949. Il voisine avec un Château-Margaux, lui aussi d'une fort belle année, 1959. Cette cave est surtout riche en bordeaux : les châteaux sont achetés directement aux propriétaires mais les seconds crus passent par des intermédiaires. Il en va de même pour les bourgognes et les beaujolais : les premiers sont fournis par les maisons Drouhin, Latour et Bouchard, les seconds par Georges Duboeuf. Tous — l'Elysée est économe — doivent consentir des conditions et sont mis en concurrence. L'Elysée n'a toutefois guère de difficultés : il trouve tout ce qu'il veut aux meilleurs prix.

La satisfaction de ces maisons est d'être le fournisseur de la première institution française; elles n'ont pourtant pas le droit de s'en vanter, du moins par une publicité directe, mais leurs noms sont signalés sur les menus officiels. Cette interdiction de se prévaloir de fournir la Présidence est valable pour tous. Aussi bien pour le boulanger (le pain vient de chez Dupuy, rue du Faubourg-Saint-Honoré) que pour le fromage (Barthélemy, rue de Grenelle), pour le fleuriste (gerbes et couronnes sont achetées au « Jardin d'Alice ») comme pour les traiteurs (Réguier, Marchetti, Potel et Chabot, Lenôtre). Une exception toutefois : le blanchisseur qui, inébranlable depuis 1899, a obtenu sous le septennat précédent que figure sur son papier à en-tête la formule « fournisseur de la présidence de la République ».

Si la tempérance à l'égard de la boisson est naturelle à François Mitterrand, celle qu'il pratique en ce qui concerne la nourriture est plus affaire de sagesse que de goût. A table, il n'a de répulsion pour rien et aime être étonné : il demanda qu'on lui refasse très vite des ormeaux au beurre aillé après avoir, pour la première fois, goûté ces coquillages ainsi préparés. Outre le foie gras — il en raffole —, les crustacés — il mangerait volontiers des huîtres tous les jours et a un petit faible pour les palourdes —, les champignons et les poissons, le Président n'aime rien davantage que la bonne vieille cuisine du terroir roborative : la choucroute l'enchante, le cassoulet le comble, le pot-au-feu le ravit, le veau braisé l'enthousiasme, la potée l'exalte et la tête de veau le fait fondre. Souvent, il interroge ses maîtres d'hôtel sur la provenance des produits, non seulement pour s'assurer qu'ils sont bien français mais aussi pour en connaître la région d'origine. Il est encore très attentif à ce que tous les aliments qui lui sont offerts soient sans tarder présentés à sa table : le 14 juillet 1984, il exigea de manger le midi même, entre défilé et garden-party, la bourriche d'huîtres que lui avaient fait porter les patrons de La Gauloise, un restaurant où il a ses habitudes.

Si les huîtres, le foie gras ou les poissons peuvent convenir à n'importe quel déjeuner privé, les bons gros plats de cuisine de grand-mères ne sont guère servis que dans les appartements du premier étage. On constate en effet d'énormes différences dans le déroulement des déjeuners selon qu'ils ont lieu dans la « salle à manger Paulin » ou dans celle aménagée par Marc Held.

La « salle à manger Paulin », du nom du créateur qui la décora, est le dernier vestige des transformations apportées par Georges Pompidou au rez-de-chaussée des appartements privés : Valéry Giscard d'Estaing avait fait changer tous les décors contemporains voulus par son prédécesseur sauf dans cette pièce où demeurent donc la blancheur des murs, la moquette grise, les plafonds en corolles lumineuses, les tables de verre fumé et les chaises tulipes. Se déroulent ici les plus privés des déjeuners de travail ou les plus solennels des repas intimes.

Les convives, convoqués en général pour treize heures, attendent dans la bibliothèque, là où posa François Mitterrand pour sa photo officielle. Vers treize heures quinze, l'huissier qui attend le chef de l'Etat à la porte de l'ascenseur aboie : « Monsieur le président de la République », quand celui-ci entre dans la bibliothèque. Tout le monde se lève, on devise un peu en prenant l'apéritif puis l'appariteur se présente à nouveau : « Monsieur le président est servi. »

François Mitterrand et ses hôtes gagnent alors la pièce voisine, la « salle à manger Paulin ». Il attribue à chacun sa place que nul carton ne marque. Devant chaque couvert, un menu; parfois deux pour François Mitterrand : s'il mange différemment que ses invités — cela arrive assez souvent —, il saura ainsi ce qui l'attend et ce que goûteront ses hôtes. Le service, ici, se fait « à l'assiette » : en temps normal, les dames passent d'abord et le Président est le premier homme servi; s'il s'agit d'un déjeuner de travail ordinaire sans présence féminine, François Mitterrand reçoit son assiette en premier; si le premier ministre est là, les deux hommes sont servis ensemble; si un chef d'Etat étranger est invité à cette table privée, c'est lui qui a la primauté, mais non si ce n'est qu'un chef de gouvernement... Bref, une étiquette très méticuleuse qui n'empêche pas, en toutes circonstances, le Président d'appeler ses maîtres d'hôtel, Michel, Patrice, Christian, Philippe et les autres, par leur prénom.

La pièce est décorée de compositions florales mais il n'y a aucun téléphone : le combiné se trouve dans la bibliothèque et, en cas d'urgence, un huissier passe un mot au Président. Pas de cendrier — François Mitterrand ne fume pas — sur la table : ils sont apportés quand l'un ou l'autre se met à fumer, ce qui arrive parfois avant le fromage, contrairement à ce que veulent les usages généralement admis. Sans doute faut-il voir là moins de l'impolitesse que de la nervosité : les invités du chef de l'Etat sont souvent très intimidés. Comment expliquer autrement que, dans leur confusion, certains mettent leur pain dans l'assiette à salade ou que d'autres — c'est assez fréquent ! — s'échinent à vouloir tirer du feu du coupe-cigares dont ils pensent qu'il s'agit d'un briquet ?

François Mitterrand s'efforce pourtant de mettre à l'aise la tablée. Il écoute mais parle aussi beaucoup, oriente la conversation sur des sujets d'actualité, raconte des histoires drôles ou des souvenirs et n'hésite parfois pas à taquiner un convive, comme Paul Guimard avec lequel il jouait un duo très au point du temps où le romancier travaillait à l'Elysée :

« Alors quoi ? demandait Mitterrand, narquois. Vous n'écrivez donc plus en ce moment ?

— Mais c'est à cause de vous ! s'étranglait Guimard dans une colère feinte. Je reconnais bien là votre capacité d'oubli : vous savez pourtant que c'est parce que vous me donnez trop de travail ! »

Le café, dont le chef de l'Etat n'use jamais, se prend soit à table, soit dans la bibliothèque, le Président en décide au coup par coup et c'est à cet instant que l'on passe le plateau à tabac : cigarettes blondes et brunes, cigarillos et cigares, le tout français — à l'exception de quelques Monte-Cristo, la production nationale ne pouvant rivaliser avec les havanes. Lorsque François Mitterrand pose sa serviette sur la table, un maître d'hôtel s'approche : c'est le signe que le déjeuner est fini et qu'il va falloir, dans les secondes qui viennent, tirer la chaise présidentielle.

Lorsqu'il mange au premier étage, le Président se débrouille tout seul pour pousser son siège : on est là dans le plus privé du privé, le plus intime de l'intime. Ces déjeuners se déroulent dans le vaste salon-salle à manger refait à l'automne 1984 par le créateur Marc Held. Autour de la table, dont le centre est composé d'un plateau tournant, prennent place huit personnes au maximum. Là, aucun huissier, aucun protocole. Les arrivées se font sans tralala; des sets de table remplacent la nappe; aucun menu n'est posé sur les assiettes; le service — c'est là que l'on trouve éventuellement choucroute ou pot-au-feu — se déroule en deux temps : le maître d'hôtel remplit une première fois les assiettes, les passe à chacun sans faire le tour mais en se penchant devant l'un ou l'autre, et laisse le plat ou la soupière — les potages sont fréquents — sur la table afin que les convives se resservent eux-mêmes quand bon leur semble. Pas de compositions mais de simples bouquets de fleurs champêtres dans des vases en verre; le téléphone à portée de main; le vin, l'eau et la corbeille à pain posés une fois pour toutes sur la table... Bref, les Mitterrand sont ici vraiment « comme chez eux ».

Il arrive que François et Danielle Mitterrand président chacun un déjeuner, le premier en bas, la seconde en haut. Parfois, lorsque son repas est achevé, le Président monte rejoindre son épouse et ses hôtes. Sans plus de façons, il s'installe avec eux pour le café — soit devant la cheminée dans le grand living, soit dans le salon de télévision. Si le temps s'y prête, il prolonge parfois sa pause mais il est rarement plus tard que quinze heures lorsqu'il regagne son bureau. Ses conseillers eux aussi retournent à la tâche. La trêve est finie.

15 HEURES :
19 DEGRÉS POUR TOUT LE MONDE

Tout le petit monde de l'Elysée n'a pas ripaillé de treize à quinze heures. Alors que le Président et la plupart de ses collaborateurs regagnent leur bureau, d'autres se... rhabillent. Ces courageux viennent de profiter de la trêve du déjeuner pour entretenir leur forme à la salle de gymnastique — ouverte sous Georges Pompidou par Michel Jobert — au sous-sol du 14, rue de l'Elysée. Si Henri Nallet et Jean-Daniel Lévi étaient des habitués et retrouvaient souvent là gendarmes ou gardes républicains, la plupart des collaborateurs sont venus ici au moins une fois. François Mitterrand lui-même, lors de sa visite du lieu, avait annoncé son intention de le fréquenter régulièrement : on ne l'a plus jamais revu mais ce bref passage n'aura pas été vain puisque la salle y a gagné un coup de peinture fraîche !

Même remis à neuf, les locaux restent exigus et les vestiaires sont à peine isolés. Alors, la ségrégation sexiste est de rigueur : pour les hommes les lundis, mercredis et vendredis matin et les mardis et jeudis après-midi; pour les femmes, le reste. Punching-ball, vélo, haltères, treuils variés et autres classiques espaliers, bref, une salle de gym comme les autres.

Comme les autres parties du palais, cette pièce reçoit régulièrement une visite : toutes les quatre heures, les deux pompiers de permanence à l'Elysée effectuent leur ronde, le jour dans les soussols, la nuit dans le palais entier. Dans le petit local plutôt crasseux où ils passent vingt-quatre heures, de huit heures à huit heures, un téléphone d'urgence les relie à la caserne Saint-Honoré : il leur suffit d'enfoncer un bouton rouge pour que les renforts arrivent. En attendant, ils disposent d'un matériel minimum : trois extincteurs et des tuyaux qu'ils peuvent raccorder à la bouche d'incendie située à la gauche du vestibule d'honneur. Tout cela est bien sûr régulièrement révisé mais sert très peu, les incidents étant rares à l'Elysée : une inondation dans les caves en 1982; des fumées provoquées par un incendie proche et un petit feu dans les caves en 1983.

Tous les après-midi, une autre ronde a lieu dans l'Elysée. Pas dans les caves, mais dans les bureaux; pas partout, mais dans des lieux soigneusement sélectionnés.

Les bons échantillons donnent les bons sondages, la règle vaut pour tout, même pour la température. Comme chaque après-midi, donc, le chauffagiste de l'Elysée, Jean-Claude Guillou, accomplit sa seconde tournée. Le matin avant neuf heures, il a déjà vérifié les bureaux témoins disséminés dans tout le palais pour s'assurer que la norme est respectée. Tant pis pour les frileux, si le thermomètre marque un degré de plus on baissera les chaudières. Tant pis pour les sang-chaud, ils ouvriront la fenêtre. Pour tous, la règle est identique : dix-neuf degrés très exactement.

Une telle précision n'est possible que grâce à Georges Pompidou qui remplaça par trois batteries de chaudières l'antédiluvien système à vapeur. Installé du temps d'Armand Fallières, ce dispositif ne permettait aucun réglage : on chauffait et il bouillait; on ne chauffait pas et il gelait.

Commencés en 1973, les travaux se sont achevés en 1975. Trois pièces [1] gardaient la vapeur de Fallières, remplacée en 1984 par une chaudière à condensation. La même année l'ensemble de l'installation a été modernisé pour économiser l'énergie.

Economie, voilà le maître mot de cette nouvelle tranche de travaux qui a privilégié le gaz. La règle est d'ailleurs depuis plusieurs années que toute nouvelle chaudière installée à l'Elysée fonctionne avec cette énergie, la moins chère de toutes. Aussi de un million de mètres cubes en 1981, la consommation annuelle du palais est passée à 3,8 millions de mètres cubes en 1983 sans que la température change : dix-neuf degrés toujours et partout puisque la règle vaut pour tous, même pour le Président dont les appartements privés sont soumis à la norme.

1. La salle des fêtes, le jardin d'hiver et la salle à manger Napoléon III.

17 HEURES :
LE PLACARD À HOCHETS

A DIX-SEPT heures, il n'y a pas si longtemps, les fourneaux de Rambouillet chauffaient depuis un bon moment déjà, bien avant que les nourritures ne commencent à y cuire : les engins marchaient au charbon et le feu devait être lancé bien avant l'heure H ! Depuis 1984, les cuisines de Rambouillet ont été refaites et, pimpantes, ont accueilli tout le confort moderne plus conforme au prestige de la Présidence. Celle-ci ne s'arrête en effet pas aux portes du palais de l'Elysée et, tandis que François Mitterrand et ses collaborateurs poursuivent leur journée de travail, les autres propriétés immobilières du chef de l'Etat vivent leur vie.

Le château de Rambouillet appartient à ce patrimoine. Une cinquantaine de personnes y travaillent à demeure. Le parc est vaste, on a donc besoin de jardiniers; le gibier est nombreux, on doit donc régulièrement éliminer les lapins en surnombre; le château est visitable, la surveillance est impérative. Surtout que le patrimoine y est d'importance en œuvres d'art — une cinquantaine de tableaux de prix — et en Histoire.François Rabelais y logea, François Ier y mourut,

Napoléon Ier en fit une résidence impériale et l'on ne compte plus les rois qui y passèrent : Charles IX, Henri III, Louis XIII, Louis XIV, Louis XV, Louis XVI, Charles X. Devenus républicains, les monarques modernes goûtèrent particulièrement Rambouillet et son parc giboyeux : Gaston Doumergue, Albert Lebrun et Vincent Auriol y passaient volontiers leurs vacances et le dernier y pêcha à la ligne avec délectation. René Coty, qui eut le malheur d'y voir mourir son épouse en 1955, ne retourna plus à Rambouillet après ce drame et c'est le général de Gaulle qui l'attribua aux grandes réceptions. Ses successeurs l'imitèrent et Rambouillet sert aujourd'hui pour les séminaires, sommets et autres grandes rencontres internationales mais jamais plus aux loisirs présidentiels, François Mitterrand se refusant à participer aux chasses qui s'y déroulent traditionnellement.

Dans la région parisienne encore, la présidence de la République a reçu en 1976 le château de Sousy-la-Briche, dans l'Essonne, légué par son propriétaire. Meubles et jardins à la française sont d'époque mais François Mitterrand n'y va pas davantage. Décidément peu assidu de ses résidences officielles, le Président a attendu l'été 1984 pour se rendre la première fois au fort de Brégançon qui plaisait tant à Georges Pompidou. Encore n'y a-t-il pas dormi : il s'est contenté d'une visite, guidée par le très giscardien maire de Fréjus, François Léotard; et d'un déjeuner avec le président de la République d'Irlande.

Pourtant, si le chef de l'Etat n'y réside pas, il prête volontiers Brégançon : Gaston Thorn, alors président de la Commission européenne, et Wilfried Martens, le premier ministre belge, profitèrent par exemple de l'aubaine. Le site « vaut le détour » : un vieux fort datant de Louis XIV planté sur un éperon rocheux s'avançant vers la Méditerranée entre Saint-Tropez et Hyères, dans le Var. Le général de Gaulle en fit une résidence présidentielle en 1968, séduit sans doute par l'histoire de cette place fortifiée qui soutint en 1524 un siège du connétable Charles de Bourbon, fut consolidée par Napoléon et déclassée en 1919 tout en restant entretenue par les Travaux maritimes qui dépendent du ministère de la Défense. Ce passé militaire est bien oublié : le fort de Brégançon n'est plus gardé que par un pacifique couple de gardiens qui y vit à demeure et par les gendarmes locaux qui y font des rondes régulières.

Marly-le-Roi, près de Paris, est encore moins habité : une femme de ménage à mi-temps suffit pour ce petit pavillon de chasse dont la surveillance est assurée par des gardiens militaires qui veillent surtout à ce que le parc ne soit pas endommagé par les nombreux promeneurs. Lieu de prédilection de Louis XIV, Marly l'était aussi de Valéry Giscard d'Estaing qui venait très fréquemment y tirer quelques cartouches. Là non plus, François Mitterrand ne chasse pas et accepte que le théâtre de verdure soit parfois prêté pour des spectacles de M.J.C.

Plus proche de l'Elysée, très voisin même puisqu'il suffit de traverser une avenue, l'ancien hôtel de Rothschild aujourd'hui baptisé hôtel Marigny. Destiné à héberger les hôtes de marque de la France qui n'ont que quelques dizaines de mètres à parcourir — mais toujours en voiture : sécurité et protocole obligent — pour retrouver le Président, cet hôtel du XIXᵉ siècle accueille également les conférences de presse du porte-parole du gouvernement et notamment les comptes rendus du conseil des ministres.

Restent les autres propriétés de la Présidence

qui ne sont pas des résidences du chef de l'Etat mais des lieux de travail : le 14, rue de l'Elysée, où se trouve notamment l'état-major particulier; le 2 de la même artère, où vaquent certains conseillers; et le bâtiment voisin, au numéro 4, immeuble que l'Elysée a acquis en 1984 pour l'aménager en 1985, y installer de nouveaux bureaux et un service entier [1]. Enfin, quai Branly, le palais de l'Alma, plus vaste que l'Elysée [2], accueille tout à la fois des logements pour certains collaborateurs du Président et des bureaux, notamment pour le très important service du courrier et pour l'architecte.

C'est aussi quai Branly qu'au bout d'un couloir du premier étage, une simple porte s'ouvre sur un petit cagibi sans jour. Là, protégées d'un seul tour de clef, dorment sur des étagères une petite fortune et bien des ambitions. Derrière cette porte-là, Marie-Claire Codine, le chef de service, range les objets que des héros d'un jour gagneront en marchant le plus vite, en pédalant le plus fort, en élevant le plus vaillant taureau, en enregistrant le plus beau disque, en réalisant le plus superbe chef-d'œuvre, bref en se montrant le meilleur. Et en remportant un Prix du président de la République.

Tout, ici, vient de la Manufacture de Sèvres et tout, ici, coûte cher : de 1 200 F à 4 000 F pour les vases, et de 2 300 F à 7 500 F pour les coupes dans le tarif 1984, le tout multiplié par quelques dizaines d'unités. Réalisées spécialement pour l'Elysée, ces pièces rares sont commandées au mois d'octobre pour l'année suivante mais tous les lauréats n'auront pas droit à un Sèvres de grand

1. Celui des Archives.
2. 7 076 m^2 contre 5 622 m^2 de surface bâtie et 15 789 m^2 contre 11 179 m^2 de planchers hors sous-sol.

prix : pour les concours les moins prestigieux, on se contentera d'une médaille de l'Hôtel des Monnaies, facturée quelques centaines de francs seulement. Economies obligent! Economie encore : la porcelaine de Sèvres exigeant des emballages très protecteurs et des expéditions prudentes, on demande sans plus de façons aux organisateurs de concours qui résident dans la région parisienne de passer quai Branly prendre le prix qui leur revient.

Chaque année, cinq ou six cents demandes de dotation arrivent à la Présidence. Après enquête auprès du ministère ou du commissaire de la République intéressé, environ cent cinquante manifestations sont sélectionnées. Depuis que la lacune du Tour de France cycliste a été comblée — pendant plus d'un demi-siècle les responsables de la « Grande Boucle » avaient omis de postuler un prix du président de la République —, la plupart des grandes compétitions sportives figurent sur la liste : Vingt-Quatre heures du Mans, Grand Prix de France de formule 1, Bol d'or moto, Tour de l'Avenir, les différents championnats de France, Paris-Colmar à la marche [3], jeux pour handicapés physiques ou, bien sûr, le Prix du Président de la République bien connu des turfistes. Mais des épreuves de moindre importance sont aussi honorées dans des domaines moins classiques comme les joutes, la pétanque, la boule lyonnaise ou la pêche en mer, cette dernière spécialité ayant la particularité de se dérouler, comme son nom ne l'indique pas, sur... de l'herbe!

Après le sport, les concours agricoles occupent

3. L'épreuve qui a succédé à Strasbourg-Paris; lors de ce remplacement, l'Elysée a vérifié que le nombre de kilomètres parcouru à pied méritait un hommage du chef de l'Etat et s'est aperçu que la différence entre les deux épreuves était minime : le prix est donc resté.

la seconde place du contingent des prix du président de la République : plus beaux taureaux, charolais, bœufs Herdbook, poules de race ou chats siamois sont ainsi honorés. Enfin, le reste, tout le reste : jeux d'échecs ou de dames, philatélie, flore — salon du chrysantème ou floralies de Nantes par exemple —, musique — Grand prix de l'académie Charles-Cros —, concours Lépine, Meilleurs ouvriers de France et même le concours de sauvetage sur le lac Léman.

Contrairement à ce que pourrait donner à croire une telle liste, il existe toujours au moins une bonne raison pour que soit accordé le label présidentiel : le prestige de l'épreuve, l'importance économique de la spécialité, le nombre de pratiquants, ou l'utilité sociale, bref tout ce qui en petit ou en grand participe de cette France dont François Mitterrand a dit : « J'aime la France, à ma façon, qui est celle du paysan qui regarde sa terre au printemps, qui mesure le prix des choses et combien coûte, de sacrifices et de patience, le blé qu'il aime [4]. »

Dans un bureau voisin du cagibi où sont entreposés les précieux Sèvres, une très quelconque armoire métallique abrite une toute petite partie de la France de demain : brassières, culottes, jupettes, pyjamas ou hochets qui viendront s'ajouter aux trousseaux du dernier-né des familles nombreuses.

Qu'on le veuille ou non, le chef de l'Etat est un peu perçu comme un père et la tradition lui donne une sorte de haut patronage de la famille, même si cette valeur ne figure pas au frontispice de la République aux côtés du travail et de la patrie comme du temps de l'Etat français.

Chaque année, de très nombreux pères et

4. A la télévision le 17 mai 1974, cité dans *Politique*, tome 1 (Fayard).

mères qui s'estiment méritants s'adressent à l'Elysée. Bien souvent, c'est pour demander à François Mitterrand d'être le parrain d'un bambin, comme le voulait une coutume instituée par Mac-Mahon : le treizième enfant d'une famille avait l'honneur d'être le filleul du chef de l'Etat.

Seulement voilà, ces parents-là ignorent que Valéry Giscard d'Estaing a mis un terme à cette tradition et que François Mitterrand, lui aussi, refuse les parrainages.

A la place, la Présidence fait un « geste ». Baisse de la natalité oblige : à partir du huitième enfant, et si les renseignements sur la famille sont bons, l'Elysée adresse une aide matérielle [5] ou un petit colis.

Tous les automnes, Marie-Claire Codine et l'une de ses collaboratrices se rendent donc au Bon Marché. Le vieux grand magasin de la rive gauche, fournisseur de longue date, accorde à la Présidence un privilège d'importance : l'Elysée peut choisir parmi les soldes de vêtements et accessoires d'enfants avant même qu'ils soient proposés au public. Et avec remise supplémentaire sur le prix soldé! Chaque année, Marie-Claire Codine achète ainsi environ vingt mille francs d'équipements pour enfants qu'elle entrepose dans son armoire et dont elle compose des colis personnalisés : on est traditionnel — le bleu pour les garçons, le rose pour les filles —, pratique — de l'utilitaire et du solide pour les familles modestes; du chic et du joli pour les plus aisées — et réaliste — pas d'anorak en juillet.

Chaque année, une cinquantaine de familles reçoivent quelques effets mais elles sont beau-

5. Cette aide, d'un montant de 1 500 francs en moyenne en 1984, est versée soit directement par le budget d'assistance de l'Elysée, soit par l'assistante sociale dont dépend la famille.

coup plus nombreuses à écrire à l'Elysée. Confusion courante, nombre de parents postulent auprès de la Présidence pour le prix Cognacq : ils sont renvoyés vers l'Académie française, seule maîtresse des fondations Cognacq-Jay. Renvoyées aussi, à la société intéressée, les fréquentes demandes du prix Nestlé.

En revanche, l'Elysée s'attarde davantage sur le courrier concernant la médaille de la famille française. Une centaine de lettres arrivent chaque année pour demander cette distinction honorifique accordée aux familles d'au moins quatre enfants ou pour protester contre un refus. Dans le premier cas, on transmet la demande au commissaire de la République qui, dans chaque département, est chargé de l'attribution après avis d'une commission spéciale. Dans le second cas, on fait une enquête sur la famille. S'il apparaît que rien ne peut lui être reproché et qu'elle remplit les conditions, le préfet est saisi. Mais les recours auprès de la Présidence portent le plus souvent sur des candidatures repoussées à juste titre : on a même reçu quai Branly une demande pour une famille de cinq enfants, tous naturels, tous nés de pères différents et dont la mère était célibataire !

A l'autre bout de la chaîne de la vie, les aînés font, comme les nouveau-nés, l'objet de la sollicitude de l'Elysée. Outre les lettres de félicitations adressées aux vieux couples qui fêtent leurs noces d'or et ont postulé à cet honneur, Marie-Claire Codine — encore elle ! — est chargée des télégrammes envoyés aux centenaires [6].

Lorsque François Mitterrand a pris ses fonctions, le texte en vigueur sous le précédent septennat pour les télégrammes en question lui a été

6. Une dizaine chaque année.

soumis. Il l'a, de sa propre main, corrigé pour arriver à ces quelques lignes qui, depuis, servent systématiquement : « Je m'associe de tout cœur à la cérémonie organisée ce jour en votre honneur et suis heureux de vous adresser mes vœux très chaleureux à l'occasion de votre centenaire. François Mitterrand. »

Mais, même pour de si augustes vieillards et pour de si innocents messages, enquête est menée au préalable sur la moralité des destinataires du pli présidentiel — c'est que le papier à en-tête de la Présidence n'est pas n'importe quoi et que l'honorabilité de ses destinataires ne doit pas prêter à doute.

Voilà pourquoi une minutieuse enquête précède toujours l'acceptation d'une demande de haut patronage du président de la République pour une manifestation précise [7]. Là encore la diversité est de règle : symposiums médicaux en tous genres; colloque Corneille; concours Marguerite-Long-Jacques-Thibaud; exposition Turner; Congrès international des irrigations et du drainage; Salon de l'alimentation; galas de grandes écoles; championnats divers; expédition sur l'Himalaya; centenaire de la Mutuelle générale des cheminots... Cessons là, mais que l'on se rassure : ces hauts patronages sont strictement honorifiques et n'impliquent aucune obligation pour le chef de l'Etat !

Strictement honorifiques également les hauts patronages permanents accordés personnellement par chaque président de la République. François Mitterrand, lui, a attribué cet honneur à dix-huit organismes dont la Croix-Rouge française, la Société d'entraide des membres de la

7. Par exemple, 47 accords sur 96 demandes en 1982 et 57 sur 94 en 1983.

Légion d'honneur, l'Orphelinat mutualiste de la Police nationale, la Fondation du maréchal Leclerc, la Fédération nationale des sapeurs-pompiers et... l'Armée du salut. Une tour de Babel qui ne surprend guère tant un président de la République apparaît toujours un peu comme le Messie !

19 HEURES : UNE JOURNÉE
À 37961,64 F.

L'ELYSÉE n'est pas de ces entreprises qui se vident en quelques minutes sitôt le travail terminé. Pourtant, vers dix-neuf heures, si rien ne s'arrête, tout se calme. L'huissier vient de faire pénétrer la dernière audience dans le bureau présidentiel. Un peu partout, dans la maison, les téléphones cessent de sonner sans arrêt. Conseillers et chargés de mission ont enfin le temps de s'occuper d'eux-mêmes : ils classent, ils rangent, ils lisent le papier que, depuis le matin, ils se sont promis de consulter; ils préparent le dossier qu'ils étudieront, c'est promis, c'est juré, à la première heure le lendemain, bien qu'ils sachent au fond qu'une nouvelle fois la machine va les dévorer et qu'ils ne parviendront pas, comme d'habitude, à dominer le temps. Certains se rejoignent. Pour un dernier point, pour bavarder, pour le plaisir.

Un homme, lui, se prépare pour son rendez-vous quotidien avec François Mitterrand — si, bien sûr, celui-ci est à Paris.Sans doute va-t-il retrouver le Président. Mais, surtout, il va bavarder avec l'ami, presque le vieux complice. Cet homme s'appelle François de Grossouvre. Depuis mai 1981 cet entretien-là est devenu un rite [1]. De détente et de confiance. Chacun raconte sa journée et évoque les questions qui lui viennent à l'esprit. Simplement, tranquillement, librement, sans grand protocole même si François de Grossouvre continue d'appeler le chef de l'Etat « Monsieur le Président » alors qu'il usera peut-être du familier « François » dès que le porche de l'Elysée sera franchi. Mais, en dépit de cette intimité, le tutoiement entre eux n'est pas de mise.

François de Grossouvre est un des hommes mystérieux du palais. C'est qu'il n'a pas, comme la majorité des conseillers, un secteur précis à surveiller. Si ce n'est l'organisation des chasses présidentielles : cette coutume étant quasiment aussi vieille que la République et le chef de l'Etat détestant cette activité, il a, fine gâchette, été chargé des treize chasses annuelles — quatre se déroulent à Marly, quatre à Rambouillet et cinq à Chambord. C'est lui qui décide des invités dont il soumet la liste à l'approbation présidentielle, que ce soit pour les chasses institutionnelles (chasse du gouvernement, chasse des ambassadeurs, chasse des parlementaires, chasse de l'armée) ou pour celles qui sont plus composites.

La chasse, aussi intense qu'en soit le plaisir, ne saurait évidemment l'occuper entièrement. Alors, il est l'homme de confiance, des missions délicates, des coups à « arranger » ou à « monter ». Pas de spécialisation ou la plus excitante : celle de ne pas en avoir. Il entretient des liens privilégiés avec le ministère de la Défense et la D.G.S.E., le service des renseignements, et des relations directes avec nombre de chefs d'Etat. Ceux du Maroc,

1. François de Grossouvre a certes quitté officiellement l'Elysée en juin 1985. Mais en réalité, rien ou presque n'a changé dans ses relations avec François Mitterrand.

de la Tunisie, du Liban, de la Syrie, du Gabon, du Pakistan, des deux Corées, de la Yougoslavie par exemple. Exacte aujourd'hui, cette liste peut être fausse demain. Entre-temps, François Mitterrand aura chargé son ami d'un nouveau contact ou l'aura envoyé, sans que personne n'en sache rien, dans un pays (les Etats arabes sont devenus sa spécialité) porter un message. La mort seule brisera cette confiance entre eux puisque jamais François de Grossouvre ne manquera aux trois commandements premiers de l'univers mitterrandien : la discrétion, la fidélité, la loyauté.

Rien dans sa biographie n'explique qu'il soit devenu plus que le fidèle et mieux que l'ami : le confident. Rien si ce n'est qu'elle traduit nombre de valeurs auxquelles François Mitterrand est attaché et qu'elle échange avec celle du Président plusieurs correspondances. François de Grossouvre, fils de banquier, formé par les jésuites de Saint-Louis-de-Gonzague, docteur en médecine, maquisard dans la Chartreuse, homme d'affaires qui, un jour, abandonne tout, simplement parce qu'il en a assez, pour se reconvertir dans l'élevage des charolais et des chevaux — il en est passionné. Un extraordinaire réseau de relations et d'amitiés dans tous les milieux. Un goût profond des autres. Humaniste, cultivé bien sûr — sinon, comment pourrait-il être un proche? —, il fut de droite et il appartient à la gauche. Droite, gauche, tout cela a-t-il vraiment de l'importance lorsqu'on est depuis près de vingt-cinq ans aux côtés de François Mitterrand — il l'a connu par Pierre Mendès France à quarante ans, en 1958 —, qu'on a participé à ses trois campagnes et qu'on vit moins l'aventure d'une politique que le destin d'un homme? Ainsi, chaque soir, attentif, aigu, présent, François de Grossouvre mène conversation avec François Mitterrand. Il se pourrait même que, parfois, ils se taisent : comme dans les couples qui se connaissent trop pour en prendre ombrage et s'en choquer, ce silence-là n'est pas grave puisqu'ils sont ensemble et se comprennent quand même.

A vingt heures, François Mitterrand allume la télévision. Non dans son bureau mais dans celui de son secrétariat en compagnie de ses assistantes qui restent jusqu'à son départ. Il regarde les journaux télévisés, change fréquemment de chaîne, mais préfère incontestablement celui d'Antenne 2. Et quand l'émission est terminée, il s'éclipse en compagnie de François de Grossouvre : le Président a terminé sa journée. De temps en temps, pourtant, il reste à l'Elysée. Soit qu'il y soupe, choix inhabituel. Soit qu'un grand dîner y soit organisé, ce qui est extrêmement rare. Ou encore qu'une situation politique critique l'exige, ce qui est heureusement peu fréquent. Soit qu'une séance de cinéma soit prévue, ce qui se produit une fois par mois au maximum.

Georges Pompidou a en effet installé une salle de projection à l'Elysée : vingt-deux fauteuils très confortables sur quatre rangs, souterraine — elle est située sous le jardin d'hiver —, moquettée de beige au sol et sur les murs, elle ressemble à ces mini-salles à la mode depuis quelques années et l'écran y est petit. Ces séances rassemblent Danielle et François Mitterrand et quelques amis — les Lang sont des habitués — prévenus par téléphone et non conviés par un carton officiel. Elles sont généralement précédées d'un buffet servi par les maîtres d'hôtel privés dans un des salons du rez-de-chaussée de l'Elysée : on dîne « à la bonne franquette », assiette sur les genoux; dessert et café sont souvent pris après le film. Cette « dernière séance » est généralement organisée par le Président lui-même qui choisit les films avec sa belle-sœur, Christine Gouze-Renal. *L'homme de fer* de Wajda, *Le Coup de Sirocco* avec Roger Hanin, *La Marseillaise* de Jean Renoir, *Reds*, *The Day After*, *L'homme au chapeau de soie* de Méliès furent quelques-unes des projections appréciées. Des fidèles ont moins aimé *Lettres d'amour en Somalie* de Frédéric Mitterrand, et certains se souviennent comme d'une épreuve des trois heures du film de Claude Lanzmann sur l'holocauste. Non que l'œuvre fût critiquée mais elle fut présentée à l'état brut, sans sous-titres, en un mélange d'allemand, de polonais et de yiddish, quelqu'un, dans la salle, se chargeant de commenter les images !

Ces projections étant peu nombreuses, en règle générale, l'Elysée, dès vingt heures trente, commence à ressembler à un vaisseau vide : le chauffagiste — c'est une de ses fonctions — passe de pièce en pièce éteindre lumières et photocopieuses. Qu'un bureau soit éclairé et il laissera un rappel à l'ordre au fautif. Des gardes républicains vident les corbeilles et emmènent tous les papiers au fond du parc : un énorme broyeur va tout détruire afin qu'aucun secret ne soit percé. Le secrétaire général, Jean-Louis Bianco, qui n'aime guère les bureaux encombrés, fait place nette. Certains, comme Ségolène Royal ou Pierre Castagnou, emportent des dossiers chez eux. L'écrivain Erik Arnoult sait qu'il a encore du travail : il dicte au magnétophone, chaque soir, pendant deux heures, ses impressions de la journée sur des bandes stockées dans un coffre-fort sans être décryptées. Michel Charasse, lui, peut rester tard : il est le seul, parmi tous les collaborateurs du Président, à disposer personnellement d'un lit à l'Elysée. Certains se préparent pour des dîners en ville, comme Alain Boublil qui en est friand. D'autres lorgnent vers l'Opéra, la Comédie-Française, le théâtre de l'Odéon ou le T.N.P. : une loge y est toujours réservée pour le Président et bénéficie de fait à ses conseillers. L'Opéra est le plus convoité et le T.N.P. le moins demandé. Mais les fous d'Opéra — Mary Sills, Jacques Attali, Charles Salzmann, Alain Boublil, Hubert Védrine et Michel Vauzelle — regrettent que les places officielles soient si médiocres pour suivre le spectacle et Charles Salzmann préfère utiliser son abonnement personnel.

Un collaborateur du Président sait pourtant qu'il ne quittera pas, ce soir, l'Elysée. Au contraire, il va y dîner, il va y coucher. Chaque nuit, chaque week-end, un homme en effet est de garde — le « permanencier » — afin que l'Elysée ne reste jamais politiquement vide et que quelqu'un soit toujours à même d'y prendre les décisions qui s'imposent. Ce tour de garde, qui revient tous les quarante jours environ, se déroule dans un petit appartement (entrée, salon-salle à manger, chambre à deux lits jumeaux, salle de bain), à l'angle de la rue du Faubourg-Saint-Honoré et de l'avenue Marigny. Là le permanencier, qui a le droit d'avoir quelques invités à dîner (mais les cuisines ferment vers dix heures et demie), reçoit les dépêches des agences de presse, les plis urgents et les coups de téléphone les plus divers. Pour l'avertir d'un détournement d'avion, d'une mort célèbre, d'une manifestation, bref de tout événement imprévu. A sa disposition deux télex, trois réseaux téléphoniques et un appareil gris marqué « téléphone discret ». C'est par cette ligne qu'il peut joindre à tout moment le Président. Possible mais rarement fait : la consigne est d'avertir le secrétaire général qui avisera si le chef de l'Etat doit être prévenu.

De temps en temps, celui-ci appelle pour connaître les dernières nouvelles ou pour faire transmettre un message à quelqu'un. Une fois, il s'est même invité à dîner, Charles Salzmann, un proche, étant ce jour-là de permanence. L'aventure toutefois est exceptionnelle : en fait, le permanencier est seul. Relié seulement au reste de l'Etat par quelques téléphones. Seul avec le personnel du standard, les pompiers et les gardes républicains. Seul dans l'Elysée devenu presque désert. Il est vingt-trois heures : la journée est vraiment finie.

Et cette journée qui s'achève a coûté exactement 37 961,64 francs au budget de la nation. Ce n'est pas beaucoup. Une misère même. Une illusion aussi. Ce chiffre est en effet une simple division : celui du montant des quatre postes budgétaires officiels de l'Elysée par le nombre de jours dans une année, soit 13 856 000 francs par 365 [2]. Ce n'est pourtant qu'une très faible partie de l'argent que coûte en réalité l'Elysée à la France : le plus gros n'apparaît pas explicitement et est disséminé dans les comptes de nombreux ministères, organismes publics, voire entreprises nationalisées. Mais commençons par le commencement...

Chaque année, les parlementaires votent quatre lignes budgétaires qui ont la singularité de n'être traditionnellement jamais contestées.

Le premier chapitre, qui porte le numéro 20-11, est intitulé « Dotation et frais de maison du président de la République, président de la Communauté » : 4 287 000 francs. Au début de chaque trimestre, le quart de cette somme est viré

2. Ce chiffre, comme ceux qui suivront, concerne, sauf avis contraire, l'année 1984.

sur le compte du président de la République à la paierie générale de la Banque de France. Chef du service financier de l'Elysée, Daniel Féral reçoit l'avis de crédit : il est l'une des trois personnes qui, avec François Mitterrand et Jean-Claude Colliard, ont la signature sur ce compte. Trésorier-payeur général, selon la tradition, il est chargé de la gestion. A l'intérieur de cette enveloppe, le chef de l'Etat a toute latitude pour fixer le montant de sa dotation. Dès 1981, il a demandé que l'on procède comme sous le précédent septennat : chaque mois, donc, Daniel Féral adresse au Président une fiche de paie et vire sur le compte personnel de François Mitterrand un salaire, d'un peu moins de 30 000 francs, soumis à l'impôt sur le revenu.

Ce n'est pas beaucoup par rapport aux revenus de bien des cadres supérieurs, mais il ne s'agit guère que de « l'argent de poche » : un président de la République est largement pris en charge jusque dans sa vie quotidienne. De plus, François Mitterrand bénéficie de confortables droits d'auteur, comme il l'a souligné lorsqu'il a rendu public l'état de son patrimoine en mai 1981 : « Les revenus de M. Mitterrand provenaient essentiellement de son indemnité parlementaire et de droits d'auteur. » Enfin, il n'a pas pour rien été baigné d'éducation catholique : « L'argent qui corrompt, a-t-il clamé, l'argent qui achète, l'argent qui écrase, l'argent qui tue, l'argent qui ruine et l'argent qui pourrit jusqu'à la conscience des hommes[3] ! »

Lorsqu'il a réglé son pécule au Président, Daniel Féral se trouve chaque mois à la tête d'environ 328 000 francs au titre des frais de maison. La répartition de cet argent est un secret et l'on

3. Au congrès d'Epinay du P.S., le 11 juin 1971. Cité in *Politique*, tome 1, Fayard.

ne peut en connaître que les têtes de chapitre : cuisine; alimentation; vins et liqueurs; office; frais de déplacement, d'hébergement et de nourriture occasionnés par les chasses présidentielles; habillement du personnel de maison (huissiers, maîtres d'hôtel, cuisiniers, etc.); salaires, charges sociales et fiscales[4].

Le chapitre budgétaire suivant, le 20-12, d'un montant de 5617000 francs, concerne « le secrétariat général, le cabinet, l'état-major particulier, les services administratifs, les frais de mission et de documentation, la bibliothèque de la présidence de la République, présidence de la Communauté ». Outre les traitements de six employés administratifs avec les charges afférentes, on regroupe ici les achats de journaux quotidiens et périodiques, les abonnements, les acquisitions de documentation et d'ouvrages, les fournitures de bureaux et les indemnités. Là encore, le secret est bien gardé sur les sommes inscrites devant chaque ligne. On sait seulement que la rubrique « fournitures » n'est qu'un petit appoint[5] et que les « achats de quotidiens et périodiques » représentent 600000 francs par an... ce qui laisse plus de cinq millions au reste.

Troisième ligne budgétaire de l'Elysée, la 20-13, « frais de représentation, de déplacements et de voyages du président de la République, président de la Communauté » : 2548000 francs. En ce qui concerne les voyages, pratiquement seuls les déplacements en France figurent ici : pour les autres, le Quai d'Orsay paie[6] comme il règle la

4. Quatorze employés de la maison du Président sont salariés par l'Elysée.
5. On l'a vu : le plus gros — 2 millions de francs! — est payé par le ministère de la Culture.
6. Le lecteur trouvera au chapitre « Les voyages » le mécanisme financier pour les déplacements à l'étranger.

facture de nombreuses réceptions de personnalités étrangères.

Les frontières sont parfois difficiles à cerner : les liqueurs, la cuisine et l'office sont « frais de maison », mais les tabacs, les traiteurs et les extras sont « frais de représentation ». Classés dans cette dernière catégorie, les fleurs, les spectacles, les cadeaux, le mess-restaurant, l'arbre de Noël, l'imprimerie-gravure[7], le service ronéophoto. Dans ce même chapitre 20-13, figurent encore les dons du président de la République et le budget social dont Danielle Mitterand a la charge : aides aux familles, secours du service social et « secours — compte 3111 », ce terme recouvrant le produit de la vente du gibier abattu lors des chasses présidentielles. On l'aura deviné : le secret est toujours de mise sur les sommes allouées à chaque usage.

Enfin, le quatrième chapitre budgétaire, le 20-14, recouvre les « frais de renouvellement et de fonctionnement du parc automobile de la présidence de la République, présidence de la Communauté » : 1 404 000 francs. L'Elysée gère en effet ses voitures comme un particulier, les achète et les revend directement sans passer par les Domaines, paie les vignettes et s'assure auprès d'une grosse compagnie par l'intermédiaire d'un cabinet privé. A tout cela, s'ajoutent dans le budget de l'Elysée les frais de réparations dans l'atelier du palais, les habits des mécaniciens et des chauffeurs et, surtout, les carburants servis par la pompe de la cour de l'ouest. Ce chapitre coiffe aussi l'un des rares domaines où l'Elysée ait des rentrées autres que budgétaires : les remboursements des assurances et les ventes de voitures

7. Pour le papier à sigle du Président, notamment.

sont, avec celles du gibier et des vieux papiers [8], les seules recettes directes. Tout cela, inutile d'insister, ne peut être chiffré : secret!

Chaque année, l'Elysée fixe avec le ministère des Finances le taux d'augmentation de ces budgets. La consigne est draconnienne : la Présidence doit prêcher par l'exemple donc, dans les petites comme dans les grandes choses, serrer tous les écrous, limiter toutes les dépenses, s'interdire tout gaspillage, favoriser toutes les économies. En fonction de l'augmentation générale du budget de l'Etat, l'Elysée demande donc une progression légèrement inférieure à la moyenne : plus 7,30 pour 100 pour les quatre chapitres entre 1983 et 1984. Si l'on ajoute que c'est Jean-Claude Colliard qui est chargé de fixer ce taux, en liaison avec les Finances, on aura tout dit sur le budget de l'Elysée. Et on n'aura rien dit!

Car l'Elysée est le plus gourmand des bernard-l'ermite et vit en permanence aux crochets des ministères sans qu'il soit possible de chiffrer le montant des fonds dont la Présidence dispose par la bande. Ainsi, le ministère de la Défense ne facture pas à l'Elysée les déplacements par le G.L.A.M.[9]; les P.T.T. offrent la franchise postale et le nouveau standard ultra-moderne; la Culture paie les crayons à papier, les menus travaux d'entretien et les grosses rénovations, comme celle de la salle des fêtes; les Domaines financent l'achat pour la Présidence d'un nouvel immeuble au 4, rue de l'Elysée; etc. Mais le plus gros morceau est sans doute constitué par les personnels : l'Elysée ne verse pour ainsi dire aucun traitement ni salaire... Les conseillers sont payés par leur corps

8. La recette fut particulièrement bonne en 1981, l'alternance envoyant au pilon une grande masse de papiers à en-tête caducs !
9. Groupement de liaisons aériennes ministérielles.

ou par des expédients[10]. Quant aux autres, ils sont détachés des ministères. Sur les 684 personnes employées par l'Elysée[11], vingt seulement sont rémunérées par l'Elysée : quatorze gens de maison, quatre secrétaires, une attachée de presse et une rédactrice. La grande masse reste donc les fonctionnaires qui poursuivent leur carrière dans leur administration d'origine. A l'Elysée n'existent ni section syndicale, ni comité d'entreprise, ni délégués du personnel !

Si l'on excepte les gardes républicains, l'Economie arrive en tête des administrations d'origine (24 pour 100 du personnel), devant la Défense (20 pour 100), l'Intérieur (17,70 pour 100), les P.T.T. (17,20 pour 100), les Relations extérieures (3,80 pour 100), l'Equipement et la Santé (2,40 pour 100), les autres se partageant les 12,50 pour 100 restant[12]. Alors, au total, les finances de l'Elysée restent très mystérieuses... pour tout le monde ou presque !

A propos, et les fonds secrets ? Cela ne surprendra guère : ils sont secrets... mais ils existent. Gérés par le premier ministre, une partie en revient à l'Elysée, qui les dépose sur plusieurs comptes bancaires très ordinaires mais réservés à cet usage. Ces comptes, François Mitterrand lui-même ne peut y accéder directement : il n'a pas la signature ! Un homme seulement peut émettre des chèques sur ces fonds et il se passerait bien

10. Voir le chapitre « Le salaire de la gloire ».
11. Sans compter le cabinet. Les principaux services sont le commandement militaire (237 personnes), les divers secrétariats (99), le courrier (88), le service intérieur (54), la police (40), les télécommunications (27), le secrétariat de Danielle Mitterrand (17), le protocole (9) et l'état-major particulier (7).
12. Il ne nous a pas été possible d'obtenir un chiffrage de tous ces financements indirects. Notons seulement qu'en 1976, Jean Massot évaluait à 30 millions de francs le montant des salaires versés par les ministères au personnel de l'Elysée (« La Présidence de la République » – *Documentation française*).

de ce « privilège » qui ne correspond guère à l'universitaire qu'il est : Jean-Claude Colliard. Mais les fonds secrets de l'Elysée brûlaient les doigts d'André Rousselet : il s'en est, dès 1981, déchargé sur celui qui était alors son adjoint. Notez tout de même que cet argent ne sert pas obligatoirement à financer d'obscurs desseins : bien souvent, il est employé pour permettre à l'Elysée de boucler des fins de mois difficiles et il n'est pas rare qu'on vienne y puiser pour régler une facture imprévue !

MINUIT : LE PALAIS MAL AIMÉ

MINUIT. Dans le palais paisiblement assoupi veillent peut-être quelques fantômes surpris de tant de sérénité. Ils s'appellent Louis XV, la Pompadour, Bonaparte, Alexandre de Russie, Louis-Napoléon ou Alfred de Vigny. D'autres étaient financiers, rois, sans-culottes, maréchaux ou communards. Ils ont tous, en leur temps, connu l'Elysée dans la fureur et le malheur, alors qu'il ne s'y passait rien de grand sauf des drames. Puis la République est arrivée et, avec elle, la stabilité. Depuis 1958 l'essentiel s'y déroule : l'élaboration de la politique de la France.

Le général de Gaulle, qui lui donna le pouvoir en même temps qu'au chef de l'Etat, exécrait l'Elysée pour son passé sans gloire. « L'esprit n'y souffle pas », fulminait-il [1]. Méprisant, il flétrissait ce « palais de la main gauche », souvenir de sa seconde propriétaire, la marquise de Pompadour. André Malraux entendit même Mme de Gaulle vilipender la résidence officielle du Président : « Elle parle de l'Elysée comme elle parlerait d'un camp de concentration », nota l'auteur de *L'Espoir* [2].

1. Le lecteur se reportera à l'excellente annexe historique publiée dans *La Vie quotidienne à l'Elysée au temps de Charles de Gaulle*, par Claude Dulong (Hachette).
2. In *Les chênes qu'on abat* (Gallimard).

De Gaulle voulait la grandeur, Mitterrand ne prise vraiment que les lieux où il a des racines personnelles : ni l'un ni l'autre ne pouvaient ou ne peuvent aimer l'Elysée. Au vrai, aucun président de la Ve République n'a apprécié ce palais que rien ne préparait à incarner la France...

1718. Le Roi-Soleil n'est plus; Louis XV devra attendre encore un peu sa couronne. La régence du duc d'Orléans s'étire paisiblement. Les « salons » triomphent; le banquier Law est en pleine gloire; Paris est le centre de l'Europe donc du monde. A vingt-neuf ans, Montesquieu est depuis trois années président du Parlement de Guyenne. A vingt-quatre ans, François-Marie Arouet sort de la Bastille où il vient de séjourner pour la première fois à la suite d'un libelle contre le régent et il décide de changer de nom : désormais, il s'appellera Voltaire. Watteau va mourir dans trois ans; Jean-Sébastien Bach, Konzertmeister du prince Léopold d'Anhalt, n'a pas encore composé les concertos brandebourgeois. La Tour a quatorze ans, Rousseau six, Diderot cinq, Pigalle quatre; d'Alembert est né l'année précédente. Le siècle ne sait pas encore qu'il sera celui des Lumières. Il s'amuse. Il spécule. Il construit.

S'amuser, spéculer et construire, voilà tout le programme d'Henri de La Tour d'Auvergne, comte d'Evreux, petit-neveu de Mazarin. Belle famille mais maigre fortune. Des épousailles avec une fillette de douze ans ont renfloué Evreux. Gendre d'un financier et, surtout, bénéficiaire d'une dot confortable qui est aussitôt partie fructifier chez Law, La Tour d'Auvergne s'est enrichi. En cette année 1718, il achète sur le faubourg du Roule quelques arpents marécageux baptisés « Les Gourdes ». C'est la campagne. Le futur faubourg Saint-Honoré longe des jardinets. L'emplacement qui deviendra le rond-point des Champs-Elysées sert d'égout.

L'architecte Claude-Armand Mollet construit là un hôtel élégant précédé d'une cour ouverte par un porche impressionnant : l'hôtel d'Evreux, qui constitue aujourd'hui le bâtiment principal de l'Elysée de Mitterrand.

Henri de La Tour d'Auvergne y mène grand train — il organise même un bal pour le régent — et y pratique des jeux que la morale de l'époque ne réprouve que modérément lorsqu'ils sont exercés par des nobles. Ce libertin a la vie dure : il est âgé de soixante-dix-huit ans lorsqu'il meurt en 1753 et que son palais est mis aux enchères.

Jeanne-Antoinette Poisson emporte l'adjudication. Sur les grilles, on trouvera alors des calicots anonymes : « Demeure de la putain du roi. » C'est que la Poisson est plus connue comme marquise de Pompadour, défenseur des arts et favorite en titre de Louis XV. La Pompadour aménage, décore, agrandit, mais n'aime guère l'hôtel d'Evreux. Elle y réside d'ailleurs fort peu, laissant ce privilège à son frère Albert-François, marquis de Marigny.

A sa mort, en 1764, la Pompadour lègue cette demeure au roi, qui l'utilise comme hôtel des ambassadeurs extraordinaires. Les hôtes de marque de la couronne se succèdent donc près des Champs-Elysées. Tout passe, tout lasse. Quatre ans plus tard, alors que les biens de la marquise de Pompadour ont été dispersés et que les camelots ont envahi les environs, l'Elysée part à vau-l'eau. Plus question d'y héberger les altesses. On y entrepose donc... du mobilier : voici, en 1768, l'Elysée transformé en garde-meuble du royaume !

En 1773, Louis XV cède le palais. Son nouveau propriétaire, Nicolas Beaujon, richissime financier, l'occupe jusqu'en 1786. On retrouve un peu l'ambiance du comte d'Evreux : l'argent coule à flots, les jolies femmes défilent et l'hôtel grandit notablement. Juste avant de mourir, Beaujon cède ce qui, en 1787, devient « Elysée-Bourbon ». Bourbon ? Eh oui ! Le palais est de retour dans le giron de la famille royale. Louise-Bathilde d'Orléans a trente-sept ans mais pas vraiment toute sa raison. Séparée de son mari, Louis-Joseph Henri de Bourbon, prince de Condé, elle organise à l'Elysée des séances de spiritisme et autres voyances. Mais on ne prédit pas à la duchesse de Bourbon que son fils, le duc d'Enghien, sera exécuté dans les douves du château de Vincennes. Ni qu'elle-même sera, en 1793, emprisonnée pendant la Révolution.

Sœur de Philippe Egalité et plutôt conciliante à l'égard des sans-culottes, elle passe un temps « entre les gouttes ». Puis les conventionnels l'incarcèrent à Marseille, confisquent ses biens, installent l'Imprimerie nationale dans l'ancien Elysée-Bourbon et y bradent les biens des nobles.

Libérée en juillet 1794, Louise-Bathilde retrouve un quasi-galetas. Elle n'a les moyens ni de remettre en état ni d'entretenir l'Elysée. N'étant plus à une déchéance près, elle prend ses quartiers au premier étage et loue le rez-de-chaussée à un couple de Belges, les Hovyn. En juin 1797, ces derniers ouvrent une sorte de gigantesque guinguette où l'on mange, boit, danse et joue : le « Hameau de Chantilly ». Mais l'établissement périclite : il est transformé, en 1803, en immeuble de rapport, une quinzaine de logements sont loués. L'un d'eux abrite le comte de Vigny, son épouse et leur fils Alfred. Grandeurs et servitudes de l'Elysée.

La fête est finie, Napoléon a coiffé sa couronne; l'Elysée retrouve la famille régnante — impériale cette fois. 1806, Joachim Murat, beau-frère de

Napoléon, grand-duc de Berg et futur roi de Naples, redonne tout son lustre à cette demeure baptisée pour la première fois « Palais de l'Elysée ». Napoléon Ier y rencontre parfois à la dérobée quelque courtisane et s'y plaît tant qu'il l'achète en 1808. Pourtant, il n'habite ici que quelques semaines par-ci, par-là, entre deux campagnes, entre deux victoires.

Survient la défaite en 1814. L'Europe, liguée contre le Petit Caporal, entre dans Paris et le tsar Alexandre II se réserve un morceau de choix : l'Elysée. Commencent alors ces épisodes que l'on croirait extraits d'un film de Sacha Guitry. Des valets en livrée remplacent les aigles impériaux par les fleurs de lis de la Restauration. Le 20 mars 1815, Napoléon est de retour pour les Cent-Jours et les lis repartent au profit des aigles. Deux mois plus tard, on procède encore à un échange.

1815. Le 18 juin, Chateaubriand se promène seul sur une route proche de Gand en Belgique. Il croit « ouïr un roulement sourd », tend l'oreille et raconte la suite dans ses *Mémoires d'outre-tombe* : « Un vent du sud s'étant levé m'apporta plus distinctement le bruit de l'artillerie. Cette grande bataille, encore sans nom, dont j'écoutais les échos au pied d'un peuplier et dont une horloge de village venait de sonner les funérailles inconnues, était la bataille de Waterloo ! »

Le surlendemain, à la nuit tombée, Napoléon arrive rue du Faubourg-Saint-Honoré : la grande histoire entre à l'Elysée. Le matin du 22 juin, le petit Caporal abdique dans le salon d'argent. Le 3 juillet 1815, le duc de Wellington est à l'Elysée. Les aigles repartent pour de bon : retour à l'Elysée-Bourbon, Louis XVIII l'attribuant à son neveu, le duc de Berry. La guerre est finie, l'Elysée peut retomber dans sa morne nonchalance.

A la fureur de la grande histoire succède le drame de la petite. En février 1820, le maître des lieux rentre au logis dans un triste état : pour tout dire, il est mort, assassiné d'un coup de couteau lors d'une soirée à l'Opéra. Dix ans plus tard, Louis-Philippe redonne à l'Elysée ses fonctions d'hôtel des ambassadeurs extraordinaires : la reine d'Espagne, le bey de Tunis et moult princes ou princesses y résident. La révolution de 1848 se traduit pour l'Elysée par un grand bal populaire, des réceptions, des fêtes, des concerts. Et surtout par l'arrivée d'un nouvel occupant : le président de la République.

Ce dernier, Louis-Napoléon Bonaparte, offre un grand dîner le 23 décembre 1848. Victor Hugo, convié, juge l'Elysée dans un état de délabrement avancé et remarque même des papiers collés à des fenêtres à la place de carreaux brisés [3]. Badinguet rénove tout cela. C'est qu'il a de hautes ambitions, qui se concrétisent le 2 décembre 1851. Cette nuit-là, le président de la République attend dans le salon d'argent que le coup d'Etat baptisé « opération Rubicon » fasse de lui l'empereur Napoléon III.

Son jeune pouvoir doit être consolidé et s'exercer dans une plus noble demeure : il s'installe dès janvier 1852 dans le palais, plus symbolique, des Tuileries. Il laisse pourtant à l'Elysée une partie de lui-même : son cœur, en la personne d'Eugénie de Montijo, la future impératrice.

L'Elysée, décidément, ne porte pas chance : la déroute de Sedan chasse Napoléon III et transforme le palais en état-major de la garde nationale.

Le premier président de la IIIe République, Adolphe Thiers, est « Versaillais » : il ne séjourne

3. *Le Quid des présidents*, Dominique Fremy. (Laffont.)

que quelques jours à l'Elysée, lui préférant la préfecture de la cité du Roi-Soleil. Pendant la Commune de Paris, le palais est sauvé par un fonctionnaire qui appose sur les grilles de faux scellés à la marque des insurgés. Le successeur de Thiers, le maréchal de Mac-Mahon, s'y installe à son tour et attribue officiellement le palais au président de la République, le 22 janvier 1879. Le train-train des chefs de l'Etat potiches commence : Jules Grévy; Sadi Carnot, dont le corps transpercé par le poignard d'un anarchiste est ramené à l'Elysée; Jean Casimir-Perier n'y reste que six mois; Félix Faure y meurt en février 1899 dans les bras de sa maîtresse, Mme Steinheil[4]; Emile Loubet y goûte des œufs pourris lancés par des contestataires; Armand Fallières y marie sa fille; Raymond Poincaré y reçoit la visite d'un chimpanzé échappé d'un cirque; Paul Deschanel, gentiment « dérangé », escalade les arbres du parc; Alexandre Millerand s'y fait oublier plus de trois ans; Gaston Doumergue y convole en justes noces dans la chapelle du rez-de-chaussée; Paul Doumer y arrive souvent au volant de son automobile; Albert Lebrun, enfin, y construit un abri antiaérien.

13 juin 1940. Un empire, déjà, est mort à l'Elysée le 22 juin 1815; une République y a été assassinée le 2 décembre 1851; une seconde agonise, la IIIe. Ce jour-là, autour d'Albert Lebrun et du président du Conseil, Paul Reynaud, se tient le dernier conseil des ministres. Le lendemain, le gouvernement émigre à Bordeaux. Encore trois jours

---

4. On connaît l'anecdote célèbre : « Le Président a-t-il encore sa connaissance ? demande le prêtre. — Non, on l'a fait filer par une porte dérobée », répond le domestique. Mais on ignore souvent ce détail macabre : il fallut couper ses cheveux à Mme Steinheil, car la mort y avait crispé la main de Félix Faure.

et c'est la capitulation : voici le temps de Vichy et de l'Etat français.

Les grilles de l'Elysée se ferment sur le chagrin des démocrates. À l'image de « l'invincible songe » qu'est alors la France, la demeure des présidents constitue un peu le symbole muet et désert de la République. L'amiral Darlan s'y risque mais ne s'y attarde pas : l'Elysée reste clos durant toute l'occupation.

La IVe République venue et — déjà! — un socialiste élu, Vincent Auriol, la Présidence retrouve le palais. Elle ne le quittera plus, bien que le général de Gaulle, puis Valéry Giscard d'Estaing, puis, dit-on, François Mitterrand — les Invalides auraient eu sa préférence — aient songé à déménager pour un lieu plus fonctionnel. Aucun n'osa : deux siècles et demi de soubresauts et cinq républiques ne s'effacent pas d'un simple trait de plume. L'esprit ne souffle peut-être pas à l'Elysée, mais le cœur de la République y bat.

L'ÉLYSÉE AU TRAVAIL

DES RÈGLES ET DES MÉTHODES
DU PRÉSIDENT

CE jour-là, Jean Riboud, un grand patron intime de François Mitterrand, est à Luxembourg. Il participe au conseil d'administration de la Compagnie luxembourgeoise de télécommunications. A un moment, une secrétaire se penche vers lui, lui glisse un message : « Le président de la République vous demande au téléphone. » Il se lève, décroche et très vite, dans la conversation, le chef de l'Etat s'étonne : « Où êtes-vous ? Mais que faites-vous donc là ? »

L'anecdote est hautement significative : François Mitterrand aime bien avoir son monde sous la main. Il ne lui sied guère que les hommes dont il a besoin, avec qui soudainement il a envie d'échanger quelques mots, soient introuvables. Attitude capricieuse de celui qui a érigé la fidélité en dogme et qui, comme toute personnalité de pouvoir, sait être le maître ? Peut-être, mais l'explication est un peu courte. En réalité, tous — les intimes, les amis, les conseillers, les collaborateurs, les relations — sont nécessaires pour que la règle principale de la méthode de travail mitterrandienne fonctionne : mille ruisseaux doivent alimenter la rivière, c'est-à-dire la réflexion du

Président, mille fils doivent être tissés pour aboutir à la décision. Jamais, quel que soit le sujet, aussi mince soit-il, François Mitterrand ne se limite à une source unique d'informations, fût-elle la plus complète et la plus compétente. Au contraire, il multiplie toujours les lectures, les contacts, les conversations et se forge de cette manière son opinion. La phrase maintes fois commentée où il avoue, avec délectation, prendre son « miel » partout où il le trouve demeure, même à l'Elysée, profondément juste. Cet homme-là ne se décide pas à la légère.

Ceux qui ne l'aiment pas assurent reconnaître dans une telle attitude de la méfiance, la marque d'un esprit tortueux et retors, l'attirance pour l'intrigue et la diversion. Les autres y voient la preuve d'une fantastique liberté, le désir effréné et presque orgueilleux de ne pas être enchaîné par l'écoute d'un seul son de cloche : trop exclusif, il deviendrait geôlier. Aussi François Mitterrand est-il un chef d'Etat particulièrement bien informé. Une longue carrière politique, le goût jamais assouvi de l'autre, le sens de l'amitié et une extraordinaire capacité d'hôte lui ont déjà fait rencontrer, au cours de sa vie, des centaines de personnes qu'il a rarement oubliées. — sa mémoire est très fidèle et il se souvient de tout, vraiment de tout, y compris, voire surtout, ce qui lui a déplu. C'est au point que ses collaborateurs, lorsqu'ils organisent des déjeuners ou des rencontres avec des personnalités françaises, ne s'inquiètent plus de savoir si elles connaissent le Président : c'est quasiment toujours le cas. Le cadre de l'Elysée rend ces échanges encore plus fructueux : s'adresser au chef de l'Etat conduit la quasi-totalité des invités à resserrer leur pensée et, spontanément, à ne transmettre que l'essentiel.

126

Cette information orale se double d'une information écrite encore plus abondante : François Mitterrand est un dévoreur de dossiers et les notes de ses collaborateurs sont toujours lues très rapidement, généralement dans la journée. Amoureux des journaux, il les parcourt tous et il est fidèle à quelques journalistes. Enfin, même si évidemment il a moins le temps de suivre l'actualité littéraire, il continue de lire beaucoup. Ce qu'il ressent, le choc que lui procurent un mot, une image, un paysage, la réflexion que provoque une conversation, la notation qui naît d'un jugement aboutissent sur des petits papiers qu'il griffonne sans arrêt et qu'il enfouit dans ses poches. Cette surinformation explique qu'une revue de presse ne lui soit pas systématiquement proposée et qu'il la délaisse volontiers. Elle n'est pas non plus sans faire trembler certains de ses collaborateurs : beaucoup craignent de présenter une précision qui sera déjà connue ou de mentionner une nouvelle ancrée dans la mémoire présidentielle. Les plus proches, même s'ils ont appris à connaître le procédé, redoutent, eux, l'ironie du chef de l'Etat, qui n'aime ni qu'on étale sa culture ni qu'on avoue son ignorance et qui s'amuse, parfois, à « pousser à la faute ».

Cette volonté de multiplier les points de vue conduit fréquemment François Mitterrand à demander à plusieurs de ses collaborateurs d'étudier un dossier identique sans bien évidemment les en prévenir. Chacun va alors préparer une note qui nourrira la réflexion présidentielle : même si cette pratique est aujourd'hui devenue moins systématique qu'au début du septennat, elle reste vive. Ce doublement, ce triplement des tâches n'est pas seulement une technique de management, somme toute assez classique : il est une des règles principales de François Mitterrand, ennemi de hiérarchies trop lourdes et volontiers soucieux d'être le point de départ et d'arrivée des initiatives.

En tout cas, le procédé crée incontestablement une émulation d'autant que le travail est souvent confié directement au conseiller et ne recoupe pas forcément son champ de compétence habituel. Certains collaborateurs souffrent d'ailleurs de cette situation. Pour peu que toutes leurs notes reviennent avec un « vu » laconique, qu'aucune mission ne leur soit confiée, voire que le Président semble les bouder, et ils sombrent dans un chagrin dont le responsable n'est pas sans s'en pourlécher. Il est vrai que cette espèce de mise en quarantaine touche successivement, peu ou prou, les plus proches, et que l'accoutumance s'opérant, la disgrâce est vécue moins amèrement. Surtout que François Mitterrand sent parfaitement jusqu'où il peut aller trop loin et qu'une petite attention cicatrisante vient toujours mettre fin au purgatoire juste avant qu'il devienne insupportable.

On mesure aisément le profit que le Président peut tirer de cette manière de travailler : dans le maniement des hommes et leur attachement sans doute, mais ce serait commun et réduire à un jeu une attitude fondamentale; dans la certitude d'obtenir une meilleure information; dans l'assurance de ne pas donner de gages et de préserver sa liberté surtout et c'est l'essentiel. Cette liberté conduit volontiers au secret : ses collaborateurs ne savent pas toujours quelle est la décision présidentielle et on se souvient encore à l'Elysée d'avoir, un jour, au lendemain des élections municipales de 1983, convoqué les journalistes. Les conseillers les plus immédiats étaient persuadés d'un remaniement qui ne se produisit pas. Le Président avait changé d'avis et était rentré tranquillement rue de Bièvre sans rien leur dire! Mieux encore — si on ose dire — : la réponse du chef de l'Etat à la lettre de démission de Pierre Mauroy fut, par souci de discrétion, tapée... à l'hôtel Matignon !

Cet état d'esprit et le flou des fonctions des collaborateurs font que tout le monde peut se vanter d'influencer François Mitterrand. Tout le monde, c'est-à-dire personne, et cette situation convient parfaitement au chef d'Etat. On peut le mesurer en étudiant la façon dont sont élaborés les discours. Non pas le tout-venant rédigé par les conseillers spécialisés et dont le nombre est considérable : si nos comptes sont justes, de 1981 à novembre 1984, le chef de l'Etat a prononcé en France vingt-trois discours, deux cent quatre-vingt-quatre allocutions et quarante-quatre déclarations. La majorité de ces interventions ne retiennent pas vraiment l'attention du Président. Il les lit simplement et pour quelques-uns, comme les toasts, en refait rapidement le texte. Il n'en est pas de même de celles — une dizaine — qui sont considérées comme des éléments-phares du septennat et qui ont été préparées avec une grande minutie. L'histoire du « discours au Bundestag », le Parlement allemand, devant lequel, en janvier 1983, la France prend position en faveur du rééquilibrage des forces en Europe face aux S.S. 20 soviétiques, est exemplaire. Hubert Védrine, le « diplo » de l'Elysée, écrit un projet initial revu par Jacques Attali et d'autres conseillers. Comme toujours pour les premiers jets, quel qu'en soit l'auteur, François Mitterrand le trouve médiocre et mal adapté : « tragiquement nul », dit-il. Il demande une nouvelle version. Trois moutures sont ainsi élaborées, nourries par des indications et des formules que le chef de l'Etat fait parvenir sur ses fameux petits bouts de papier. Lorsque, enfin, le Président paraît satisfait, il réunit les hommes intéressés par l'affaire : Claude Cheysson, Charles Hernu, Jean-Louis Bianco, Jacques Attali, le général Saulnier, et Hubert Védrine. Et... il réécrit le tout. De temps en temps, il s'interrompt : « Que pensez-vous de cette idée ? » De temps en temps aussi, il lit tout un passage.

Si les participants changent, le scénario reste immuable et seul Régis Debray peut se vanter d'avoir vu son texte, l'adresse de Mexico, en octobre 1981, sur les relations Nord-Sud — connue sous le nom de « déclaration de Cancun » —, lu quasi intégralement par le chef de l'Etat. L'avant-projet est systématique : seul le « discours à la Knesset », définissant, en mars 1982, les droits des Israéliens et des Palestiniens, n'en a pas nécessité, François Mitterrand ressentant trop la situation pour en avoir besoin ; il s'est donc borné à quelques conversations avec Claude Cheysson et Jacques Attali et a rédigé seul, toute une nuit, dans sa chambre d'hôtel, ce qui allait devenir une déclaration essentielle. Parfois, mais ces situations sont rares, une personnalité de l'extérieur se joint à ces réflexions : Edgar Faure — les deux hommes se tutoient — fut par exemple appelé en consultation pour la rédaction du texte à l'O.N.U, concernant les rapports économiques des pays riches et pauvres, en septembre 1983, et il fut de ceux qui y apportèrent encore quelques changements dans le Concorde qui emmenait le Président et sa suite à New York. Parfois la rédaction proprement dite est plus solitaire. Ainsi, François Mitterrand est seul avec Jacques Attali à libeller dans la nuit, au Palais Royal de La Haye, son discours de relance de l'Europe ; il est seul encore à peaufiner, dans l'après-midi, à Moscou, en juin 1984, le toast sur les droits de l'homme ; mais il fait appel à Jacques Attali, Roland Dumas et Pierre Morel pour concocter le discours de Strasbourg qu'il rédige à l'Elysée tout un après-midi. L'allocution à l'O.C.D.E. de mai 1983, elle, ne nécessita pas moins de six semaines de moutures successives par un comité de rédaction de sept personnes.

François Mitterrand a trop le sens de l'écriture et le goût de l'Histoire pour, lorsque les circonstances l'exigent, accepter de cautionner un texte qui ne serait pas le sien. Aussi les avant-projets sont-ils mis en pièces même si cela lui demande peine et effort — s'il écrit bien, il n'écrit pas vite et il a toujours une certaine réticence devant la page blanche.

L'ambiance de ces séances d'écriture, si elle est respectueuse, est généralement détendue. D'abord, ce sont les hommes les plus proches du Président qui sont réunis. Ensuite, à son service exclusif et jugeant que leur carrière est à son apogée, ils considèrent que leur intérêt réside dans la réussite du chef de l'Etat : aussi ces réunions sont assez franches et manifestent moins l'esprit de cour qu'on rencontrera en d'autres circonstances.

Même pour ces hommes-là, François Mitterrand demeure impressionnant : sa fonction, sa politesse, son visage même accentuent son autorité et créent une distance qui glace la majorité de ses conseillers et effraie ceux d'entre eux qui ne le voient qu'épisodiquement. Personne en tout cas ne se permet de familiarité. S'il appelle ses collaborateurs par leur nom et, pour les plus proches, de temps en temps, par leur prénom (usage plus fréquemment employé pour les femmes qui, moins amies, verront toujours leur nom précédé de « mademoiselle » ou de « madame »), ses conseillers, même les plus intimes, usent toujours de « Monsieur le Président ». Quelques-uns utilisent le simple « Président » et il s'agit davantage d'une vieille habitude que d'un signe d'intimité. François Mitterrand, qui a écrit un jour : « Je n'aime ni recevoir ni distribuer les compliments [1] », met assurément en pratique la seconde partie de la phrase : un de ses collaborateurs, qui s'est amusé à en tenir une comptabilité, prétend n'en avoir reçu, en moyenne, qu'un par trimestre et jure être un des mieux lotis. « Alors, quoi! Il y a longtemps que je n'ai pas entendu parler d'un problème dans votre secteur » sera souvent la félicitation maximum.

Si les compliments sont rares, les colères, elles, sont rarissimes. Jamais, au grand jamais, elles ne débouchent sur une grossièreté ou sur ce qu'on appelle un gros mot. Tout au plus, François Mitterrand lance un « c'est impardonnable », « quelle imbécillité » ou « la faute est inadmissible ». Encore se permet-il de tels écarts lorsque le fautif est absent. En sa présence, il se contente bien souvent de hausser les épaules et d'un « non, pas du tout ». Mais la phrase banale est jetée si froidement qu'elle ressemble à une sentence, l'œil se glace et le nez se pince, donnant l'impression d'une fureur extrême. « Jupiter, dit un de ses fidèles. Alors il est Jupiter. »

Ce masque se retrouve lorsqu'on le contredit et celui qui s'y risque aura la certitude d'être littéralement insupportable. Est-ce parce qu'il a écrit [2] : « Si j'aime ceux qui se posent des questions, je me méfie de ceux qui trouvent »? toujours est-il que trop d'assurance opposée à son jugement le désarçonne. De nouveau, aucune explosion mais un sec : « Vous croyez vraiment? » Sur ce sujet aussi. François Mitterrand s'est expliqué : « Vous êtes, lui demande Guy Claisse dans *Ici et mainte-*

1. In *Ma part de vérité.* (Fayard.)
2. *Ibid.*

nant, quelqu'un qui accepte facilement la contestation ?

— On dit que non. Pourtant je m'émerveille de ma patience.

— La contestation vous irrite ou non ?

— Je m'habitue. »

En réalité la contradiction ne lui déplaît pas autant qu'on le dit. Même si sur l'instant elle l'agace, elle le stimule et lui apparaît comme un nouvel éclairage qui s'ajoute aux autres sources d'information qui l'ont déjà irrigué. En dépit du haut-le-cœur initial, il ne tient pas rigueur à ceux qui ont manifesté une opinion contraire à la sienne. Simplement, il est déconseillé d'être systématique et on le convaincra toujours plus facilement oralement que par écrit, toujours plus aisément en prenant de multiples précautions qu'en l'attaquant de front. Même si, à chaud, il change rarement d'avis et préfère le faire plus tard, sans l'avouer.

Volontiers cassant donc avec ses collaborateurs, ne détestant pas les brimer, jouant à leur tendre des pièges et à les prendre à contre-pied, François Mitterrand donne toujours sa confiance à ceux qu'il a choisis : une fois acquise, la confiance est entière et s'il y a méfiance, elle se manifeste toujours avant que le poste ne soit attribué, jamais après. Des hommes comme Gilles Ménage, le directeur adjoint de cabinet, ou le commandant Prouteau, fort critiqués par la majorité de la presse et soupçonnés de mille manœuvres, illustrent parfaitement cette caractéristique : ils n'ont jamais été désavoués et n'ont même pas eu à se justifier. Au pire, le Président ironisera si un de ses collaborateurs se fait épingler par les journaux, notamment par *Le Canard enchaîné;* en fait, secrètement, il n'est pas mécontent de l'écho persifleur ou de l'allusion perfide.

Est-il facile ou non dans le travail ? Comme pour chacun, la réponse ne saurait être tranchée. Non, car il ne supporte pas l'à-peu-près et l'erreur sera toujours relevée même si elle ne prête pas à conséquence ou si elle est vite pardonnée. L'explication de cette sécheresse qui conduit parfois à la sévérité est simple : puisqu'il a été choisi, c'est que le collaborateur est capable de débrouiller les choses sans qu'il soit nécessaire de les lui expliquer et sans qu'il mette en porte à faux le chef de l'Etat. Oui, car la sécheresse du ton et le commandement seront toujours compensés, à un moment ou à un autre, par une conversation particulière (il est bon alors d'être cultivé en histoire, en géographie et en littérature), une attention spéciale (les nouvelles de l'épouse et des enfants sont fréquemment demandées), voire un petit cadeau à l'occasion, par exemple, d'une naissance. Souvent aussi le chef de l'Etat suggère à une secrétaire qu'elle parte plus tôt ou qu'elle prenne quelques jours de congé.

Qu'on ne voie pas ici attention soudaine du prince se penchant sur le sort de ses sujets : François Mitterrand a trop d'attention naturelle à l'autre pour qu'on y imagine un procédé et sa gentillesse est trop réelle pour n'être que machiavélique. Sans doute entretient-il des rapports quasi amoureux avec ses conseillers (ou plus exactement, ceux-ci vivent-ils de telles relations avec lui), sans doute use-t-il, comme il l'a toujours fait dans sa vie, de son charme et de sa séduction (que quiconque l'a approché ne peut démentir) mais on a grandement exagéré cette importance de l'affectivité : le général Saulnier, qui le connaissait depuis peu, est rapidement devenu un interlocuteur privilégié et à l'inverse trois hommes — André Rousselet, Pierre Bérégovoy et Jacques Fournier — ont été remplacés au même moment alors qu'ils étaient considérés comme des proches.

Dans l'univers mitterrandien personne n'est irremplaçable et jamais, s'il a le sentiment que quelqu'un veut partir, il ne s'abaissera à lui demander de rester. Des uns et des autres, il exige la plus parfaite discrétion : le bavard ne bénéficiera pas longtemps de la confiance présidentielle et, très vite, sera éliminé du cercle magique. Si, parfois, le Président s'épanche, il ne le fera que devant les discrets et s'il est secret c'est autant par inclinaison que par expérience. Déjà sensible du temps de l'opposition, la tendance s'est accentuée à l'Elysée.

La fonction présidentielle, il est vrai, renforce l'isolement. Quels que soient les conseillers et les sources d'information, la décision ne peut être prise que seul. D'autant que François Mitterrand n'est à aucun point de vue quelqu'un à qui on puisse dire ou même suggérer : « Il faut faire ceci ou cela. » S'il tranche, c'est toujours au terme d'une longue réflexion souvent complexe : se déterminer sur une foucade n'est vraiment pas son style. D'autant, encore, qu'au fil des septennats le champ de compétences et d'interventions de l'Elysée s'est élargi et qu'aujourd'hui il n'est quasiment pas de domaines qui échappent au Président. Même s'il souhaite, aussi bien en ce qui concerne Pierre Mauroy que Laurent Fabius, que le premier ministre ait son autonomie et soit réellement « décisionnaire », il n'en impulse pas moins les grandes orientations et surveille l'exécution des décisions.

La pratique de la Ve République et les habitudes des présidents font que personne ou presque ne s'étonne plus aujourd'hui que le chef de l'Etat décide s'il faudra installer une pyramide de verre dans la cour carrée du Louvre et s'inquiète, comme une information du *Point* l'annonçait en mai 1984, de la lutte contre le gang des postiches. Même le calme de la maison (à l'Elysée, par exemple, le lendemain d'un échec électoral ressemble au lendemain d'un succès) intensifie l'isolement du chef et on comprend qu'il cherche, en multipliant les interlocuteurs, à le briser. Au point parfois de « jouer les coups » comme au billard, par ricochet, de noyer le dessein sous l'habileté et de se perdre dans les consultations. Pourtant, arrêtée, la décision sera souvent rapidement mise à exécution sans que les conséquences en soient toujours mesurées : Michel Charasse sera ainsi mandé au Caire pour mettre au point avec le Président les derniers détails de l'annonce du référendum à propos du débat sur l'école libre.

Il est banal de constater que François Mitterrand travaille beaucoup. Ne serait-ce que parce que tous les hommes de pouvoir connaissent le même sort. Lorsqu'il arrive vers neuf heures trente à son bureau, il a déjà lu la presse du matin et sur sa table de travail les premières notes, les premiers télégrammes, les premiers rapports enfermés dans une chemise verte l'attendent. Dix heures de travail au moins vont commencer : il vient aussi souvent le samedi matin et préfère, ce jour-là, s'installer au bureau d'une de ses secrétaires, mais rarement l'après-midi et le dimanche.

Dix heures rompues par de brefs entractes : de temps en temps, après le déjeuner, il poursuit la conversation avec un hôte en se promenant pendant quelques moments dans le parc; une dizaine de fois par jour, il pénètre dans son secrétariat pour demander une précision, changer la cartouche bleue Waterman de son stylo (il tient à réaliser cette opération lui-même), ou boire l'eau de Vittel — une bouteille lui suffit pour la journée — qui est à sa disposition exclusive dans un coin, sur un plateau d'argent : alors, seule manifestation qu'on a remarqué sa présence, les machines à écrire arrêtent de crépiter. Les voyages pourraient apparaître comme un moment de détente : il n'en est rien et, comme le chef de l'Etat se déplace beaucoup[3], ils aggravent la fatigue. Le rythme du calendrier présidentiel est parfois démentiel, comme en témoignent les dix jours complètement fous de la fin mars 1984.

Tout commence le 19 mars où a lieu, à Bruxelles, un sommet européen et où François Mitterrand se couche à quatre heures du matin. Il se relève trois heures plus tard pour un petit déjeuner de travail avec le chancelier allemand, tient sommet toute la journée, donne une conférence de presse vers vingt-trois heures et dîne avec quelques collaborateurs avant de se coucher. Le lendemain, levé très tôt pour rentrer en France, dès neuf heures, il est à l'Elysée : conseil des ministres, déjeuner, audiences, intervention à la télévision, avion. Il part en effet pour Washington où il arrive à son hôtel à trois heures du matin — heure française. Il ne s'endort pas : il travaille à sa déclaration devant les parlementaires américains. Pendant sept jours, ce sera le rythme épuisant des grands voyages à l'étranger : le Président enchaîne discours sur allocutions, conversations sur entretiens, toasts sur remerciements, télévisions sur discussions, dîners sur déjeuners. Chaque fois, il lui faut être, et il est, souriant, aimable, vif et présent. D'autant que toutes ces manifestations ne se passent pas au même endroit : il saute de Washington à Atlanta, de San Francisco à Pitts-

3. Voir le chapitre « Les voyages ».

burgh et New York, bref, tous les Etats-Unis traversés. Retour sur l'Europe où, arrivé à huit heures trente du matin, il préside aussitôt un conseil des ministres avant d'assister, l'après-midi, à la réception de Léopold Senghor à l'Académie française.

Qu'on nous pardonne cette litanie. Mais le parcours paraît extraordinaire pour un homme de soixante-sept ans — il est né le 26 octobre 1916. Un tel calendrier n'est sans doute pas courant mais à y regarder de près il n'est pas aussi exceptionnel qu'on pourrait le croire tant les activités sont nombreuses.

A Paris, les audiences se succèdent de demi-heure en demi-heure. La majorité de ces entretiens ne sont pas annoncés à la presse, ce qui donne parfois à l'emploi du temps officiel, qui ne signale que les rencontres protocolaires ou très politiques, un côté particulièrement peu chargé. François Mitterrand, dont le retard fut légendaire, suit à peu près le rythme de ses rendez-vous. Il lui arrive pourtant de déborder mais jamais un rendez-vous n'a été interrompu par l'entrée d'une secrétaire ou un coup de téléphone : il en a donné l'instruction.

Si quelque chose d'urgent se produit, sa secrétaire l'en avertit par téléphone entre deux rendez-vous et il faudrait un événement exceptionnel pour qu'une audience soit suspendue. Le chef de l'Etat préfère ces conversations à des réunions formelles : celles-ci sont d'ailleurs peu nombreuses et les rendez-vous fixes se comptent sur les doigts d'une main : le lundi il prépare le conseil des ministres avec le secrétaire général du gouvernement [4] : le mardi il prend son petit déjeuner avec le premier ministre et le premier secré-

4. Voir le chapitre « Le conseil des ministres ».

138

taire du P.S.[5] et l'après-midi, généralement à quinze heures trente, il rencontre le ministre de l'Economie et des Finances. Le mercredi enfin, peu avant le conseil, il a un bref entretien avec le premier ministre[4].

Avec ses conseillers, il n'a pas davantage d'entrevues automatiques : seuls Jacques Attali et Jean-Louis Bianco (en fin d'après-midi) le voient quotidiennement. François de Grossouvre aussi mais l'entretien est davantage amical. Chaque conseiller ou chargé de mission est reçu s'il en fait la demande mais cette prérogative est utilisée avec parcimonie : le Président n'aime guère. Michel Charasse par exemple n'a demandé à le voir que cinq fois en trois ans. Il est pourtant un de ceux, avec Nathalie Duhamel, Hubert Védrine, Guy Penne, Charles Salzmann, Christian Sautter, Elisabeth Guigou, Michel Vauzelle, Jean-Claude Colliard, Jean Glavany et Henri Nallet, qui vont ou allaient fréquemment dans le bureau présidentiel. De même, tous les ministres ne sont pas reçus régulièrement, sauf les importants et les amis (Roland Dumas, Pierre Bérégovoy, Charles Hernu, Jack Lang l'ont toujours vu souvent), et certains n'ont jamais franchi la porte du bureau.

Contrairement à ce qui se passait sous Valéry Giscard d'Estaing, où elles étaient fréquentes, les réunions de cabinet sont inexistantes : François Mitterrand en a horreur et le « brainstorming » n'est pas son fort. La « réunionite » l'agace et, dès le début du septennat, il a fait comprendre qu'il ne saurait être question d'y succomber.

Le téléphone n'est pas non plus un instrument de travail dont il use volontiers. Non qu'il en ait la phobie mais il lui préfère toujours le contact direct. Aussi, lorsqu'il entre dans son secrétariat

5. Voir le chapitre « Petits et grands déjeuners ».

et qu'il trouve ses quatre secrétaires en ligne, il grogne : « Mais raccrochez donc. » Et, au début de 1984, il a fait supprimer de son cabinet de travail le Régis et l'Interministériel. « D'ailleurs, a-t-il grommelé, quand j'appelle, les ministres ne sont jamais là. » Tous les appels qui lui sont transmis sont filtrés par le secrétariat. Le seul qui pourrait lui téléphoner sans intermédiaire est le ministre de la Défense puisqu'une ligne directe aboutit dans le cabinet présidentiel. Certains appels lui sont systématiquement passés : sa famille, bien sûr, mais aussi le premier ministre, Roland Dumas et en son temps, Charles Hernu. Il ne prend que rarement les journalistes (mais il lui arrive d'en appeler); les ministres (ce sont surtout ceux du courant « A » du P.S., le courant mitterrandien, qui sonnent), quelques amis comme Jean Riboud, le patron du groupe Schlumberger, certains tels Pierre-Ghislain de Bénouville, le mentor de Marcel Dassault, André Bettencourt ou François Dalle, deux vieux copains, trouvent toujours disponible l'oreille présidentielle.

Bref, François Mitterrand, dans sa manière de travailler, multiplie les sources d'informations, déteste les réunions et ne prise guère, comme le général de Gaulle, le téléphone. Il n'est pas étonnant alors qu'à l'Elysée règne une simple feuille de papier : la note.

Homme de l'écrit et d'écriture, le Président ne peut qu'être à l'aise dans une maison qui, traditionnellement, travaille énormément par notes : le nombre des collaborateurs et l'importance, aussi bien en volume que pour ce qui est du fond des sujets traités, impliquent ce mode de traitement. Avec un impératif : informer, proposer, conseiller de la manière la plus synthétique. Mais c'est sans doute sous cette présidence-là que le plus de papiers a été produit : ils ne sont pas rares les conseillers qui transmettent plusieurs notes par jour et un collaborateur de rang moyen en rédige, lui, trois par semaine environ.

Celles-ci — Mitterrand l'a demandé — doivent être courtes et un feuillet constitue la bonne dimension. Pourtant, au fil des mois, le format s'est allongé et, aujourd'hui, deux feuillets sont la norme. Norme que certains dépassent allégrement : Jacques Attali — son cas, il est vrai, est particulier — ne craint pas d'écrire une dizaine de pages et telle situation africaine ne pourra être exposée à moins de trois ou quatre feuillets. Faute de mieux, François Mitterrand, pour qui « l'économie du mot est une qualité de style que je goûte entre toutes [6] », s'en accommode. Brèves ou développées, les notes varient évidemment selon les secteurs : Hubert Védrine, chargé de la diplomatie, est un des plus productifs; Michel Charasse, dont le champ de compétences est vaste, en avoue une quinzaine par semaine; Elisabeth Guigou, qui s'occupe de l'économie internationale, en rédige une chaque soir sur le marché des changes; Pierre Castagnou, spécialiste des relations avec le Parlement, a beaucoup écrit au moment de la querelle sur l'école privée.

Intitulées « Note pour le Président », « Note au Président », ou « Note pour Monsieur le Président » (cette formulation est la spécialité de l'équipe Attali), elles sont le moins personnalisées possible, ne comportent pas de formule de politesse mais sont signées. Elles suivent toutes le même circuit : une partie passe entre les mains de Jean-Claude Colliard, mais elles aboutissent toutes à Jean-Louis Bianco. A lui de les trier, d'éviter

6. In *L'Abeille et l'Architecte*. (Flammarion et Le Livre de Poche.)

les « doublons », de décider si le Président doit en prendre connaissance. Il en refoule très peu, même pas un vingtième, n'exige jamais qu'elles soient refaites quant au fond mais donne en marge son avis, surtout quand il n'est pas d'accord.

Personne ne se plaint du filtrage Bianco et chacun s'y plie, y compris les conseillers les plus influents comme le chef de l'état major particulier ou Guy Penne. Quelquefois mais rarement, le secrétaire général les envoie au Président sous enveloppe et quelques collaborateurs considèrent que cela doit être la règle lorsqu'il s'agit de demandes directes du chef de l'Etat : ils ont tendance alors à « sauter » l'étape du secrétaire général. D'autres n'hésitent pas à revenir à la charge : ainsi par deux fois, jugeant que les commentaires de Christian Sautter et de Jean-Louis Bianco minimisaient son argumentation, l'ancienne syndicaliste Jeannette Laot, conseillère à l'emploi, renvoya ses notes.

Par ce système, l'information circule vite et François Mitterrand, grand dévoreur de dossiers au point que certains jurent qu'il pratique la lecture rapide — ce qui est faux —, retourne l'essentiel dans la journée. Il est exceptionnel qu'une note ne soit pas revenue dans la semaine : c'est que l'affaire est d'importance.

Transmises à intervalles réguliers par Jean-Louis Bianco, ces notes lui reviennent en continu et lui-même les fait suivre dans le quart d'heure : les auteurs reçoivent toujours l'original.

Au début du septennat, le Président annotait amplement, voire longuement, ces documents. Au fil des mois le commentaire s'est fait cursif pour ne pas dire bref. « Précises dans l'imprécision », selon le joli mot d'un conseiller, ces annotations plongent les collaborateurs dans la perplexité et nécessitent parfois de leur part un véritable décryptage. Le « oui », le « non », le « oui si vous convainquez le premier ministre » ou le « laissez faire le ministre » sont assurément simples. Un « à mon avis... » comble d'aise : voilà qui est clair. Le « d'accord » est un bonheur. Le « à voir » est déjà plus complexe : il veut dire, dans la plupart des cas, que François Mitterrand n'a pas arrêté sa religion et qu'il faut lui en reparler. Quant au « vu », le « vu » tout bête, il constitue un véritable casse-tête : il peut en effet signifier aussi bien l'accord que le refus de décider l'examen ultérieur et que l'invitation à se débrouiller. Le « vu » a encore une autre fonction : qu'un collaborateur important (le procédé ne touche que les proches) reçoive une succession de « vu » et il saura qu'il est, momentanément, en disgrâce. C'est du moins ainsi qu'il l'interprète. Mais après tout, l'effet est le même !

Les notes portent sur les sujets les plus divers. Il en est de régulières comme celle de Pierre Castagnou sur l'état d'esprit du groupe socialiste, le mardi après-midi après la réunion des députés, afin que le Président en ait connaissance le soir pour le conseil des ministres du lendemain. Les conseillers y traitent de leur domaine mais ce n'est pas une obligation : Hubert Védrine a bien noirci quelques pages sur l'urbanisme, Pierre Morel, chargé de l'Europe, sur l'islamisme chiite et François Stasse, spécialiste de l'économie, sur la musique à Paris. Les ministres, eux aussi, rédigent des notes au Président, dont souvent ils envoient un double au chef du gouvernement. Elles n'ont pas, semble-t-il, le même objectif : sans doute sont-elles destinées aussi à fournir des éléments d'information mais elles permettent également de « se couvrir » contre d'éventuelles attaques ou de possibles erreurs. Le champion en est Jack Lang qui s'adresse au Président souvent plusieurs fois par jour.

Les conseillers n'écrivent pas que de leur propre chef : ils répondent au courrier que leur transmet le chef de l'Etat, aux demandes qu'il leur a envoyées (trois ou quatre par jour, par exemple, pour Michel Charasse) ou à celles de Jean-Louis Bianco et du secrétaire général-adjoint. François Mitterrand, lui, lit tout. Et décide tout : n'est-ce pas lui, sur une note, qui a choisi de changer le standard?

LES PILIERS DE L'ÉLYSÉE

Tous les ans, lorsque approche le 14 juillet, la chasse aux cartons d'invitation pour la traditionnelle garden-party bat son plein : la belle-mère, le cousin de province ou le vieux copain de promotion n'ont pas reçu de bristol. Les conseillers sonnent leur collègue en charge de l'affaire qui, assailli, débordé, énervé, finit par clore la discussion un peu brutalement avec l'un ou l'autre. Un voyant s'allume alors sur le « classeur » de Jean-Claude Colliard : « Tu diras à Un tel qu'il n'a pas à me raccrocher au nez », entend le directeur de cabinet. Une fois de plus, il jouera les monsieur-bons-offices : mettre de l'huile dans les rouages fait partie de son métier. De tels incidents restent toutefois très rares : globalement les engrenages tournent rond à l'Elysée autour de quatre pivots, le secrétariat général, le cabinet, l'état-major particulier [1] et les « commandos » du Président.

L'Elysée de Mitterrand ressemble plus à celui de de Gaulle qu'à ceux de Pompidou et de Giscard avec, toutefois, une nuance de taille : la hiérarchie est aujourd'hui beaucoup plus impalpable, non écrite et fluctuante. Au temps du Général,

1. Voir le chapitre « Jupiter et la Défense ».

quatre structures cohabitaient : le secrétariat général de la Présidence, le cabinet, l'état-major et le secrétariat général pour les Affaires africaines et malgaches. L'organisation était strictement pyramidale : le secrétaire général commandait des conseillers techniques multidisciplinaires pour lesquels travaillaient des chargés de mission spécialisés. Georges Pompidou mit le cabinet sous l'autorité du secrétaire général, créa le titre de chargé de mission auprès du président de la République pour son ami Pierre Juillet, annula la distinction entre conseiller technique et chargé de mission auprès du secrétaire général. Valéry Giscard d'Estaing, lui, supprima le secrétariat général pour les Affaires africaines, élargit l'usage des chargés de mission auprès du Président et généralisa le titre de conseiller technique, celui de chargé de mission s'éteignant.

François Mitterrand a emprunté à tous ses prédécesseurs et innové. De Georges Pompidou, il a gardé l'institution de chargés de mission auprès du Président (Pierre Dreyfus, François de Grossouvre et Régis Debray) et l'absence de différence fonctionnelle entre les conseillers techniques et les chargés de mission : ils font désormais le même travail et ne représentent plus qu'une vague hiérarchie, les premiers étant en principe davantage payés et mieux placés dans le protocole[2]. Dans quatre cas seulement des chargés de mission ne sont pas sous l'autorité directe du

2. Régis Debray, comme François de Grossouvre, n'est plus officiellement « élyséen » mais reste, lui aussi, très directement associé à l'action du Président. Le système Mitterrand est ainsi fait : ceux qui lui sont proches le restent même s'ils n'ont plus de titre. Quant aux conseillers, dont la rotation s'est accélérée en 1984 et 1985, ils assument souvent des responsabilités qu'un autre peut remplir aussi bien qu'eux et le départ de tel ou tel ne modifie donc pas le fonctionnement de la Présidence : la fonction importe plus que l'identité. Aussi, nous avons conservé le tableau de l'Elysée à un moment donné, la fin 1984.

secrétaire général mais d'un autre collaborateur de l'Elysée : Mary Sills assistait Charles Salzmann pour les problèmes de communication; Jean Musitelli aide Hubert Védrine pour la diplomatie : Cécile Mithois et Christine Cottin travaillent avec Nathalie Duhamel au service de presse [3]. De Valéry Giscard d'Estaing, François Mitterrand a suivi l'exemple en ne réhabilitant pas le secrétariat général aux Affaires africaines et malgaches. Enfin, il a innové avec la création d'un poste de conseiller spécial auprès du président de la République, attribué à Jacques Attali, et du titre de conseiller auprès du Président, dont bénéficient Michel Charasse et Guy Penne.

Ce Président-là connaît bien les hommes, leurs grandeurs et leurs petitesses. Il sait à merveille donner beaucoup à l'un sans l'inscrire sur un parchemin et offrir moins à l'autre en le consolant d'un titre ronflant. En cela l'Elysée d'aujourd'hui, en apparence gaullien, est en réalité parfaitement mitterrandien : à tous les niveaux, les qualifications comptent moins que les individus.

Depuis 1981, la distinction secrétariat général-cabinet est donc rétablie. Au premier, « l'Etat » comme disait le général de Gaulle : le suivi de l'action du gouvernement, l'animation et la coordination du travail des conseillers, le filtre et la courroie de transmission du Président. Au second, « la Nation », pour reprendre la distinction gaullienne : les affaires politiques, les contacts personnels du Président, la bonne marche de la « maison Elysée » et, depuis André Rousselet, les dossiers de presse et d'audiovisuel.

« L'Etat », lorsque ce n'est pas François Mitter-

3. On ne tient compte pour ce chapitre que des conseillers officiellement nommés. On trouvera en annexe la liste complète de l'organigramme de l'Elysée à trois moments significatifs : juillet 1981, juillet 1982, octobre 1984.

rand, s'appelle Jean-Louis Bianco, et c'est un paradoxe : dans la République des fidélités l'homme clef de l'Elysée n'est pas un intime du Président. Pas même un familier. Un collaborateur seulement, récent mais essentiel, respectueux mais influent. Double paradoxe, même, puisque François Mitterrand, si soucieux de connaître mieux qu'eux-mêmes ses collaborateurs directs, est le premier président de la Ve République à nommer à ce poste un homme qu'il n'avait jamais vu un an plus tôt. Et plus jeune que tous ses prédécesseurs.

En 1981, lorsqu'il invente pour Jacques Attali le titre de conseiller général il lui donne aussi les moyens de la puissance : une équipe à lui et seulement à lui. Le secrétaire général s'appelle alors Pierre Bérégovoy et le directeur de cabinet André Rousselet, deux fortes personnalités on l'a vu [4]. Les hommes d'Attali ne dépendent ni de l'un ni de l'autre : Ségolène Royal et François Hollande, « officieux », ne figurent même pas dans l'organigramme: Pierre Morel et Jean-Louis Bianco, eux, sont fictivement rattachés au cabinet en tant que chargés de mission. Recrutés par Attali ces quatre énarques composent une véritable phalange. Tout de suite, ils s'installent à l'écart, au 14, rue de l'Elysée, puis, en septembre 1981, au 2. Là, dans leurs quatre bureaux mitoyens du second étage, ils imaginent l'avenir : la prospective est leur quotidien. Pour Attali, ils lancent des idées, rédigent des notes tous azimuts, rencontrent des gens de tous horizons. Par Attali, qui les réunit presque tous les jours dans son cabinet, ils sont mieux informés et ils connaissent plus que beaucoup d'autres les orientations du Président. Bien sûr, ils ne constituent pas formellement un Etat dans

4. Voir le « Prologue ».

l'Etat. Si Pierre Bérégovoy leur demande une synthèse sur un dossier qu'ils ont suivi, ils lui répondent... mais après avoir demandé un « feu vert » à Jacques Attali !

La frontière est subtile entre structures et coteries. Bérégovoy, Rousselet et Attali ne peuvent durablement cohabiter sans frictions; elles surviennent. Le partage entre le quotidien du secrétariat général, les affaires réservées du cabinet et l'imagination de la cellule prospective ne peut longtemps résister à la pratique au jour le jour; il ne dure pas.

En juillet 1982, avec la seconde phase du septennat commence la deuxième époque de l'Elysée, Pierre Bérégovoy entre au gouvernement, André Rousselet devient président d'Havas; son adjoint, Jean-Claude Colliard, prend sa place. Pour « Béré », c'est toute une affaire qui aboutit à la nomination de Jean-Louis Bianco. Le groupe Attali disparaît mais le conseiller spécial en sort renforcé. Il y gagne d'assister au conseil des ministres; de participer au petit déjeuner du mardi avec le premier ministre et Lionel Jospin; de pouvoir mobiliser à volonté tous les collaborateurs du secrétariat général. Il n'y perd pas ses relais propres : Pierre Morel, par exemple, continue pour le compte d'Attali à rencontrer des gens en dehors de ses attributions. Surtout, Jacques Attali peut désormais laisser largement ouverte la porte qui sépare son bureau de celui du secrétaire général : ce n'est plus un rival qui l'occupe mais plutôt un féal au sens littéral [5]. Sera-ce un vassal ? Certains le croient. Et se trompent.

Jean-Louis Bianco est certes un poulain de l'écurie Attali. Mais un yearling. François Mitterrand s'en rend vite compte lorsqu'il le rencontre

5. « Partisan, ami dévoué et fidèle », selon le Petit Robert.

lors d'un long tête-à-tête après que son nom a été avancé par Attali. L'affaire est conclue : Bianco sera le second secrétaire général du Président. Un vrai secrétaire général endossant toutes ses responsabilités sans rien abandonner à quiconque. Pas même à l'ami Attali. Ami, le mot n'est pas trop fort pour des liens qui datent du lycée Janson-de-Sailly et ne se sont jamais relâchés, jusqu'aux commissions économiques du P.S.

Dès l'adolescence, Jean-Louis Bianco ne fait pas mystère de ses opinions de gauche : son père, communiste, a fui l'Italie de Mussolini en 1933. Jean-Louis n'a rien vécu de tout cela — il est né le 12 janvier 1943 à Neuilly-sur-Seine — mais cela vous marque un enfant. Surtout lorsque l'on compte, comme Bianco, quatre grands-parents de nationalités différentes : ils sont italien, belge, suisse et anglais! Les grands débats l'intéressent moins que l'action : délégué des élèves de sa classe, il est plusieurs fois mis provisoirement à la porte du prestigieux Janson — ce qui ne l'empêche pas de brillamment réussir.

Tout Jean-Louis Bianco est là. On le croit timide, il n'est que réservé; on le pense modeste, il est en fait discret. Les gens de l'Elysée, souvent prompts à prédire l'échec, s'en sont vite aperçus. A sa nomination, l'une des premières tâches de Jean-Louis Bianco consiste à réorganiser une maison décapitée par les départs de Bérégovoy et de Rousselet, émoussée par les chamailleries, dubitative devant le nouveau patron, soucieuse de la répartition des rôles. Il convoque les uns, demande des notes aux autres, organise — c'est un événement à l'Elysée! — une réunion de tous les conseillers. En quelques jours, quelques semaines au plus, il s'impose : essayez, aujourd'hui, de trouver un collaborateur du Président qui dénigre le secrétaire général... Bref, Bianco a emporté cette partie. Il fallait du métier, du caractère et du talent.

Le « métier », à l'Elysée, s'appelle avant tout compétence. Brillant énarque de la promotion Thomas More [6] et ingénieur des Mines, conseiller d'Etat, spécialiste de l'action sociale, il connaît les dossiers, sait commander, parle trois langues — français, anglais, allemand —, en comprend une — l'italien — et se débrouille pour en saisir une autre — l'espagnol. Pierre Bérégovoy avait mis en place l'organisation de l'Elysée centrée autour des notes et domestiqué les conseillers pour qu'ils écrivent court et clair : il reprend la machine sans qu'elle hoquette un instant. A l'ancien ouvrier normand, autodidacte, militant de toujours et autoritaire qu'était Pierre Bérégovoy, succède donc un technocrate hyper-doué qui n'a jamais eu la moindre carte de parti et marque son autorité de manière indolore mais incontournable.

Pas socialiste, Jean-Louis Bianco ? Pas adhérent du P.S. en tout cas, et cela fait partie de ce « caractère » qui l'a aidé à s'imposer : le non-conformisme est sa seconde nature. Il en faut pour, en étant de gauche par les racines, par la raison, par le cœur et d'un naturel actif, refuser toujours d'entrer dans un parti qui a le vent en poupe. Mais, on l'a dit, il préfère le concret : le syndicalisme avec l'U.N.E.F.; la transformation de la vie quotidienne avec les Groupes d'action municipale; la solidarité active avec la création de « boutiques de droit »; la participation à une association de défense des locataires dans son quartier, le XIe arrondissement de Paris.

Non-conformisme encore pour mettre une brillante carrière entre parenthèses en abandonnant

6. 1971.

Paris aux énarques traditionnels et en mettant cap au sud comme responsable du syndicat intercommunal de la Durance et de la Bléone de 1979 à 1981. Non-conformisme toujours pour avouer sa passion pour Ray Bradbury ou Isaac Asimov quand le « look mitterrandien » privilégie plutôt les écrivains du XIXᵉ siècle; pour jalousement sauvegarder sa vie de famille quand le surmenage est de mode à l'Elysée plus qu'ailleurs; pour choisir des costumes gris strictement utilitaires quand tant d'autres rivalisent de tweed ou de vigogne; pour préférer son appartement de la populaire rue de Charonne à celui de sa fonction simplement parce que cela lui rappellerait le travail et l'obligerait à changer ses enfants d'école; pour déserter la tribune officielle le jour de la finale de la Coupe de France de football et se rendre au stade en famille, incognito; pour refuser les dîners en ville quand il pourrait être invité tous les soirs. Ce caractère et la vie qu'il a modelée sont les clefs de son succès : il a appris les codes mais aussi respiré l'air du dehors.

A cela s'ajoute un réel talent, celui du contact humain. Spontané et sympathique, il n'est en rien jovial, encore moins obséquieux, mais pratique la plus exquise des politesses, celle qui respecte et non celle qui cajole. C'est sa force : doublées d'une mécanique intellectuelle impressionnante, cette attention à l'autre, cette ouverture d'esprit lui permettent d'accepter la contradiction et d'imposer ses vues sans frustrer, sans froisser, mais sans plier lui-même. C'est aussi sa faiblesse : Jean-Louis Bianco n'a pas d'ennemis, coterie indispensable pour se briser quelques dents si l'on veut se porter en première ligne du combat politique. Le souhaite-t-il ? Sans doute, car il a de l'ambition. Le peut-il ? Certainement.

Trêve de compliments, ce « il le peut » est à

double sens. Les compétences, point n'est besoin d'y revenir. L'autre sens, c'est ce que l'on croit déceler en filigrane : Jean-Louis Bianco porterait bien la pourpre. A le voir, on pense un peu à ces cardinaux romains tellement intelligents, habiles, sûrs d'eux-mêmes, si conscients de leurs capacités qu'ils peuvent aimer les autres dans un univers d'intrigues, jouer la sincérité où règne la dissimulation, passer leur chemin sans dévier alors que d'autres manœuvrent. L'Elysée n'est pas le Vatican ni Bianco un « Monsignore » mais il est décidément trop fort, trop direct et en apparence trop simple pour ne pas porter quelque mystère !

L'homme a su se rendre populaire. Et indispensable. Populaire et indispensable parmi les conseillers de l'Elysée, les ministres et leurs cabinets. Même, et c'est l'essentiel, auprès de François Mitterrand.

Lorsque le chef de l'Etat appose un sobre « vu » sur la note d'un collaborateur, Jean-Louis Bianco traduit. Pas si mal, pour un jouvenceau du mitterrandisme, que de décrypter une pensée que l'on sait complexe et volontiers dissimulée. Mais Bianco a un avantage : non seulement il « sent » ce Président mais bien souvent, il « sait ». Privilège entre tous, il a en effet suffisamment gagné la confiance du chef de l'Etat pour que celui-ci l'informe de ses réflexions, de ses souhaits, de ses intentions. Il le voit plusieurs fois par jour, très régulièrement en fin d'après-midi — parfois avec Jacques Attali —, lui parle au téléphone, frappe le moins possible à la porte présidentielle mais peut l'oser en cas de besoin. Surtout, il a trouvé la « bonne longueur », il ne prétend pas au statut de familier ni même à celui de confident.

François Mitterrand l'apprécie, l'écoute, l'encourage, lui téléphone parfois pendant les weekends et cela suffit. Leurs relations ne sont aucunement passionnelles; amicales, ce n'est même pas certain; mais elles sont de toute évidence fructueuses. Cheville ouvrière de la maison Elysée, axe de la bonne marche des relations Présidence-gouvernement, conseiller et émissaire du Président, il n'a qu'un seul rival dans la proximité avec le chef de l'Etat : Jacques Attali. D'où, bien sûr, quelques accrochages de mitoyenneté.

Secrétaire général de la présidence de la République française, le premier souci de Jean-Louis Bianco, lorsqu'il se lève le matin à sept heures, est de... s'occuper de ses enfants. Après avoir écouté les radios en faisant sa gymnastique quotidienne, il conduit Mathieu et François à l'école, où vient le chercher son chauffeur. Dans sa voiture, il lit ses journaux habituels : toujours tous les quotidiens nationaux et le *International Herald Tribune,* souvent le *Financial Times* et le *Spiegel.* Vers huit heures quarante-cinq ou neuf heures il est à son bureau. Sa journée commence; elle durera de dix à douze heures et ne sera pas trop longue pour sa mission.

A lui de décharger François Mitterrand de tout ce qui n'exige pas une décision ou une orientation personnelles du Président. A lui de tout surveiller. A lui de participer avec le Président à des déjeuners de travail, à des cérémonies, à des rencontres, à des voyages. A lui de répondre à tous ceux qui veulent connaître la pensée présidentielle : les ministres lui téléphonent ou viennent le voir; il les tutoie, sauf Defferre, qu'il appelle toutefois Gaston. A lui de rencontrer des élus, des patrons, des fonctionnaires, des journalistes pour sentir l'air du temps, pour impulser, pour expliquer. A lui de partir en mission secrète à l'étranger pour le chef de l'Etat. A lui de vérifier le compte rendu du conseil des ministres rédigé par le secrétaire général du gouvernement. A lui de recruter de nouveaux collaborateurs pour l'Elysée. A lui d'annoncer la composition du gouvernement — dont la liste est tapée par son secrétariat. A lui de faire la liaison entre le chef de l'Etat et les leaders de l'opposition : pour Valéry Giscard d'Estaing, Bianco dialogue avec Philippe Sauzay; pour Jacques Chirac avec Robert Pandraud; pour Raymond Barre avec... personne puisque, en octobre 1984, l'Elysée de Mitterrand n'avait encore jamais eu affaire avec l'ancien premier ministre; pour Alain Poher avec... Alain Poher. A lui, à lui, à lui... On pourrait longuement continuer l'inventaire du rôle du secrétaire général mais ce bref aperçu suffit à montrer que, pour trouver le temps de s'occuper de sa famille, si essentielle, Jean-Louis Bianco doit avoir une bonne organisation. Et un excellent adjoint.

Jusqu'au mois de juillet 1985, celui-ci s'appelait Christian Sautter, surnommé « le Japonais » : il reste fasciné par l'exemple nippon, qu'il a observé lors d'une année sabbatique, en 1973 — il avait alors trente-trois ans. Solide formation — Polytechnique, Sciences Po, Ecole nationale de la statistique et de l'administration économique — rigueur protestante, humour caché et calme olympien, Sautter fut l'un des piliers de la maison. Hormis la diplomatie, la Défense et la Sécurité du territoire — que Bianco coiffe directement — tout passait par lui. C'est le soutier par excellence : indispensable au bon fonctionnement de la machine mais invisible et fier de l'être ! Socialiste de longue date, il était l'un des hommes de l'Elysée les plus assidus aux réunions de sa section du P.S. : tous les deux mois il tentait d'expliquer et de convaincre les camarades-militants du bien-fondé de la politique menée.

Contrairement aux apparences, Sautter est en effet un passionné : il croit profondément en ce

Président et en cet engagement politique pour lesquels il se bat depuis bien longtemps. Ce n'est pas sur lui qu'il faut compter pour afficher des états d'âme ou pour lâcher une petite phrase perfide sur tel ou tel ! Totalement étranger au souci de briller, il travaille, travaille encore, travaille toujours sans se préoccuper de recueillir les satisfactions de vanité que d'autres pourchassent. Tant de compétence et d'efforts ne sont pas vains : Christian Sautter fut l'un des plus importants des Elyséens.

S'il a montré un loyalisme sans faille à l'égard de Jean-Louis Bianco, il ne fut pas pour autant un simple second dépourvu de toute existence autonome. Bien au contraire : on ignore souvent que François Mitterrand avait décidé de promouvoir Christian Sautter comme secrétaire général adjoint à la place de Jacques Fournier avant même que se pose le problème de la succession de Pierre Bérégovoy qui provoqua le sacre de Bianco; seule la concomitance des départs fit apparaître sa nomination comme liée à celle du numéro un de l'Elysée. On ne connaît guère Christian Sautter hors de l'Elysée ? C'est la faute de sa discrétion et de son absence totale de fatuité. D'ailleurs, c'est bien ainsi : on ne parle pas des trains qui arrivent à l'heure !

Dans la maison, les trains qui déraillent sont plutôt du ressort du cabinet. A sa tête, François Mitterrand avait d'abord placé un fidèle des fidèles : André Rousselet. Il l'a remplacé en 1982 par un autre fidèle des fidèles : Jean-Claude Colliard, ci-devant directeur adjoint du cabinet depuis 1981. Le meilleur résumé de Colliard est sans doute signé Thierry Pfister [7]. « Un ventre déjà rond et une pipe. Une placidité naturelle qui

7. In *Les socialistes.* (Albin Michel.)

lui fait accueillir avec philosophie les aléas de la vie politique. La carrière de juriste d'un fils de juriste. » Le portrait date de 1977. Pas un mot n'est à changer sur cet homme qui fut l'un des plus jeunes doyens de faculté. Réaliste presque jusqu'au cynisme, caustique, détaché en apparence mais au fond passionné, Jean-Claude Colliard a trois ans de moins que Bianco — il est né en 1946 — mais deux lustres de mitterrandisme d'avance : il travaille pour le Président depuis 1970.

A l'Elysée, il est de ceux qui connaissent le mieux le chef de l'Etat et en disent le moins, qui le comprennent le plus vite et s'en servent peu. Colliard sait tout de Mitterrand, les tics et les méthodes, les plus vieux amis et les inimitiés, ceux qu'il tutoie et ceux qu'il cultive. Et Mitterrand sait tout de Colliard, dont il fit son bras droit dès les élections législatives en 1973 et dont il joue à merveille de la corde sensible : l'affection. Ce n'est pas un hasard si François Mitterrand fut son témoin de mariage. Ce faux dilettante a un avantage : son bureau n'est séparé de celui de François Mitterrand que par les secrétaires du Président, il n'a donc pas à passer par celui de Jacques Attali.

Ce cabinet de travail présente d'autres qualités : il a une histoire puisque Valéry Giscard d'Estaing l'occupa en 1974; la reine d'Angleterre y dormit en 1957; il ouvre sur la ravissante salle de bain de l'impératrice Eugénie, toute de glaces, d'ors et de velours, où l'emplacement de la baignoire a été transformé en banquette; il est sans doute le plus agréable du palais avec ses quatre fenêtres ouvertes sur deux côtés; enfin il est un réel lieu de pouvoir. Tout cela ne tourne pas la tête de Jean-Claude Colliard qui a le moins possible changé sa vie. Il continue à lire des bandes dessinées, à effectuer son tour de permanence dont son titre le dispense pourtant. Seuls la voile et le ski lui manquent : faute de temps...

En principe sous l'autorité de Colliard, mais en réalité souvent en ligne directe avec le Président, le chef de cabinet, Jean Glavany, doit être placé un peu à part. Tout jeunot d'apparence mais pas beaucoup moins âgé que le directeur de cabinet — il est né en 1949 —, ce fils de militaire qui flirta avec le gaullisme de gauche puis le trotskisme est l'un des représentants élyséens des « sabras », ces socialistes des années 70. Proche du Président, mais pas vraiment intime, il est, dans les structures de la Présidence, situé quelque part entre le cabinet et les « commandos ».

Ces derniers sont bien pacifiques. Ce sont les hommes que les titres, les liens personnels avec le chef de l'Etat ou la spécialité placent « ailleurs » que sous l'autorité du secrétaire général, du chef d'état-major ou du directeur du cabinet. Jacques Attali correspond à la définition mais n'appartient pas à cette catégorie : il est beaucoup plus que cela. Les « commandos » du Président sont cinq : François de Grossouvre, Pierre Dreyfus, Régis Debray, Michel Charasse, Guy Penne.

Au total, on retrouve donc à l'Elysée les constantes que Samy Cohen recensait pour les trois premiers présidents de la Ve République [8]. « Seule une minorité de grands conseillers travaille directement avec le chef de l'Etat (...). Entre le Président et ses proches, pas de *brainstorming* mais plutôt une série de tête-à-tête (...). Les attributions sont strictement réparties entre les différents conseillers. » On croit reconnaître la Prési-

8. Samy Cohen, *Les Conseillers du Président.* (P.U.F., 1980.)

158

dence actuelle. A une nuance près : on l'a dit, dans l'Elysée de Mitterrand les structures, les titres et les principes comptent peu; tout dépend des hommes, qu'ils soient ou non physiquement présents dans l'entourage immédiat du Président.

L'exemple d'André Rousselet est sans doute le plus frappant. Après enquête, il nous semble que le P.-D.G. d'Havas, qui a officiellement quitté la Présidence en 1982, n'est jamais vraiment parti. Sans doute souhaitait-il que son successeur s'appelât Gilles Ménage et le passé politique de celui-ci empêcha-t-il la nomination. Mais même si son dauphin n'a pas été sacré, André Rousselet a gardé deux clefs du pouvoir interne : l'oreille du Président et des relais personnels intérieurs. C'est plus qu'il n'en faut pour continuer à influencer. S'il ne gère évidemment plus le quotidien, il continue de peser : l'homme est trop généreux, trop proche, trop habile pour disparaître, simplement parce qu'il ne serait plus dans les murs du palais.

La routine des descriptions veut que François Mitterrand soit entouré de cercles concentriques : chaque ligne marquerait une sorte d'isotherme fixant la chaleur des relations avec le point central. Mais la géographie du monde mitterrandien est rude à cerner et les cartographes y perdent leur compas.

En réalité, la notion de cercles n'est pas adaptée à la galaxie mitterrandienne. Le Président, littéraire beaucoup plus que matheux, ne peut pas s'inscrire dans une géométrie prédéterminée. Cette conception en cercles pêche par deux grands défauts. D'abord, s'ils étaient concentriques, les univers de François Mitterrand devraient communiquer entre eux sous peine d'isoler le centre de tout autre univers que l'entourage immédiat : c'est de toute évidence l'inverse qui se passe. Ensuite, on se leurre en voulant fixer une permanence rationnelle et intangible là où règne en réalité la mobilité.

Des constantes existent, certes, notamment à l'égard des plus anciennes fidélités : il n'est pas nécessaire d'insister sur la constance avec laquelle le chef de l'Etat garde jalousement serrés certains liens secrets qui le font parfois disparaître de l'Elysée pour rendre visite à quelque ami malade. Mais François Mitterrand a lui-même déclaré aimer « le mouvement qui déplace les lignes [9] » et les frontières oscillent en effet : autour du Président, tout change selon le temps, selon les lieux, selon même la présence de l'un ou de l'autre qui peut entraîner rapprochements insolites ou exclusions surprenantes. Ainsi, qui soulignera la part de Danielle Mitterrand ? Il n'est pas douteux que les Jack Lang, Régis Debray ou Charles Salzmann conviennent mieux à l'épouse du Président que les Roland Dumas, André Rousselet ou François de Grossouvre et leur côté « vieux copains ».

En réalité, ce n'est pas une carte mais un dictionnaire qui décrirait le mieux la galaxie mitterrandienne : un articulet par nom, avec thèse, antithèse et surtout pas synthèse ! Ce serait l'objet d'un autre livre et s'y risquer dans le domaine que traite celui-ci est d'autant plus dangereux qu'à l'Elysée, plus encore qu'ailleurs, « ça va, ça vient ».

Moins qu'une succession de cercles les collaborateurs du chef de l'Etat dessinent une sorte de toile d'araignée qu'un souffle distend parfois ici

9. Cette phrase de l'interview à *Libération* du 10 mai 1984 est un « détournement » d'une citation de Baudelaire qui écrit dans *Les Fleurs du mal* : « Je hais le mouvement qui déplace les lignes. »

ou là. Tout le monde est là, enchevêtré, plus ou moins proche du centre, avec des passerelles connues de certains mais pas de tous sauf de François Mitterrand lui-même. Le terme de collaborateurs lui-même est ambigu : il ne s'arrête pas aux portes du palais puisqu'il recouvre aussi bien des conseillers de l'Elysée que des ministres, le secrétaire général du gouvernement ou les dirigeants du parti socialiste. Le Président joue des uns et des autres, dans des registres différents et selon des variantes que le plus futé des observateurs aurait bien du mal à classer rationnellement.

A l'Elysée même, deux univers coexistent : ceux qui voient le président de la République tous les jours ou presque et les autres. Dans les premiers, Jacques Attali, Jean-Louis Bianco, Jean-Claude Colliard, Michel Charasse, Guy Penne, Jean Glavany, Michel Vauzelle, Hubert Védrine, François de Grossouvre. Parmi les autres, il faut distinguer ceux qui rencontrent le chef de l'Etat lorsqu'ils le désirent et qui peuvent lui parler un peu de tout (Christian Sautter, Jean Saulnier, Pierre Dreyfus, Régis Debray, quand ils étaient au château, Nathalie Duhamel, Elisabeth Guigou, Charles Salzmann, Paule Dayan, Laurence Soudet); ceux qui s'entretiennent aisément de vive voix de leurs compétences avec François Mitterrand (Alain Boublil, Michèle Gendreau-Massaloux, Pierre Morel, Henri Nallet, Erik Arnoult, Gilles Ménage, Christian Prouteau); enfin, ceux qui n'entrent jamais ou presque dans le salon doré.

Tout cela reste mobile, fluctuant et évolutif. Ainsi, trois Elyséens partis de rien dans la galaxie mitterrandienne ont été des révélations du palais. Christian Sautter d'abord qui, on l'a vu, s'est imposé par la seule force de sa compétence et de sa gentillesse jusqu'à être remarqué et apprécié par François Mitterrand. Elisabeth Guigou, ensuite : chargée des relations économiques inter-nationales, elle a subi le vrai baptême du feu lors du tournant de mars 1983 et conquis alors ses premiers galons. Elle a, depuis, transformé l'essai, notamment lors de la présidence française du Marché commun en 1984, et a gagné l'oreille de François Mitterrand beaucoup plus largement que pour son seul secteur. Ce semestre durant lequel la France a dirigé l'Europe a confirmé la troisième révélation de l'Elysée : alors que la C.E.E. s'enlisait dans ses problèmes de montants compensatoires, de revenus des paysans ou de « franc vert », le conseiller agricole, Henri Nallet, est allé « au charbon » avec succès et François Mitterrand, qui l'avait déjà repéré, en a pris bonne note. Au point que Nallet est apparu le mieux placé pour succéder à Jean-Louis Bianco lorsque la rumeur du départ de celui-ci a couru à la mi-84 et que c'est à lui que François Mitterrand a confié le ministère de l'Agriculture après la démission de Michel Rocard en mai 1985.

Peut-être jouons-nous un mauvais tour à l'Elysée en niant la théorie des cercles qui figerait les entourages mitterrandiens en catégories immuables ! Ce mythe est en effet souvent avancé par les hommes du Président pour expliquer le bon climat qui règne entre eux : personne ne ressentirait d'amertume ou de jalousie à l'encontre des autres sachant que ces fameux cercles occupent tous une place à part dans le cœur du chef de l'Etat, que l'on appartient à l'un ou à l'autre, que c'est ainsi et que l'on n'en bougera pas ! La cause ne tient guère mais l'effet demeure : le climat est plutôt bon à l'Elysée.

On est loin, aujourd'hui, du conflit ouvert qui, sous Georges Pompidou, opposait Pierre Juillet et Michel Jobert et dont Samy Cohen écrit : « Comment séparer les questions de " politique pure " que suit Juillet du domaine politico-administratif dont est chargé Jobert ? Au niveau suprême de l'Etat, les deux domaines sont inévitablement entrelacés [10]. » On pourrait paraphraser ces lignes presque mot pour mot à propos de Jacques Attali, chargé de la prospective, et Jean-Louis Bianco, responsable de la marche de l'appareil d'Etat : de fait, quelques frictions surviennent parfois, très classiques différends de bornage entre deux domaines mitoyens, mais elles n'ont rien de comparable avec la rivalité Juillet-Jobert. Plus bas dans la hiérarchie, les crocs-en-jambe semblent étonnamment absents pour un lieu de pouvoir, et quel pouvoir ! Le refus des grandes réunions y concourt : en se rencontrant moins souvent les risques d'accrochages sont réduits d'autant !

Certains étaient amis avant de se retrouver à l'Elysée, d'autres le sont devenus et les dîners voire les week-ends en commun ne sont pas rares, dont les champions semblent être Bianco, Colliard, Sautter, Charasse, Glavany, Védrine, Vauzelle. Les « soirées-rock » organisées par François Stasse et Nathalie Duhamel — époux à la ville et collègues à l'Elysée jusqu'au départ du premier en juillet 1984 — sont célèbres. On ne jure, rue du Faubourg-Saint-Honoré, que bien-être et bonne entente...

10. *Op. cit.*

LE SALAIRE DE LA GLOIRE

CE 11 juin 1981, Mary Sills raccroche. Stupéfaite. Le téléphone vient de sonner à son bureau du service de presse du parti socialiste : « Vous devez être à Villacoublay demain matin à huit heures pour partir à Luxembourg préparer le sommet européen », lui a dit Cécile Mithois. La voilà embauchée à l'Elysée et elle ne l'apprend que quelques heures avant de sauter dans l'avion ! En accord avec François Mitterrand, elle ne devait pourtant rejoindre le palais qu'après les élections législatives mais la Présidence a besoin de main-d'œuvre. On a donc accéléré le recrutement et André Rousselet, qui devait l'en avertir, a mangé la commission !

L'anecdote serait mince si ses acteurs n'étaient symboliques d'une dominante dans le choix des conseillers de l'Elysée : le lien avec François Mitterrand. Mary Sills, l'étonnée, est une collaboratrice ancienne de l'ex-premier secrétaire du P.S. Cécile Mithois, la messagère, est la cousine du Président. André Rousselet, l'étourdi, est l'un des plus vieux intimes du chef de l'Etat.

Sur trente-sept collaborateurs officiellement en fonction en octobre 1984, dix-huit étaient directement liés à François Mitterrand à un titre ou un autre avant le 10 mai 1981. Socialistes ou non, militants ou pas, ils avaient de près ou de loin connu le Président, qui les avait adoubés. Qu'importe leur passé, seul leur attachement mitterrandien compte.

Paule Dayan, par exemple, n'a jamais adhéré au parti socialiste mais c'est la fille de Georges, l'ami de toujours, disparu en 1979. Engagée. Laurence Soudet est l'épouse de Pierre, autre fidèle décédé. Embauchée. Comme Hubert Védrine, le fils de Jean, troisième alter ego. Les Rousselet, Grossouvre, Attali, Penne, Charasse, Duhamel, Glavany, Vauzelle, Manceron, Salzmann, Debray ou Dreyfus sont à mettre dans ce lot, celui de la fidélité.

Le choix direct et personnel du prince ne se limite pas aux collaborateurs immédiats. La Présidence a besoin, en 1982, d'un sous-préfet qui fasse tourner la « maison » ? Deux gendarmes déboulent dans l'Ardèche, où il se repose sans téléphone, prévenir Cyrille Schott, totalement inconnu de tous les cénacles socialistes, qu'il est nommé à l'Elysée : François Mitterrand lui-même a donné le nom de cet Alsacien barbu qu'il avait vu à l'œuvre comme secrétaire général du département de la Nièvre, « son » département. On cherche quelqu'un pour s'occuper des grands chantiers ? Le Président se souvient d'Hélène Waysbord, connue en 1969 lorsque son mari fonda la convention des institutions républicaines dans le Calvados.

On reconnaît bien là le « système Mitterrand » : toujours s'entourer de constances accumulées au fil des âges; engranger des noms auxquels on fera appel après avoir observé, testé, mis à l'épreuve. Mais la méthode n'est pas exclusive pour ce qui concerne l'Elysée : nombre des conseillers n'avaient jamais rencontré le chef de l'Etat avant d'entrer à son service et ont été embauchés sans « examen de passage » personnel. Si François

Mitterrand n'a pas, contrairement à ses habitudes, vu tout son monde, c'est qu'il fait confiance à ses chasseurs de têtes et que les réseaux ont joué. Le réseau Bérégovoy, qui a notamment amené Jean-Daniel Levi et Pierre Castagnou. Le réseau Attali par lequel sont passés Jean-Louis Bianco, François Hollande, Pierre Morel et Ségolène Royal. Le réseau des ministres amis, comme Edith Cresson qui a introduit Henri Nallet.

On a, bien sûr, puisé dans les experts du parti socialiste mais on s'est aussi ouvert à d'autres horizons. Ainsi, en 1981, François Mitterrand a souhaité que des syndicalistes apportent leur expérience à l'Elysée. La C.F.D.T., à laquelle demande avait été transmise, proposa deux noms et le Président choisit Jeannette Laot, membre de la commission exécutive de la centrale syndicale.

Ces femmes et ces hommes sont soit mitterrandistes, soit membres du parti socialiste (quinze en sont adhérents), soit compagnons de route anciens (une dizaine). Bref, ils sont tous personnellement liés au chef de l'Etat ou « de gauche ». Tous, sauf quelques-uns, Gilles Ménage en particulier. Enarque de formation, sous-préfet de corps, c'est le mouton noir. Sa carrière dans les cabinets giscardiens l'a rendu suspect auprès de beaucoup; sa délicate spécialité — les affaires de police — a fait le reste : il tranche et il dérange. Que François Mitterrand lui garde toute sa confiance n'y changera rien. Gilles Ménage ne fait partie d'aucun clan, ni celui des socialistes, ni celui des militants rentrés, ni celui des intimes du Président, ni celui des intellectuels. Les premiers temps, il a souffert secrètement de l'isolement dans lequel le tenaient beaucoup. Mais il a prouvé sa loyauté et, petit à petit, été adopté. Recruté par André Rousselet, Gilles Ménage est le prototype même de ces serviteurs de l'Etat qui, sans état d'âme mais avec compétence, servent le pouvoir sans se soucier du régime.

Après la fidélité et le choix politique, le troisième maître mot est justement la compétence : la tradition veut que travaillent à l'Elysée « les meilleurs ». Ce qui pose parfois problème puisque lesdits meilleurs ne sont généralement pas au chômage ! Elisabeth Guigou en sait quelque chose. Elle travaillait pour Jacques Delors lorsque Christian Sautter promu secrétaire général adjoint, il fallut trouver en 1982 un nouveau conseiller à l'économie internationale. Son profil convenait à merveille, tout le monde en était d'accord, de François Mitterrand à l'intéressée. Seul Jacques Delors renâclait : il n'entendait pas se séparer de sa perle rare. Bougon et têtu comme il savait l'être, le ministre de l'Economie traînait des pieds, Elisabeth Guigou ne voulait pas partir sans son accord, François Mitterrand ne souhaitait pas la réclamer auprès du ministre. Bref, on n'avançait pas. Il fallut que Jean-Louis Bianco précise clairement et instamment à Jacques Delors le désir présidentiel pour que l'affaire soit conclue. Mais le tout ne dura pas moins de quinze jours !

Ce cas est exceptionnel : en règle générale, les patrons tolèrent sans trop de mauvaise humeur un débauchage venu de si haut et les pressentis, trop heureux, ne se font pas tirer l'oreille. Même si l'Elysée a enregistré quelques refus, notamment pour des raisons familiales.

Jean-Louis Bianco sert de pivot lorsque la Présidence veut recruter. Si François Mitterrand avance un nom, c'est le secrétaire général ou son adjoint qui prend contact avec l'impétrant et le rencontre. Longuement. Autrement, Jean-Louis Bianco recense les candidats possibles, interroge ceux qui peuvent les connaître, ministres compris. Il les reçoit, ainsi qu'éventuellement

Jacques Attali. Puis il soumet un premier choix au Président : au moins deux noms, souvent trois ou quatre. Lorsqu'il ne connaît pas quelqu'un, François Mitterrand se montre très curieux sur ces personnes qui deviendront peut-être ses gens. Les hésitations peuvent être longues : il faut avoir pleine confiance — même si aucune enquête policière n'est demandée — car des collaborateurs si proches du soleil doivent être à tous égards irréprochables.

François Mitterrand n'est pas de ceux qui pensent que la valeur attend le nombre des années. Du temps du P.S., il aimait à s'entourer de têtes bien faites mais jeunes, qu'il formait à son moule. En confiant la maison à Lionel Jospin il avait, comme on dit, sauté une génération. Il fit de même en nommant Laurent Fabius à l'hôtel Matignon. On ne s'étonnera donc pas que la règle vaille aussi pour son entourage immédiat. En 1981, le Président appelle de vieux grognards, les Grossouvre, Bérégovoy, Rousselet, Salzmann, Legatte. Des vétérans qui font monter la moyenne d'âge à quarante-cinq ans alors que sous les trois premiers présidents de la Ve République les collaborateurs étaient recrutés à environ quarante ans [1]. Mais, renouvellement aidant, le rajeunissement est sensible : trois années plus tard, en septembre 1984, les conseillers du chef de l'Etat ne sont plus âgés que de quarante-quatre ans en moyenne, ce qui représente une baisse totale de quatre années puisque la première équipe a, entre-temps, vieilli de trois ans.

Originalité notable, le sexe féminin est fortement représenté. Samy Cohen a bien montré que

1. Pour les références aux entourages de Charles de Gaulle, Georges Pompidou et Valéry Giscard d'Estaing on se reportera à l'étude de Samy Cohen, *Les Conseillers du Président* (P.U.F., 1980), dont sont extraites les statistiques de ce chapitre sur les précédents septennats.

l'Elysée était traditionnellement un univers d'hommes : aucune femme sous de Gaulle, cinq sous Pompidou, trois sous Giscard. Sans même compter ses secrétaires particulières, François Mitterrand a très sensiblement féminisé son entourage : cinq femmes pour trente et un hommes en 1981 (14 pour 100), dix pour vingt-six en septembre 1984 (28 pour 100).

Les conseillers de l'Elysée ne manquent pas de parchemins : tous les collaborateurs du Président en poste à l'automne 1984 ont suivi des études supérieures, à l'exception de la syndicaliste Jeannette Laot qui n'a fréquenté que l'école primaire. Secteurs traditionnels, le Droit arrive en tête (37 pour 100) et l'Economie n'est pas loin (20 pour 100) mais les littéraires, très absents sous les précédents septennats, figurent en force : 26 pour 100. Très diplômés donc, puisque 63 pour 100 des conseillers sont sortis d'une grande école. L'Institut d'études politiques se taille la part du lion (43 pour 100 au total). Si la plus belle « peau d'âne » appartient à Jacques Attali [2] d'autres collectionnent les diplômes : économie, Sciences Po, E.N.A. et Mines pour Jean-Louis Bianco; Sciences Po, Polytechnique et Ecole nationale de la statistique pour Christian Sautter; lettres, Normale, E.N.A. pour Jean Musitelli, l'adjoint d'Hubert Védrine; Normale, agrégation d'histoire, E.N.A. pour son prédécesseur, Jean-Michel Gaillard.

On ne s'en étonnera pas : l'Ecole nationale d'administration a vu passer un conseiller sur quatre en poste en septembre 1984 [3]. Alors, les énarques de gauche auraient succédé à ceux de

2. Le conseiller spécial accumule en effet les titres : économie, lettres, Polytechnique, Mines, Sciences Po, E.N.A.
3. Bianco, Attali, Ménage, Guigou, Musitelli, Morel, Védrine, Royal, Schott.

droite? Pas si simple! D'abord, ce taux est inférieur à celui d'hier : 30 pour 100 d'anciens de la rue des Saints-Pères sous de Gaulle, 42 pour 100 sous Pompidou, 42 pour 100 sous Giscard. De plus, leurs origines sociales sont moins uniformes que jadis. Samy Cohen a constaté que, sous les trois premiers présidents de la Ve République, la quasi-totalité des parents des collaborateurs de l'Elysée exerçaient des professions demandant une formation supérieure : haute fonction publique, cadres supérieurs, professions libérales, patrons et commerçants. Cette tendance est moins nette aujourd'hui, comme le confirme le questionnaire que nous avons soumis en septembre 1984 aux hommes de l'Elysée [4].

Selon cette mesure, partielle mais représentative, les pères de 38 pour 100 des conseillers seulement ont effectué des études supérieures et 27 pour 100 des mères. Mieux, 19 pour 100 des pères et 23 pour 100 des mères se sont arrêtés à l'école primaire. Quant aux professions qui dominaient hier parmi les parents, elles ne représentent plus que 60 pour 100 des pères et 23 pour 100 des mères. Enfin, 46 pour 100 des collaborateurs de François Mitterrand qualifient de « modeste » le milieu social de leurs grands-parents. En somme, les hommes de l'Elysée n'ont pas le sentiment d'être des « héritiers ». De fait, on vient de le voir, ils sont nombreux à incarner la première génération familiale qui ait accédé à des études supérieures.

Autre grande différence entre les conseillers d'aujourd'hui et ceux d'hier : les origines professionnelles. Contrairement à ce que l'on a pu dire

---

4. Ce questionnaire a été adressé à trente-cinq conseillers du Président mais pas aux collaborateurs officieux ni aux secrétaires particulières du chef de l'Etat. Vingt-sept réponses nous sont parvenues.

et à ce qui s'est passé à l'Assemblée nationale et dans les cabinets ministériels, le 11 mai 1981 n'a pas provoqué l'avènement à l'Elysée de la « République des professeurs ». Il y a bien sûr des enseignants à la Présidence (Jean-Claude Colliard, Michèle Gendreau-Massaloux, Hélène Waysbord) mais la diversité des professions est beaucoup plus sensible qu'auparavant. Aujourd'hui, les non-fonctionnaires représentent plus de 47 pour 100 des hommes du Président alors qu'ils n'étaient que de 10 pour 100 sous de Gaulle, 27 pour 100 sous Pompidou, 11 pour 100 sous Giscard.

Mieux, l'Elysée est beaucoup plus ouvert sur le secteur privé que les cabinets ministériels de la gauche dans lesquels on ne comptait en 1982 que 25 pour 100 de non-fonctionnaires[5]. Sans doute faut-il voir dans ce dernier décalage moins une volonté de l'Elysée de prêcher par l'exemple qu'un hasard et une nécessité. Le hasard, c'est celui des liens que François Mitterrand a, au fil des ans, tissés avec des personnalités de tous les secteurs d'activité. La nécessité, c'est que les cabinets ministériels ont essentiellement une fonction de gestion quotidienne à laquelle les membres de l'administration sont mieux préparés que quiconque alors que le rôle d'impulsion dévolu à l'Elysée peut être assumé par des gens d'origines très variées.

A l'Elysée, on recense donc aussi bien des représentants des grands corps de l'Etat[6] que des journalistes (Laurence Soudet et Christine Cot-

5. Chiffre extrait de *L'Elite rose,* de Monique Dagnaud et Dominique Mehl (Ramsay).
6. Jusqu'à juillet 1984 l'Inspection des Finances, surpuissante du temps de V.G.E., était absente de l'Elysée : ce « trou » a été comblé par l'arrivée d'Hervé Hannoun. Le Conseil d'Etat est représenté par Bianco et Attali; le Quai d'Orsay par Morel et Musitelli; la « préfectorale » par Ménage et Schott; l'Université par Colliard et Penne. La Cour des Comptes manque toujours à l'appel.

tin), des écrivains (Erik Arnoult, Régis Debray, Claude Manceron), des anciens permanents politiques ou syndicalistes (Nathalie Duhamel, Jeannette Laot, Mary Sills, Jean Glavany), des cadres (Pierre Castagnou, Charles Salzmann, Jean-Daniel Lévi), un avocat (Michel Vauzelle), un parlementaire (Michel Charasse), un industriel (Pierre Dreyfus). Ne manque qu'un paysan ? Pas même : François de Grossouvre, exploitant agricole, est là... même s'il ne peut pas être, loin s'en faut, considéré comme un métayer de base.

L'Elysée est donc branché sur de très nombreux univers grâce au kaléidoscope des expériences passées. Tous ces hommes ont en effet accumulé connaissances, relations et amitiés dans tous les secteurs sans tourner en vase clos à l'intérieur de la fonction publique. Pierre Castagnou connaissait de très nombreux patrons avant d'entrer à l'Elysée : il fut secrétaire général du Centre des jeunes dirigeants d'entreprises. Henri Nallet tutoie nombre de dirigeants agricoles : il fut le bras droit de Michel Debatisse à la F.N.S.E.A. Pierre Dreyfus est familier de tous les grands chefs d'entreprises : il fut P.-D.G. de Renault.

Cette variété se ressent jusqu'aux plus petits détails. Pour les uns, le costume-flanelle-trois-pièces tenait de la seconde peau. Pour d'autres, il a fallu découvrir la cravate ou le « bon chic bon genre ». L'Elysée garde de fait un réel pouvoir d'uniformisation. C'est vrai de la pensée : le modèle du Président s'impose à tous. C'est vrai aussi de l'apparence : un conseiller de l'Elysée représente bon gré mal gré une petite part de la Présidence et doit donc se plier à certaines règles élémentaires. Ainsi pour l'habillement : si les styles sont variés — flanelle grise ou tweed anglais —, le négligé est banni. Alors, Régis Debray ou Jean Glavany ont fermé le dernier bouton de leur chemise. Michel Charasse ne tombe la veste et n'arbore ses larges bretelles multicolores que dans le secret de son bureau. Jean-Claude Colliard fait des infidélités à ses costumes en velours côtelé. Mary Sills a troqué ses inséparables blue-jeans contre une stricte garde-robe signée Louis Féraud. André Rousselet avait passé la consigne de respecter les conventions mais cela n'aurait sans doute pas été indispensable : la plupart ont ressenti d'eux-mêmes la nécessité de se fondre dans les normes du lieu.

En théorie, ce lieu n'existe pourtant pas ! Pas plus que les conseillers du président de la République : aucun texte ne régit leur statut, rien ne définit leurs fonctions. Seul le *Journal officiel* les protège de la schizophrénie puisque leur nomination y est annoncée. Et encore, pas dans tous les cas : certains d'entre eux travaillent à l'Elysée, pensent à l'Elysée, font des notes à l'Elysée, rencontrent des gens à l'Elysée... mais ne sont pas à l'Elysée ! On les appelle les « officieux » : ils sont, de fait, des collaborateurs de la Présidence mais leur nom n'a jamais été imprimé par le *J.O.* Bon an mal an, une demi-douzaine d'Elyséens n'ont aucune existence formelle [7]. Souvent, ce statut n'est que provisoire : Ségolène Royal et Jean-Michel Gaillard furent par exemple « officieux » avant de gagner leurs galons « officiels ». Ce provisoire, parfois, dure longtemps : Cécile Mithois, qui collaborait au service de presse depuis 1981, n'a eu les honneurs du *J.O.* qu'à l'automne 1984. Outre l'absence de nomination au *Journal officiel,* la seule singula-

7. Sept en septembre 1984 par exemple. Deux travaillent avec Guy Penne : Jean-Christophe Mitterrand, le fils du Président, et Marie-France Cordier. Cinq au cabinet : Georgette Elgey, le commissaire Marcel Coullerez, Gérard Desrameaux, Michel Françaix et Geneviève Monnier.

rité des « officieux » réside dans leur dispense de permanence. Pour le reste, c'est-à-dire quasiment tout, ils sont au même régime que les autres.

Un conseiller du Président n'existant pas ne peut naturellement pas être payé — logique ! Que le lecteur se rassure : ils travaillent pour François Mitterrand, certes, mais pas seulement pour la gloire. Pour les fonctionnaires tout est simple : leur corps ou leur administration les détache à l'Elysée et continue à leur verser leur traitement. Pour les autres, on se débrouille sans trop de difficultés avec des services publics ou des entreprises nationalisées : quel souhait, venant de l'Elysée, ne serait-il pas un ordre ? Alors, Charles Salzmann et Jean-Daniel Lévi restent rémunérés par leur employeur d'origine, E.D.F., et d'autres, lorsqu'ils sont entrés à l'Elysée, ont été embauchés fictivement par de grands organismes. Voilà Pierre Castagnou à E.D.F., Mary Sills contractuelle aux P.T.T., Jean Glavany émarge à Air Inter. Michel Vauzelle, l'habitué des prétoires, se retrouve cadre à Air France...

Au plan des salaires, la philosophie générale est simple : personne ne doit perdre de l'argent en venant travailler à l'Elysée mais il n'est pas question de s'y enrichir; tout nouveau collaborateur est en principe payé comme il l'était auparavant, une grille non écrite fixant le plancher pour chaque fonction mais aucun plafond. Si ses revenus étaient confortables, tant mieux pour lui; s'ils étaient faibles, il bénéficiera d'une « rallonge ». Partant aux alentours de 12 000 francs bruts par mois [8] pour l'assistant d'un conseiller, les tranches augmentent de 2 000 francs selon la hiérarchie : chargés de mission, conseillers techniques, conseillers auprès du Président, etc.

8. En juillet 1984.

Voilà pour la théorie. Reste la pratique... qui ne respecte par forcément la hiérarchie officielle : avec leurs traitements respectifs de conseiller d'Etat et de professeur d'université, Jean-Louis Bianco et Jean-Claude Colliard sont moins payés que certains de leurs collaborateurs du secrétariat général ou du cabinet! Alors, combien?

D'après les réponses que nous avons reçues à notre questionnaire, 42 pour 100 des conseillers gagnent moins de 18 000 francs bruts par mois, 39 pour 100 plus de 21 000 francs et 19 pour 100 entre 18 000 francs et 21 000 francs[9]. Reste que la France sera toujours la France à l'égard des questions d'argent et que le montant des revenus, même à l'Elysée, n'est pas divulgué de gaieté de cœur! Nous en avons fait l'expérience lors de notre enquête : l'un nous affirme entre quatre yeux ne gagner que 18 000 francs par mois mais, dans le questionnaire, se classe dans la catégorie 21 000 francs-24 000 francs; l'autre, lors d'un entretien, nous parle de 19 000 francs-20 000 francs sans les primes mais s'inscrit par écrit dans la colonne 15 000 francs-18 000 francs bonifications incluses; un troisième refuse purement et simplement d'avancer une somme précise...

Certains conseillers disposent par ailleurs de quelques avantages en nature qui ne sont pas comptabilisés dans le salaire. Une voiture, bien sûr, mais l'usage en est strictement limité aux déplacements professionnels. Ceux qui bénéficient d'un véhicule attitré ne s'en servent jamais le week-end ou le soir. Le jour de l'attentat contre les parachutistes français à Beyrouth, on vit Jean-Louis Bianco arriver d'urgence à l'Elysée au

9. Voici le détail : 19 p. 100 moins de 15 000 francs; 23 p. 100 de 15 000 francs à 18 000 francs; 19 p. 100 de 18 000 francs à 21 000 francs; 27 p. 100 de 21 000 francs à 24 000 francs; 12 p. 100 plus de 24 000 francs.

volant de sa voiture personnelle : le drame s'était passé un dimanche.

Les avions du G.L.A.M. ne sont jamais utilisés à titre privé et très rarement pour des déplacements professionnels : en dehors du Président, seuls Jean Glavany pour la préparation des voyages de François Mitterrand en province et Guy Penne pour ses visites éclair en Afrique sont des utilisateurs habituels; pour sa part, Jean-Louis Bianco ne s'en est servi que deux fois, pour des missions secrètes confiées personnellement par François Mitterrand.

Les notes de frais sont rares. L'usage, en vigueur sous Giscard, de signer les additions dans des restaurants du quartier a été supprimé. Le conseiller qui invite à déjeuner doit régler la note et la faire viser par Jean-Claude Colliard ou Gilles Ménage avant d'être remboursé.

Enfin, les logements de fonction du quai Branly, où quelques appartements sont aménagés; les loyers, dans ce quartier chic de Paris, défient toute concurrence : environ 2 500 francs par mois [10]. Le général Saulnier, François de Grossouvre, Gilles Ménage et Jean Glavany y résident. Pour ce dernier, c'est l'usage qui veut que le chef de cabinet dispose d'un appartement de fonction, comme le secrétaire général : Pierre Bérégovoy l'habita, mais non Jean-Louis Bianco. Certains corps — l'Armée, la Préfectorale, la Diplomatie, notamment — jouissent traditionnellement d'une résidence. Les logements du quai Branly leur sont donc attribués en priorité. Mais il n'y a pas de place pour tout le monde et une poignée des « ayant droit », qui n'ont pu y être logés, bénéficient d'une indemnité pour payer leur loyer. Tout le monde ne profite pas de ce dernier avantage :

10. En juillet 1984.

Michèle Gendreau-Massaloux ne touche pas cette contribution élyséenne et n'est pas logée. Un comble puisque, ancien recteur d'Orléans, elle a renoncé, pour venir à l'Elysée, à un splendide logement de fonction : un château !

LE POIDS DU CHATEAU

« Un verre ça va; trois verres bonjour les dégâts » : martelé pendant des semaines à la télévision, le slogan est entré dans la langage commun. Tout le monde se souvient de cette campagne contre l'alcoolisme mais personne ne sait que les téléspectateurs la doivent à l'Elysée ! Le début fut vif lorsque le Service d'Information et de Diffusion dut donner son agrément à cette opération gouvernementale; mais le représentant de la Présidence la défendait : « Bonjour les dégâts » était né.

Ainsi va la vie de l'Elysée. En théorie, les collaborateurs du Président ne servent qu'à aider le chef de l'Etat par des avis et non par des conseils; ils n'ont aucune prise directe sur les choses ni sur les gens; la confiance que leur accorde le chef de l'Etat constitue leur seule légitimité et ils n'ont de comptes à rendre qu'au Président; contrairement à leurs collègues des cabinets ministériels, ils ne peuvent recevoir délégation de signature de leur patron, le paraphe présidentiel ne se partageant pas.

Pourtant, lorsque l'architecte Roland Castro rencontre des difficultés avec l'administration pour l'opération « Banlieues 89 », c'est l'Elysée qu'il appelle au secours et c'est l'Elysée qui lève les obstacles. Lorsque l'écrivain Milan Kundera ne réussit pas à obtenir ses papiers d'identité alors qu'il vient d'être naturalisé français, c'est l'Elysée qui, dans les quatre heures, décroche les pièces officielles. Un secrétaire d'Etat appelle plusieurs fois par jour le chargé de mission élyséen qui suit son département pour se « couvrir » à tout propos; mieux, ledit ministre ne téléphone jamais à l'hôtel Matignon et fait transiter par son relais rue du Faubourg-Saint-Honoré les demandes qu'il veut formuler auprès du chef du gouvernement!

C'est évidemment d'abord à l'Elysée que pense Michel Jobert lorsqu'il écrit [1] : « Après mai 1981, il ne fallut que quelques jours, quelques semaines, pour que la république des petits maîtres s'affirmât de toutes parts. Que de bouches péremptoires et de vanités satisfaites! « Vous n'imaginez « pas, me disait Delors, ce qu'il faut faire pour « parvenir à une décision, chacun se mêlant de « tout et prétendant exercer le pouvoir. Du temps « de Pompidou, oui, c'était oui. Et on y allait. Main- « tenant, c'est la tapisserie de Pénélope! » Il s'en est bien accommodé. Il y a toujours eu, à l'Elysée, plusieurs bouches présidentielles et, à Matignon, plusieurs personnages ambitieux et culottés. »

Bref, sans qu'aucun texte ne l'écrive, les conseillers du Président ont de l'influence. Cela tient à la magie propre de l'Elysée dont les désirs sont souvent des ordres. Cela provient surtout de la pratique constante des institutions, qui donne à la Présidence un droit de regard, de décision, de surveillance sur tout. Evidence pour ce que l'on appelle le « domaine réservé » du chef de l'Etat, en particulier la Défense et les Affaires étrangères, pour les nominations importantes dans tous les secteurs, pour les dossiers auxquels tient particulièrement le Président, pour les grandes orientations générales, etc. Le poids de l'Elysée est tout aussi réel dans des domaines beaucoup

1. In *Par trente-six chemins* (Albin Michel).

moins spectaculaires : la composition des cabinets ministériels ou les promotions dans l'audiovisuel par exemple. Ainsi, l'Elysée a concrètement suivi la mise en place de la décentralisation et observe encore du coin de l'œil que ne soient pas secrètement reconstituées les quelque deux cents commissions superflues supprimées à cette occasion dans chaque département : l'hôtel Matignon pourrait s'en charger, le ministère de l'Intérieur y suffire mais, non, l'Elysée veille directement.

Bien sûr, François Mitterrand l'exige très clairement, ses conseillers ne peuvent se substituer aux ministres. Reste qu'ils ont les moyens de bloquer des dossiers et d'en promouvoir, de dresser des chicanes devant des décisions et de donner l'impulsion à d'autres, de jouer les mouches du coche. Lors de la fusion des activités télécommunications de la C.G.E. et de Thomson, Charles Salzmann a suivi jour par jour l'état des négociations, rencontré les deux P.-D.G. intéressés et demandé par l'intermédiaire du ministre de l'Industrie que certains points figurent dans l'accord. Henri Nallet, lui, avait entendu à plusieurs reprises François Mitterrand fixer une orientation très précise à propos d'un secteur particulier : il lui fallut d'abord s'assurer que le ministre avait perçu le cap présidentiel, puis convaincre le cabinet — ce qui fut plus difficile —, puis mobiliser l'administration — ce qui fut incroyablement long : pendant six mois, notre homme assista systématiquement à toutes les réunions sur le sujet en y prenant la parole, ce qui était contraire à son habitude —, en demandant, en exigeant, en imposant, en tapant du poing sur la table. Un semestre d'acharnement pour obtenir une réelle mobilisation autour de la ligne présidentielle.

Un exemple comme celui-ci où le conseiller a le pouvoir d'un ministre est rare mais pas exceptionnel. Il n'est possible que s'il existe un mandat présidentiel sans ambiguïté : sans le chef de l'Etat, ses conseillers ne sont rien. Dès lors, l'autorité dont ils jouissent à l'extérieur dépend très largement de la confiance dont ils bénéficient auprès de François Mitterrand. Tout va bien lorsque le Président a répondu par des instructions précises à une note ou à une conversation; on peut alors user du sésame absolu : « Le Président pense que... » Quel confort, quelle jouissance même !

Ce plaisir, peu fréquent pour les conseillers « de base », est en fait réservé à quelques privilégiés. Jean-Louis Bianco en est. Jacques Attali aussi.

Cet homme-là décourage le portrait. Il a été le plus dépeint, le plus scruté, le plus disséqué des hommes de l'équipe élyséenne sans que son mystère ni celui de sa puissance ne soient vraiment percés. En apparence on sait tout de ce jeune homme d'une quarantaine d'années dont l'intelligence et le brillant sourdent à chaque phrase et qui cache mal une sensibilité qu'on sent frémissante. Oui, de Jacques Attali, on sait tout. Qu'il est juif et pratiquant. Que son père était dans le commerce des parfums. Qu'il est né à Alger, en 1943. Qu'il fut toujours des premiers que ce soit à Janson-de-Sailly, à Polytechnique, à l'Ecole des Mines, à Sciences Po, à l'E.N.A. Qu'il aurait aimé être médecin. Qu'il parle l'anglais, l'italien (bien) l'hébreu (correctement), l'allemand, l'arabe (mal). Qu'il dort peu et travaille dès cinq heures du matin. Qu'il aime Chateaubriand et Julien Gracq. Qu'il ne déteste pas les endroits à la mode et fréquente peintres et musiciens. Qu'il joue (médiocrement) du piano et qu'il est fou de musique. Qu'il a déjà écrit une dizaine de livres et peut-être un jour saura-t-on tout du septennat puisqu'il note, sur de petits carnets noirs, tout ce qu'il vit. Qu'il est docteur en sciences économiques et maître des requêtes au Conseil d'Etat.

Ceux qui ont voulu en savoir plus disent encore qu'il serait ceinture marron de judo, qu'il joue au tennis et pratique le ski, qu'il voue une passion à son fils, Jérémie, qu'il collectionne les sabliers (le temps, voilà l'ennemi), qu'il a refusé, tout au long de son itinéraire, plusieurs postes importants proposés par François Mitterrand, qu'il est doué d'une force de travail peu commune, d'une mémoire rare et d'une capacité étonnante à absorber les problèmes et à leur trouver une solution originale ou une approche inattendue.

Tout cela, à défaut de cerner un personnage dont on ferait volontiers un héros de roman, crée un mythe — et il n'est même pas sûr que l'idée lui déplaise : « Angoissé. Brillant. Exaspérant. Attachant. Affreusement susceptible et jaloux de ses prérogatives. Bon fils. Bon époux. Bon père », écrit *Le Nouvel Observateur*. « Une sorte de théoricien surdoué et parfois hermétique, un agitateur d'idées qui saute avec une agilité de kabbaliste de la musique à la médecine », dit *Le Point*.

Dieu sait combien cette agilité lui est reprochée. Au point qu'on peut se demander s'il est aimé. La question mérite d'être posée pour un homme si haut placé, souvent jalousé et qui, gentil, souffre facilement de l'hostilité. Dès le début du septennat une rivalité existe entre lui et le secrétaire général, Pierre Bérégovoy, même si aucun « mot » officiellement n'a éclaté entre eux. Les « Attali boys », l'équipe qu'il a fait venir, se font détester. Sans doute André Rousselet et Pierre Bérégovoy ont-ils, eux aussi, leurs fidèles mais le côté mouche du coche d'Attali est accentué. Depuis le sacre de Jean-Louis Bianco, les heurts se sont atténués. Il n'empêche qu'on trouve aisément à l'Elysée des gens prêts à dépeindre Jacques Attali comme le « fou du roi » et à narrer anecdotes sur anecdotes. N'est-il pas toujours aux côtés du Président, présent sur chaque photo, assistant à chaque cérémonie ? N'est-il pas quasiment le seul à exiger des roses rouges dans son bureau ? N'est-il pas le seul, alors que l'Elysée est souvent meublé de bric et de broc, à disposer d'un ameublement unifié de style Empire ? N'est-il pas l'un des rares à user de sa cheminée et à avoir demandé pendant des mois un coffre à bois ?

Petites histoires mais dont l'Elysée, soudain village, se délecte et où le palais, redevenu une cour, veut voir la marque d'un homme — lui qui pourtant crie son horreur du « faire semblant » — assoiffé de distinctions et soucieux de plaire au souverain. Plus sérieuses sont deux « affaires » : le bureau et le secrétariat général.

Ah ! le bureau... Le fait : Jacques Attali dispose au premier étage d'une vaste pièce, aux proportions agréables (là où, sous de Gaulle, se tenaient les aides de camp) dont les fenêtres donnent sur le parc. Surtout ce bureau communique directement avec celui du Président et quiconque vient rendre visite à François Mitterrand le traverse immanquablement.

L'accusation : Attali ne va pas déroger à la règle qui veut qu'un bureau, dans toute entreprise, constitue une marque évidente de rang. Il a souhaité être tout près du Président et une compétition s'est engagée entre lui et Jacques Fournier afin de bénéficier de cette légitimité de voisinage. Mitterrand lui a accordé cette satisfaction d'amour-propre mais Attali a boudé pendant quelque temps et ne s'est vraiment installé que le lundi suivant le jeudi de l'intronisation du Président.

La défense : Jacques n'a jamais rien revendiqué

et François Mitterrand, dès le vendredi, lui a fait savoir ce qu'il attendait de lui et lui a attribué son bureau. Constatant le samedi que celui-ci était occupé par Jacques Fournier, Attali, gêné, lui a assuré que le logis était le sien et, par délicatesse, il est parti. Voilà l'affaire...

Ah ! le secrétariat général... Le fait : Pierre Bérégovoy a été le premier à bénéficier de ce poste prestigieux et de premier plan, et Jean-Louis Bianco le deuxième.

L'accusation : Attali, par deux fois, a souhaité assumer la fonction. La première, exaspéré, Mitterrand s'est écrié : « Mais je ne lui ai jamais dit qu'il serait secrétaire général. » « Président, en tout cas, il l'a cru », lui répondit son interlocuteur. La seconde fois, l'hypothèse a fait frémir plusieurs collaborateurs du chef de l'Etat et Attali, de nouveau, a échoué.

La défense : Jacques s'est toujours refusé à ce genre de rôle et le côté administratif du secrétariat général n'est pas sa tasse de thé. D'ailleurs, il n'est guère homme d'équipe. Pourtant, c'est un secret mais tant pis, le Président lui a laissé la liberté de prendre ou non la fonction lorsque Bérégovoy est parti. D'un commun accord, ils ont conclu que le poste ne lui convenait guère mais Jacques a pu choisir.

On nous accusera peut-être de trop céder à l'anecdote. Qu'on nous pardonne mais, outre le fait que l'Histoire s'écrit aussi avec des mouvements d'humeur et des rivalités, voilà bien qui témoigne des passions qu'Attali cristallise. Plutôt que de succomber aux impressions et aux sentiments, examinons les faits.

Jacques Attali est « conseiller spécial auprès du président de la République » (le titre, créé pour lui, a été trouvé dès le début par François Mitterrand alors que Pierre Bérégovoy suggérait

« conseiller personnel ») et il est aujourd'hui un des premiers dans la hiérarchie officielle de l'Elysée; maître d'œuvre du sommet de Versailles, il est particulièrement chargé de la préparation des rencontres européennes; il assiste au conseil des ministres, aux conseils de défense, à tous les entretiens entre le Président et les chefs d'Etat étrangers; il participe au « petit déjeuner du mardi », et était du « déjeuner du mercredi ». Voilà qui n'est déjà pas mince. Il assure aussi des missions à l'étranger. Publiques lorsqu'il rencontre Indira Gandhi, Bendjedid Chadli, José Lopez Portillo, le président du Mexique, Menahem Begin et, quatre jours avant sa mort, Anouar el Sadate. Mais aussi secrètes et touchant toujours aux relations internationales — elles restent cependant exceptionnelles — lorsqu'il s'agit de communiquer oralement un message du Président : il rédige alors immédiatement une note dont seul François Mitterrand est destinataire et dont le double est conservé dans un coffre.

Surtout — de ce fait son influence est considérable — il n'a pas de compétences strictement définies, peut donc intervenir sur tous les sujets et il ne s'en prive pas. Lanceur d'idées, dévoreur de dossiers, il coordonne (toutes les notes envoyées au Président lui passent entre les mains), il impulse (par l'intermédiaire de Jean-Louis Bianco, il demande aux différents collaborateurs de nourrir la pensée du Président), il signale, il suggère, il imagine le long terme, il oriente. Mitterrand a-t-il dit un jour comme on le lui prête : « Attali a dix idées par semaine; j'en retiens au maximum une par mois » ? Pas impossible en tout cas pour ce qui est de la première partie de la boutade.

C'est aussi que Jacques Attali a mis en place un formidable réseau d'informations. Plus qu'aucun autre, il voit du monde : des industriels, des syndicalistes, des membres de cabinet, des journalistes (Jean Boissonnat, Marc Ullmann, Guy Claisse, Stéphane Denis, Paul Fabra, Pierre Drouin, Claude Imbert, François de Closets et, depuis mai 1981, Serge July). Régulièrement il rencontre le directeur général de la Banque parisienne de crédit Daniel Houri, le commissaire au Plan Hubert Prévost, l'ancien responsable de la C.G.T. Jean-Louis Moynot, le socialiste Maurice Benassayag, le sociologue Lucien Sfez, le professeur Léon Schwartzenberg et, une fois par mois environ, il réunit à déjeuner une quarantaine de personnes, des amis rencontrés au fil de la vie qui ont essaimé dans tous les secteurs. Chaque jour il a un déjeuner — toujours à l'Elysée, rarement à l'extérieur : il déteste les restaurants — et les dîners chez lui ne lui répugnent pas. Sa position — là non plus il ne s'en prive pas — lui permet d'accueillir, voire de convoquer, tous les spécialistes qui lui chantent. Restent ses « gourous », comme le philosophe Michel Serres ou le sociologue Pierre Bourdieu, avec qui les rendez-vous sont réguliers.

Tout cela ne serait peut-être rien s'il ne bénéficiait de l'amitié profonde de François Mitterrand : le Président l'estime, comprend sa sensibilité exacerbée, est perpétuellement séduit par son intelligence et sa culture. Surtout, sans doute, il aime sa capacité à faire rebondir les questions et à l'accompagner dans sa réflexion. Les deux hommes se voient au minimum une fois par jour, se téléphonent fréquemment et, à notre connaissance, Attali est le seul qui, de temps à autre, puisse toquer à la porte présidentielle sans passer par le secrétariat. Bref, si on est appelé à aller un jour au Président, il est conseillé de lui adresser quelques mots. D'ailleurs, ministres et puissants ne s'y trompent pas : avant et après s'être entretenus avec le chef de l'Etat, la majorité d'entre eux « rendent compte » à M. le conseiller spécial !

Certains font la fine bouche et nient l'influence que nous lui accordons : ceux-là, s'ils reconnaissent sa position unique, jugent que son importance et sa présence priment son pouvoir et que son poids, pour ce qui est de la décision, n'est pas aussi fort qu'on le suppose. Querelle de mots puisque la frontière entre importance et influence paraît bien étroite et que ce jugement cache parfois mal des rivalités envieuses. C'est que cet intellectuel — il revendique le mot et se refuse à être un politique — occupe une place à part dans le sérail élyséen.

« Je suis un intellectuel, un professeur, répète-t-il. J'ai simplement eu la chance, il y a dix ans, de rencontrer un homme politique avec lequel j'ai envie de travailler et qui a eu envie de travailler avec moi. Comme un intellectuel travaille avec un autre intellectuel. (...) Qu'y a-t-il d'intellectuel dans ma façon d'agir à l'Elysée ? Il y a tout d'abord la volonté d'un regard global et théorique sur les choses. Je ne traite pas un problème séparément, anecdotiquement, conjoncturellement. J'essaie toujours de le replacer dans notre projet de société et dans une analyse globale des interdépendances. Toujours. Ensuite, je donne une priorité à la dimension du long terme dans toute recherche de solution. Je ne m'intéresse pas seulement à la cohérence à un moment donné, mais à la cohérence dynamique [2]. »

Alors un professeur doublé d'un homme de

2. In *Les Familles du Président,* de Maurice Szafran et Sammy Ketz (Grasset).

cour? Quelle erreur : ce serait négliger entre autres chez cet exégète du mitterrandisme les qualités intellectuelles, la fidélité, le véritable attachement à François Mitterrand et la conviction qu'il a de servir. Simplement — l'explication est proposée par un familier du sérail — hypersensible dans ses rapports avec le prince, exacerbé par les marques que celui-ci peut lui montrer, il s'en tient aussi près que possible justement pour qu'aucune marque ne lui échappe. Suffisamment intelligent pour comprendre en quoi il peut être le plus utile, il recherche néanmoins la consécration. Alors il titille le prince. Moins pour les honneurs que pour mesurer la confiance. Plus pour graduer l'amour et l'estime qu'on lui porte que pour le bureau, le poste ou la fonction désirés. Et s'il irrite tant de collaborateurs de l'Elysée, n'est-ce pas également pour des raisons psychologiques : familier, privilégié, confident il se refuse à être le leader de l'équipe, d'une équipe qui, de ce fait, par dépit, lui tient rigueur.

Donc Jacques Attali a la puissance par la grâce de François Mitterrand qui lui accorde sa confiance. Mais la confiance du Président ne suffit pas à un conseiller pour peser concrètement sur les choses : il lui faut encore compétence, vigilance, information et sens politique.

Hors compétence, point de salut : le conseiller ne sera pas pris au sérieux par ses interlocuteurs qui veillent d'autant plus à « verrouiller » leurs dossiers qu'ils savent que l'Elysée suit l'affaire. La vigilance, pour sa part, ne peut souffrir aucun relâchement : le conseiller de l'Elysée n'est qu'une pièce surajoutée dans la chaîne de décision. Qu'il manque une étape pour cause de distraction, de négligence ou de vacances et il ne pourra plus arrêter le train qu'il a laissé filer.

C'est la première des informations : connaître à chaque instant l'état précis d'avancement d'un dossier.

Comme n'importe quel citoyen, le conseiller du Président s'instruit des choses et des gens de l'heure d'abord par les journaux. L'Elysée consacre en effet un budget considérable aux publications diverses : tous les quotidiens parisiens, vingt et un « régionaux »; une trentaine d'hebdomadaires — y compris le badin *Jours de France* — et mensuels — pas les polissons comme *Lui* ou *Playboy*; vingt-six journaux étrangers — britanniques, américains, allemands, italiens, espagnols, irlandais, soviétiques — ; enfin de très nombreuses revues — *Esprit, Commentaire, Pouvoirs...* —, parutions spécialisées — *Nucleonics Week, Air et Cosmos, Gazette du palais...* —, lettres confidentielles — *Mardi Matin, Lettre de l'Expansion, Bulletin quotidien...* —, feuilles militantes — *F.O. Hebdo, P.S. Info,* mais non *La Lettre de la Nation* du R.P.R.

Quelques privilégiés — Jean-Louis Bianco, et Michel Vauzelle — lisent tous les matins vers onze heures une revue de presse d'une trentaine de feuillets effectuée par Nathalie Duhamel. Les mêmes reçoivent une sélection des dépêches d'agences opérée toutes les heures par Cécile Mithois. Mais, même marqués « urgents », les télégrammes de l'A.F.P. n'apprennent que rarement quelque chose aux gens de l'Elysée : la Présidence est sans doute le lieu le mieux et le plus rapidement informé de France. Ce qui ne veut pas dire que les nouvelles y soient toujours totalement fiables.

En juillet 1984, l'Elysée apprit bien avant les médias le détournement vers Téhéran d'un avion d'Air France mais crut d'abord qu'il s'agissait d'un Jumbo jet alors que ce n'était qu'un

Boeing 737, transportant beaucoup moins de passagers. En une petite dizaine de minutes, ce 31 juillet 1984, Christian Sautter et Jean-Louis Bianco furent prévenus, le directeur de cabinet du premier ministre alerté, les informations vérifiées et François Mitterrand reçut une note lui annonçant la nouvelle, en style télégraphique mais rigoureux : l'erreur initiale était déjà corrigée et le chef de l'Etat n'entendit jamais parler de Jumbo jet.

Ces filières ultra-rapides sont réservées aux plus importants des Elyséens. Les autres doivent regarder leur téléviseur, écouter leur transistor ou... consulter « radio-couloirs ». Ceux-là partent alors à la pêche aux nouvelles auprès du collègue qui « sait » ou qui est ami avec celui qui sait. Ce petit jeu de l'homme qui a vu l'homme qui a vu l'ours s'arrête à François Mitterrand et les vrais grands secrets ne sont pas diffusés par « radio-couloirs ». Le 12 juillet 1984, alors que François Mitterrand préparait son intervention télévisée du soir, la spécialiste de l'Education pour l'Elysée savait qu'il serait question de son domaine — on lui avait demandé de rester à son bureau — et que cela serait spectaculaire; mais elle ignorait que le Président allait annoncer le retrait de la loi Savary et l'organisation d'un référendum.

Souvent soumis au lot commun pour les grands « coups », les conseillers de l'Elysée sont en revanche remarquablement au courant de tout ce qui se passe dans leur secteur. Le B.A.-BA puisque leur première tâche consiste à informer le plus précisément et le plus complètement possible le Président. Outre une lecture attentive de très nombreux documents, ils rencontrent énormément de gens : dix audiences chaque jour pour Erik Arnoult, par exemple. Toute la France défile du lundi au vendredi — et parfois même durant le week-end. Chacun de ces visiteurs ne vient pas à l'Elysée pour une conversation du café du Commerce : il a soigneusement préparé ce qu'il veut faire passer comme message, bien conçu ce qui sera donc énoncé clairement.

Le collaborateur du Président reçoit une information resserrée, synthétisée et en apprend plus en trente minutes d'entretien qu'en deux heures de bavardages. Par ailleurs, les conseillers de l'Elysée peuvent à volonté en appeler à des canaux d'informations confidentiels mais très riches : ambassades, directions de ministères, services de renseignement. Bien souvent, les cabinets transmettent à leur correspondant élyséen les notes qu'ils rédigent pour leurs ministres. Enfin, les hommes du Président ont plus d'un tour dans leur sac et trouvent toujours le moyen de savoir ce qu'on veut leur cacher. Lorsqu'il était rue de Rivoli, Jacques Delors se montrait très soucieux de ses prérogatives et, irrité par l'entourage élyséen, réservait souvent ses informations à François Mitterrand personnellement.

Las ! Les conseillers du Président ont leurs réseaux : c'était peut-être un peu plus long, un peu plus fatigant, mais ils obtenaient toujours les renseignements dont ils avaient besoin. De tels comportements ne sont pas rares et c'est pourquoi les hommes de l'Elysée doivent faire preuve d'un réel sens politique. Il en faut, pour tout à la fois apprécier clairement le rapport de force; évaluer tous les acteurs importants alors que François Mitterrand jongle avec les interlocuteurs les plus secrets; savoir, comme au billard, jouer avec les bandes.

Une femme a tenu un rôle essentiel pour aider François Mitterrand à se faire une religion au sujet de la loi Savary sur l'école privée : Geneviève Delachenal, la propre sœur du Président, très liée au groupe catholique Bayard Presse. Beaucoup l'ignorent, non les hommes du Président qui, lorsqu'ils voyaient ce nom sur le carnet d'audiences, tendaient l'oreille. Mieux, certains n'ont pas hésité à rencontrer Geneviève Delachenal. Pas pour tenter de convaincre cette avocate de l'école catholique qui cherchait un compromis mais pour connaître les arguments qu'elle présentait à son présidentiel frère.

De même, des amis de François Mitterrand comme le publicitaire Georges Beauchamp, l'homme d'affaires Patrice Pelat ou surtout Jean Riboud reçoivent régulièrement la visite de conseillers élyséens. Le dernier, industriel de son état, est écouté par le Président au point d'avoir pesé d'un poids considérable lors du grand débat de 1983 sur le maintien ou non du franc dans le système monétaire européen. Riboud, c'est bien connu, était pour la sortie comme Pierre Bérégovoy, Pierre Mauroy et Jacques Delors étaient contre. A l'Elysée, un véritable clan se constitua alors : Bianco, Attali, Sautter, Guigou et Stasse firent bloc pour pousser en faveur du premier ministre et du ministre des Finances et ils ne furent sans doute pas étrangers à la décision présidentielle de demeurer au sein du S.M.E. Sens politique d'avoir cerné la position précise de tous les acteurs publics ou cachés; sens politique d'avoir exercé la pression au moment opportun; sens politique d'adapter son comportement en fonction des hommes en présence.

A cet égard, le remplacement de Pierre Mauroy par Laurent Fabius a changé le poids de certains conseillers de l'Elysée. N'en déplaise à la doctrine officielle qui veut que l'hôtel Matignon jouisse de toutes ses prérogatives, la Présidence arbitrait sous Pierre Mauroy — surtout vers la fin de son mandat — plus que sous Laurent Fabius — en tout cas dans les premiers mois de ses fonctions.

Le rituel n'a pas varié : petit déjeuner du mardi matin, conversations téléphoniques régulières entre le Président et le chef du gouvernement, mêmes rendez-vous fixes. En pratique, Fabius connaît et comprend si bien François Mitterrand, ses grandes options et ses réflexes, qu'il a moins besoin de le consulter que son prédécesseur. En somme, un couple symbiose a succédé à un couple complice; dans celui-ci on regardait ensemble dans la même direction, dans celui-là on appréhende d'un seul et même coup d'œil — au moins au début du mariage. Soucieux de mettre le pied de son poulain à l'étrier, François Mitterrand a plus encore qu'avant tendance à lui renvoyer les décisions; autant de perdu pour les collaborateurs de l'Elysée, pour les plus influents d'entre eux qui voient moins qu'auparavant venir des excellences trouver au « château » un point d'appui.

Cette intronisation a donc amoindri l'influence mais sans bouleverser le travail quotidien. S'informer, éclairer le Président, faire connaître ses opinions, participer aux réunions interministérielles, à celles de l'Elysée [3], rencontrer beaucoup de gens, en somme la routine. Mais pas le train-train. L'Elysée, comme le dit joliment un conseiller, est une « usine à mondes » où passent des individus, des univers, des problèmes prodigieu-

3. La plupart sont en petit comité, à deux ou trois conseillers chargés d'un même problème, ou spécialisés. Par exemple le lundi à onze heures Cyrille Schott réunit les chefs de service chargés de la « maison » Elysée après que Jean Glavany l'a informé en même temps que d'autres responsables de l'agenda du Président. La seule réunion importante est celle que tient le secrétaire général adjoint tous les mercredis pendant le conseil des ministres : une vingtaine de personnes se retrouvent pour entendre une explication des dossiers débattus par le conseil, harmoniser le travail et échanger quelques informations.

sement divers. Et passionnants. Suffisamment exaltants pour compenser un rythme de vie étourdissant : de soixante à soixante-dix heures de travail hebdomadaire, des week-ends souvent amputés, presque jamais plus de quinze jours de vacances d'affilée.

Pour certains, l'existence a été métamorphosée. Ingénieur-conseil dans le « civil », Charles Salzmann organisait son temps selon son gré et, sentant l'âge venir, travaillait modérément : nommé à l'Elysée à cinquante-quatre ans en 1981, il se trouve à pied d'œuvre de sept ou huit heures du matin jusqu'à dix-neuf heures le soir ! Ecrivain — il publie sous le pseudonyme d'Erik Orsenna — Erik Arnoult ne trouve qu'une heure, très tôt le matin, pour rédiger un roman qui n'avance qu'à petis pas et deux autres heures, tard le soir, pour dicter des notes destinées à des Mémoires qu'il ne mettra en forme que dans très longtemps.

Pour tous, la consomption menace : usure du corps par la fatigue; usure de l'esprit par la difficulté de se renouveler quand tout va si vite, par la gymnastique intellectuelle d'une réflexion le plus souvent très abstraite. Le temps arrive alors où le conseiller songe à s'en aller, de sa volonté ou de celle du Président qui juge nécessaire une arrivée de matière grise fraîche.

Un départ est souvent l'occasion de redonner un coup de fouet à l'équipe, de resserrer tout en faisant tourner les attributions. Par exemple, au départ de Yannick Moreau, Ségolène Royal reprit les affaires sociales, la santé, les personnes âgées, la famille, l'immigration et garda de son ancien domaine la jeunesse et les sports, le reste échouant chez Michèle Gendreau-Massaloux (la fonction publique), Hélène Waysbord (l'environnement) et Pierre Castagnou (le tourisme). Ce dernier est d'ailleurs un habitué de ce genre d'opérations : chargé en 1981 des relations avec le Parlement, il avait déjà hérité entre-temps du commerce et de l'artisanat au départ d'André Cellard et des professions libérales au retrait de Jacques Ribs.

Pour ceux qui s'en vont, le problème du recyclage est trapu : lorsqu'on est monté si haut, on risque de ne pouvoir que redescendre ; lorsqu'on a de si près approché le soleil, le danger est grand de trouver fade l'avenir. Pourtant, l'Elysée est bonne mère et ses rejetons n'ont pas trop à se plaindre : Pierre Bérégovoy au gouvernement, André Rousselet à la tête d'Havas, Paul Legatte au Conseil constitutionnel, Paul Guimard à la Haute Autorité de l'audiovisuel, Jacques Fournier au Secrétariat général du gouvernement, François Stasse au Conseil d'Etat ou Jean-Michel Gaillard à la Cour des Comptes, autant de jobs d'importance. Encore faut-il, pour réussir sa reconversion, viser juste.

L'un des conseillers de l'Elysée en sait quelque chose. Ne voilà-t-il pas que cet homme avait repéré un poste qui lui convenait fort bien ; il prit donc ses dispositions, postula et obtint l'autorisation de quitter la Présidence ; l'arrêté mettant fin à ses fonctions parut même au *Journal officiel* ; hélas ! le poste convoité se révéla occupé et notre homme ballotté au gré des humeurs des uns et des autres, s'en trouvant fort dépourvu, s'en revint tout penaud au palais où, fils prodigue, il fut repris dans la maison du père, mais comme « officieux ». Pas banal !

LES « DIPLOS » ET LES AFRICAINS

UNE dizaine. Rarement plus, souvent moins. Chaque jour, François Mitterrand lit une dizaine de ces feuilles tapées à la machine qui, depuis près d'un siècle, font rêver les imaginations et semblent contenir les secrets du monde : les télégrammes diplomatiques. Il en arrive pourtant bien davantage quotidiennement à l'Elysée, ou plus exactement à la « cellule » diplomatique, puisque tous les télex des ambassades transmis au Quai d'Orsay, le ministère des Affaires étrangères, sont représentés ici. Quatre livraisons — dans le jargon des diplomates, on les appelle des « collections » — sont effectuées chaque jour : à dix, douze, seize et dix-huit heures, c'est-à-dire une heure environ après que ces textes ont été distribués au Quai d'Orsay; les urgents, bien sûr, sont envoyés aussitôt. Tous arrivent décodés, grâce au service du chiffre du ministère. Tous sont revêtus d'une bande marquée « déchiffrement » (rouge s'ils sont partis de Paris, verte s'ils y sont parvenus), en biais, en haut, sur la droite de la feuille. Certains portent d'autres indications : « D.S.L. Secret », ce qui signifie que la distribution doit être strictement limitée; « message à destinataire unique » et il n'est évidemment pas diffusé; « message pour le secrétaire général seul »; « message pour le Président

seul ». La cellule élyséenne les reçoit systématiquement, sauf bien sûr ceux des deux derniers
types, qui sont d'ailleurs très rares.

Une dizaine donc pour le chef de l'Etat. Mais
deux cents à deux cent cinquante, de trois à quatre pages en moyenne chacun, pour l'Elysée. L'adjoint d'Hubert Védrine, le conseiller diplomatique, procède, pour chaque livraison, à un premier
tri. Hubert Védrine affine encore la sélection
dont il colorie au surligneur les phrases clés. Les
télégrammes qu'il juge importants mais non
essentiels, il les transmet à Jean-Louis Bianco en
signant simplement « H.V. »; ceux qu'il considère
comme fondamentaux sont toujours envoyés à
Jean-Louis Bianco mais Hubert Védrine les signe
alors de son nom entier et ajoute de sa main :
« Lecture du Président ».

Travail minutieux et indispensable de chef de
gare. Non seulement parce que toutes les affaires
du monde transitent sur ces bouts de papier mais
aussi parce que le chef de l'Etat est captivé par
les relations internationales. La passion de l'Elysée n'est d'ailleurs pas nouvelle : après tout,
Thiers, devenu président de la République en
1871 et qui ne voulait pas être « un porc à
l'engrais », ne dirigea-t-il pas de fait ce secteur-là
en dépit de l'impatience des hommes statutaire-
ment en charge? La « chose étrangère » cha-
touilla la quasi-totalité des présidents jusqu'à ce
que la pratique de la constitution de la Ve République officialise la prédominance. Le général de
Gaulle en fit son domaine réservé et ses successeurs, tout en étendant ledit domaine, ne laissè-
rent jamais tomber en déshérence ce champ-là.
Aujourd'hui comme hier, la politique étrangère se
définit à l'Elysée; le ministre, choisi avec soin
et bénéficiant d'une stabilité supérieure à la
moyenne, est un des interlocuteurs privilégiés du

chef de l'Etat. François Mitterrand est tout aussi présent que ses prédécesseurs et ses discours, ses voyages, ses interventions en conseil des ministres témoignent de ce goût-là. Dès lors, que ses collaborateurs diplomatiques occupent une place à part et privilégiée à l'Elysée n'a rien de surprenant.

La structure pourtant est légère : un conseiller chargé de la diplomatie et un adjoint; un autre, une femme, Elisabeth Guigou, pour les relations économiques et un troisième s'occupant des questions européennes. Par rapport aux autres membres de l'Elysée, leur rôle est à la fois différent et identique. Différent car, animant un secteur où la primauté du Président est clairement affirmée et jamais contestée, ils peuvent, plus que d'autres encore, marquer la volonté du palais et incarner, aux yeux des administrations, les choix et les décisions présidentiels. Identique car ils doivent porter à la connaissance du chef de l'Etat l'information la plus authentique, la plus fraîche, la plus intéressante possible. Des télégrammes, des notes du Quai (trois en moyenne par jour en période calme), des dépêches de l'A.F.P., des rapports des services de renseignement, des documents de tout ordre, ils tentent d'extraire les pépites qui peuvent servir au chef de l'Etat. Que le Président voyage et quasiment toute la préparation politique du déplacement leur incombe. Que le ministre ait besoin d'instructions et ils les fournissent. Cette obligation d'être toujours mieux et plus informés, cette nécessité de savoir les conduisent à rencontrer spécialistes, hommes d'affaires, journalistes, bref, tous ceux qui pourront les nourrir. Puisque leur tâche est de ne transmettre à François Mitterrand que des données supposées non connues, ayant une « valeur ajoutée », il leur faut avant tout être « pointus » et dénicher le « plus » vérifié, recoupé, qui en apprendra davantage au Président que ce qu'il a pu savoir par ailleurs.

Ils sont une puissance. Supérieure au ministre des Relations extérieures ? Leur fonction en fait est différente puisqu'ils agissent dans l'ombre, inconnus, et que le ministre, lui, est sous le regard du public dans un domaine où le visible compte. Mais ceux qui savent ne s'y trompent pas : Hubert Védrine n'a jamais moins de dix rendez-vous par jour et les ambassadeurs, de passage à Paris, n'ont garde d'oublier son bureau sur le chemin du Quai d'Orsay. Parfois, d'ailleurs, ils auront à y plancher : tous les quinze jours, le jeudi matin, un petit déjeuner réunit les « diplos », les conseillers qui s'occupent de l'Afrique, Jean-Louis Bianco et Jacques Attali. Là, au cours de cette séance de « brainstorming », des dossiers sont présentés, des informations échangées et, souvent, un invité extérieur est convié à fournir ses observations. Le vendredi, nouvelle rencontre chez Jean-Louis Bianco — Jacques Attali, Hubert Védrine, le directeur de cabinet du ministre des Relations extérieures et le secrétaire général du Quai d'Orsay y assistent — où il s'agit cette fois d'organiser l'agenda du Président et de traiter les questions plus conjoncturelles.

L'homme clef de ce secteur est donc Hubert Védrine : ce long jeune homme — il est né en 1947 — est un de ceux qui rencontrent souvent le Président. Est-ce parce qu'il est le fils d'un homme très ami de François Mitterrand (mais ce serait lui faire injure et surtout ce serait faux de croire qu'il ne doit sa charge qu'à cette qualité-là) ? est-ce parce qu'il a vécu dans l'univers mitterrandien au point d'en connaître les moindres recoins ? est-ce parce qu'il a suivi un de ces itinéraires (une vocation rentrée, le journalisme ; une passion pour un écrivain, Camus; une grande école, l'E.N.A.; la politique, un peu tardivement) que là-bas, là-haut, on aime bien? est-ce parce qu'il garde l'ambition que tout est possible, y compris l'ambition? est-ce pour toutes ces raisons qu'il a les caractéristiques, les meilleures, du mitterrandien : l'intelligence et la compétence, mais ce ne serait rien ou presque; la finesse, la passion et le détachement mêlés, le goût de l'autre et l'amour de l'observation des choses et des gens, voilà qui est mieux? S'y ajoutent — et cela vaut d'être noté car, en politique, c'est rare — l'ironie et l'humour. Lecteur qui aimez les destins, suivez celui-là : il existera. Que de compliments! C'est que l'homme les mérite : il n'est pas banal.

Pas banal non plus, mais dans un autre genre, Guy Penne. Lui est un proche, un ami, presque un intime du chef de l'Etat. Et une surprise : rien ou pas grand-chose ne le destinait à s'occuper de l'Afrique. Avant d'être nommé, s'il s'y rendait, c'était pour des missions universitaires, sans plus. Voilà pourtant qu'en 1981, cet ancien doyen de la faculté de chirurgie dentaire, qui a, dit-on, convaincu François Mitterrand de se faire limer les dents avant la campagne présidentielle, est devenu le « Monsieur Afrique » du Président. Parce que le chef de l'Etat avait confiance en lui, le considérait loyal, honnête et doué du sens des contacts. Parce qu'aussi les relations avec les Etats africains sont trop chargées d'histoire, d'émotion et de difficultés pour qu'on n'y mette pas un homme sûr. D'autant que les Africains étaient loin d'avoir misé sur la victoire de François Mitterrand. Depuis, Guy Penne, l'œil bleu porcelaine, les cheveux blancs — en 1986, il a soixante et un an —, la voix grave un peu populaire, parcourt l'Afrique quinze jours par mois.

Lui, pas de doute, supplée le ministre et impulse totalement la politique africaine. Ne serait-ce que pour une seule raison : lorsqu'ils l'accueillent, les Africains voient en lui davantage que l'homme du Président, le Président lui-même. À Paris, il reçoit beaucoup, déjeune et dîne en ville, et installé rue de l'Elysée et non à l'Elysée même (il a choisi cette solution), il ne se préoccupe guère des intrigues du palais : s'il ne se mêle pas des affaires des autres, il n'entend pas qu'on s'occupe des siennes. D'ailleurs, même si ses notes transitent par le secrétaire général, il préfère rendre compte directement au Président, qu'il voit régulièrement, et un téléphone direct le relie aussi à l'Elysée de Sainte-Cécile-les-Vignes dans le Vaucluse — dont il est maire. Comme Hubert Védrine, il lit beaucoup : les télégrammes du Quai concernant l'Afrique, les dépêches d'agence, celles du secrétariat général de la Défense nationale, les synthèses quotidiennes des services de renseignement (D.G.S.E. et D.S.T.), les rapports des Renseignements généraux sur les personnalités africaines. En relation avec plusieurs ministères (Relations extérieures, Coopération, Défense et Finances), il suit les missions que mènent sur son « territoire » François de Grossouvre ou Roland Dumas.

Cellule diplo ou cabinet africain, Hubert Védrine ou Guy Penne (son adjoint est le fils du Président, Jean-Christophe Mitterrand), ces hommes incarnent, plus encore que d'autres, la pensée du Président. L'international étant la prérogative exclusive du chef de l'Etat, ils sont en prise directe. Ce n'est d'ailleurs pas le seul secteur où traditionnellement le poids du président de la République se fait sentir. Il en existe un autre : la Défense.

JUPITER ET LA DÉFENSE

Sur le mur décrépi du sous-sol, quatre lettres majuscules en peinture noire forment le mot ABRI. Elles datent peut-être du jour où le président de la République Albert Lebrun décida d'aménager ces caves de l'Elysée afin de se protéger contre des attaques aériennes. Quelques marches et une première porte blindée, étanche, avec en son centre un de ces volants comme on en voit sur les chambres fortes et qui commande l'ouverture. Un sas et une seconde porte identique à la première. Derrière, un couloir violemment éclairé : son aspect fonctionnel et moderne le fait apparaître presque luxueux par rapport à la vétusté et à la tristesse des sous-sols.

De là peut partir le feu de l'Apocalypse. De là, de cet endroit surnommé « Jupiter », le Dieu des Dieux, le dieu de la Foudre, devenu en l'espèce celui de la Vengeance et de la Riposte, François Mitterrand peut déclencher la force nucléaire. Depuis qu'un décret du 14 janvier 1964 précise que seul le président de la République a compétence pour décider s'il y a lieu d'engager l'arme suprême.

Sur le couloir long d'une vingtaine de mètres et large de trois environ, aux murs couleur corail et agrémentés de photos militaires, donnent une

202

douzaine de portes, toujours fermées, succession de bureaux et de pièces plus ou moins secrètes. L'une d'elles, petite, qui ressemble à n'importe quel bureau dans n'importe quelle administration, moquette beige au sol et liège aux murs comme toutes les autres salles, sert à des « briefings » et à des exposés nucléaires. Une autre, plus vaste et dont un pan est couvert de glaces, peut contenir une douzaine de personnes; un des fauteuils est plus imposant que les autres : celui du Président. Cette pièce, on l'appelle volontiers « la salle des cartes » car d'immenses cartes de toutes les régions du monde peuvent y être exposées et faciliter ainsi les discussions. Quasiment en face et rigoureusement closes, les portes du bureau du Président. C'est peut-être le lieu le plus secret de ce bunker secret : seul François Mitterrand et son chef d'état-major particulier ont le droit d'y pénétrer. Là aboutissent les télétypes directs — non, ils ne sont pas rouges — avec Moscou, Washington et Bonn. Là arrivent les moyens de transmission les plus discrets et leur simple description, au dire des agents de sécurité, pourrait fournir d'utiles indications aux terroristes et aux services de renseignement étrangers. Là enfin le chef de l'Etat peut dormir et subsister plusieurs jours durant s'il était nécessaire. Mais il n'y a pas de vivres en permanence.

Au bout du couloir, dont le plafond est recouvert de fines lamelles métalliques, une dernière porte : par celle-là arrive François Mitterrand, venant directement du palais par un souterrain qu'il a seul le droit d'emprunter. Et presque en son milieu, à gauche du couloir lorsqu'on y pénètre par l'entrée « commune », le Saint des Saints, Jupiter proprement dit que les techniciens appellent, eux, plus familièrement « le Studio », d'où le

Président peut donner ses ordres aux forces nucléaires françaises.

Qu'on n'imagine pas une immense salle style N.A.S.A. où des dizaines de spécialistes s'affaireraient au milieu d'appareils sophistiqués et d'écrans géants. Aucun chronométrage n'égrène le silence, aucun haut-parleur ne lance d'indications, aucun ordinateur ne crache chiffres et statistiques. Qu'on n'imagine pas non plus un gros bouton sur lequel le Président devrait appuyer pour lancer le feu nucléaire.

Au contraire une douzaine de personnes auraient du mal à s'y tenir et rien, ici, n'est plus banal. Derrière la table du Président, une banquette à trois places. A sa droite une desserte avec trois téléphones. Sur le bureau, une table sans style particulier, un sous-main, quelques crayons, un micro et un téléphone. Il est bleu clair et permet une liaison directe avec le P.C. des forces aériennes stratégiques de Taverny.

Face au chef de l'Etat, à moins de deux mètres, un gros meuble comprend une caméra et trois téléviseurs. L'un d'entre eux est un simple écran de contrôle sur lequel François Mitterrand peut se voir. Les deux autres établissent une liaison (en couleur depuis la fin 1982), l'un avec Taverny, lui aussi enterré, l'autre avec le Centre opérationnel direct situé dans les sous-sols du ministère de la Défense, rue Saint-Dominique à Paris; un voyant vert et rouge est également visible : vert signifie que la liaison est parfaitement sûre, rouge qu'une tentative de sabotage s'est produite contre les câbles. Le système peut toujours être utilisé mais, évidemment, de façon... « discrète ». A côté de cet ensemble un autre système permet d'envoyer des messages par télé-imprimeur. Six spots enfin éclairent cette pièce dépouillée où se trouve encore un détecteur de feu sensible à la chaleur d'une cigarette. C'est tout. Mais ce tout est impressionnant puisque d'ici partirait, via Taverny (le Président n'a qu'un interlocuteur, ce centre installé dans la banlieue nord de Paris), l'ordre qui ferait décoller les Mirages porteurs de la bombe, lancer des fusées nucléaires du plateau d'Albion et agir les sous-marins équipés de missiles.

Taverny (qui peut être relayé, en cas d'incident, par une installation similaire située, en sous-sol également, dans la région de Lyon) et la rue Saint-Dominique sont les deux seules liaisons à bénéficier de l'ensemble des moyens de communication. En revanche, depuis Jupiter, une liaison directe est prévue avec le premier ministre à l'hôtel Matignon mais elle ne comporte pas la télévision.

En fait, depuis que l'hypothèse d'une attaque nucléaire surprise est considérée comme n'étant plus que du domaine de la science-fiction et que, grâce à la capacité de riposte en second, une attaque ne met plus un agresseur à l'abri de la destruction, le problème principal tient au souci d'identification des interlocuteurs : en ce sens la télévision offre une sécurité évidente mais chaque système possède ses propres moyens d'identification. De même, la première des règles en matière nucléaire veut que les transmissions, notamment entre le Président et Taverny, ne soient jamais interrompues. D'où une multiplicité de systèmes (ce que les militaires appellent la « redondance ») afin que le fil ne soit pas coupé : télévision, téléphone, télex, télé-imprimeur, circuit réservé, fil direct... Ces systèmes, qui sont au moins six, sont évidemment sophistiqués mais pas systématiquement codés. Les codes, régulièrement changés, sont abandonnés dès qu'ils ont été utilisés. Si besoin est, les ordres peuvent même être passés sans brouillage, par simple téléphone ordinaire : l'auditeur qui surprendrait la conversation pourrait croire qu'il s'agit de propos anodins — ils sont évidemment en code. Dès lors, même si Jupiter, créé en 1977, amélioré et testé régulièrement, est un endroit privilégié, il n'est pas un intermédiaire obligatoire, simplement un lieu de travail en période de crise : qu'il n'y ait pas d'activité et personne ne s'y trouve.

A l'été 1984, François Mitterrand y était venu une huitaine de fois depuis son élection. Pour tenir des réunions ponctuelles avec le premier ministre et le ministre de la Défense, pour se familiariser avec la technique et pour procéder à des exercices, ce que les militaires nomment la « gesticulation », c'est-à-dire non le processus d'engagement proprement dit mais les mesures préparatoires. Ainsi, seul le Président peut décider de diminuer les délais d'exécution, de réaction, de mise en alerte des forces nucléaires ou de donner les ordres de mouvement. Tout changement, toute modification ne peuvent être effectués que sur son initiative — dès le début du septennat par exemple, François Mitterrand a souhaité qu'il y ait en permanence un minimum de trois sous-marins nucléaires en mer. Les changements sont d'ailleurs exceptionnels : c'est qu'on raisonne en termes de « suffisance » et qu'il s'agit d'infliger à l'agresseur des dégâts du même ordre de grandeur, ni plus, ni moins, que ceux qu'il pourrait causer à la France.

L'ordre du feu nucléaire doit donc pouvoir être donné de n'importe où, en n'importe quelle circonstance, et par n'importe quel moyen. C'est pourquoi jamais le Président n'a à sa disposition une façon unique de communiquer. Il est aussi toujours suivi de deux techniciens — ils sont huit au total — spécialistes des transmissions et, dans les convois officiels, une voiture est obligatoire-ment chargée de cette mission. Ses aides de camp ont pour tâche de veiller à cet objectif et, dans les déplacements privés, les agents responsables de la sécurité présidentielle doivent également s'assurer des transmissions.

Si le chef de l'Etat est physiquement empêché, la Constitution a prévu que le président du Sénat prenne en charge la majorité de ses pouvoirs — depuis les débuts de la Ve République, Alain Poher, à deux reprises, a dû faire face à cette obligation. Le deuxième personnage de l'Etat reçoit alors les codes nécessaires au déclenche-ment nucléaire dans des enveloppes scellées (on les appelle « enveloppes dormantes ») ainsi que la description de la « chaîne de délégation ». Si le Président est physiquement empêché, tant que cette vacance n'a pas été constitutionnellement constatée, quelques personnes (leur nombre — elles sont moins d'une douzaine, premier ministre en tête — et leur identité ne sont pas divulgués) peuvent se substituer à lui : leur rôle — mais chacun n'est pas forcément au courant de celui du voisin — a été codifié par un texte signé du Président qui, seul, connaît les différents maillons de la chaîne. Il y a là sans doute une entorse à la démocratie : est-il normal, est-il moral que les citoyens ne soient pas informés de l'identité de ceux qui peuvent mettre en œuvre la foudre ato-mique ? Evidemment non, mais les responsables se justifient en insistant sur la notion essentielle de secret. Il faut également éviter que les élé-ments de la chaîne soient personnellement vulné-rables, même si aucun d'entre eux ne peut agir de son propre chef. Et rappeler que tous ne peuvent rien tant qu'il n'y a pas empêchement.

C'est aussi que sous la Ve République la pri-mauté de fait appartient au chef de l'Etat et que la riposte, pour être efficace, doit être immédiate. Ce, même si la Constitution, par son article 35, assure paradoxalement : « La déclaration de guerre est autorisée par le Parlement. » Mais elle indique aussi sans ambiguïté (cette fois par l'article 15) que le président de la République est le chef des Armées [1]. Et si, dans l'esprit du général de Gaulle, il était un domaine réservé, c'était bien celui des questions de défense. Dès lors la vieille appellation de la IVe République « la maison militaire du président de la République », dirigée par le secrétaire général militaire de l'Elysée, est tombée en désuétude sous la Ve, pour faire place à « l'état-major particulier du président de la République ».

De mai 1981 à juillet 1985, son chef en a été un général né en 1930, fils d'un fonctionnaire du Trésor, le général d'armée de l'Air Jean Saulnier dont le rôle dans l'affaire du Rainbow Warrior a fait l'objet de polémiques. L'air ? Aujourd'hui encore, le dessin de sa cravate préférée est composé, silhouetté, de petits avions à hélice ! Dès que François Mitterrand est élu président, les choses vont vite pour le général. On sait qu'il est un passionné de l'atome et que, dès que de Gaulle a lancé l'idée d'une force de frappe française et indépendante, il s'est enthousiasmé alors que l'armée française, on était dans les années 60, restait sceptique et avait d'autres soucis en tête. On sait qu'il a de la suite dans les idées (n'a-t-il pas refusé de passer l'oral de centrale pour tenter l'Ecole de l'Air ?) et du caractère (n'a-t-il pas décliné l'invitation de Valéry Giscard d'Estaing de venir renforcer son état-major particulier ?). On

1. La Constitution, il est vrai, n'est pas à une contradiction près puisque, par l'article 21, elle confère au premier ministre la responsabilité de la Défense !

sait enfin que sa carrière a été extraordinairement rapide et qu'il n'ignore rien du nucléaire : n'a-t-il pas été en 1970 le patron des forces aériennes stratégiques de Taverny ?

Un homme en tout cas l'apprécie depuis longtemps : le général Jacques Mitterrand, le frère de François. Le frère en parle au frère et trois jours à peine après l'élection, Jacques Mitterrand d'abord, Pierre Bérégovoy ensuite le contactent. François Mitterrand et Jean Saulnier se verront — ce sera leur première rencontre — pendant une heure rue de Bièvre : le Président expliquera ses idées sur la stratégie de la France. Pour le général, calme, pondéré, pour qui, à la différence d'autres hommes de l'Elysée, les critères relationnels, voire sentimentaux, n'ont pas à entrer en ligne de compte, la cause est entendue : il servira ce président-là. Il ne fera toutefois pas partie des officiers avec lesquels François Mitterrand s'entretiendra avant sa prise de fonction pour parfaire ses connaissances en matière militaire. Mais le Président, le jour de son installation — le matin il a reçu de Valéry Giscard d'Estaing les codes nucléaires —, le convoquera très vite et, très vite aussi, se rendra en sa compagnie à Taverny.

Depuis, François Mitterrand n'a cessé de rendre hommage à son général. Celui-ci était devenu un homme clef de l'Elysée, un de ces hommes que le public ne connaît pas, la classe politique guère, mais qui fut un des plus proches collaborateurs du chef de l'Etat : il était un des rares à le rencontrer en tête-à-tête ; ses notes ne passaient pas forcément par le secrétaire général ; il avait communication de la correspondance — abondante — que le ministre de la Défense d'alors, Charles Hernu, envoyait au Président ; sur toutes les questions militaires, enfin, il était amené à donner son avis.

Traditionnellement, le chef d'état-major particulier est chargé d'assurer l'information militaire du Président et, à ce titre, d'être en liaison avec les différents organismes s'occupant de la défense de la France. La fonction, selon le désir présidentiel, peut être interprétée de façon restrictive ou exhaustive : c'est bien dans ce dernier sens qu'elle a été confiée au général Saulnier qui agit alors moins comme chef de l'état-major particulier que comme conseiller. Ainsi du renseignement.

Au début du septennat certains collaborateurs du Président, comme Charles Hernu ou Jacques Attali, ont souhaité la mise en place d'une sorte de conseil de sécurité comme il en existe aux Etats-Unis — les informations, émanant de tous les services attachés à la sécurité de la France, auraient été traitées par cette instance — ; ses réunions devaient être systématiques et périodiques. Au bout de quelques mois l'idée a toutefois été formellement repoussée par François Mitterrand.

Le général Saulnier avait donc également pour tâche de coordonner les informations venues des services de renseignement. Travail difficile, on en conviendra : les rivalités entre ces services, de tout temps peu « partageux » les uns par rapport aux autres, sont féroces; les frontières sont fragiles, comme celles entre la D.S.T. qui a en charge la sécurité de la France sur le plan intérieur, la D.G.S.E., censée ne s'occuper que des menées extérieures et les Renseignements généraux, d'essence plus politique; les attributions des uns et des autres restent floues et François Mitterrand, fidèle à une de ses plus anciennes méthodes de travail, n'a pas été sans démultiplier les responsabilités : un de ses amis, François de Grossouvre, entretient des relations avec le contre-espionnage; un autre, Guy Penne, s'occupe de l'Afrique. L'un et l'autre obtenaient des informations qui, pour le moins, méritaient concertation avec le général Saulnier. Elle a, semble-t-il, eu lieu et dans de bonnes conditions. Diplomate, habile et compétent, le général s'en sortait bien. De même, au début du septennat, il s'est beaucoup occupé des questions de terrorisme et a participé aux travaux de la cellule antiterrorisme, supervisée par Gilles Ménage.

Bref, les cordes s'accumulent à son arc. Il faut pourtant en ajouter deux autres. Les exportations d'armes d'abord. De temps en temps le Conseil d'exportation de matériels de guerre se réunit à l'hôtel Matignon. Il est présidé par le premier ministre et est composé du ministre des Relations extérieures, de celui de la Défense, de celui de l'Economie et des Finances. Le général Saulnier y assistait. Il s'agissait de décider si tel ou tel armement peut être vendu au pays qui l'a demandé. Souvent Jean Saulnier assurait : « Je crois que ce dossier devrait monter à l'Elysée. » Cet « avis » était toujours suivi et le général était celui qui proposait en dernier ressort les choix au Président. Les transferts de technologie ensuite. On sait que l'U.R.S.S. est très demandeuse de technologie occidentale, surtout dans le domaine électronique et informatique. L'Occident, lui, redoute que cette technologie ne serve à accroître le potentiel militaire de Moscou et à développer à bon compte des armements. D'autant que la frontière entre le civil et le militaire n'est pas toujours facile à déterminer : l'outillage en matière de métallurgie est, par exemple, particulièrement délicat dans la mesure où les applications pour ce qui est de la défense ne paraissent pas toujours évidentes : mais elles existent. Aussi l'Occident a-t-il créé une structure consultative, le COCOM, afin d'examiner les marchés qui pourraient donner lieu à des transferts de technologie. Les Etats-Unis ont souhaité que le général Saulnier participe à cette instance mais François Mitterrand ne l'a pas voulu. Là encore, Jean Saulnier se « contentait » d'émettre des avis lorsque les ministères intéressés se réunissaient sous l'autorité du premier ministre.

Tel est l'homme qui avait sous sa tutelle le commandement militaire du palais et qui dirigeait l'état-major particulier. Celui-ci ne siège pas à l'Elysée mais au 14, rue de l'Elysée, quasiment en face des appartements privés du Président. Trois officiers (Air, Mer, Terre), un autre à compétence administrative et deux aides de camp seulement le constituent. Saulnier les a choisis lui-même et n'a soumis son choix qu'au Président.

Enfin, et ce n'est pas la moindre de ses tâches, le chef de l'état major particulier participe aux conseils de défense. Ayant pour objet « d'arrêter les décisions en matière de direction générale de la défense » et fixés par une ordonnance du général de Gaulle prise en 1959, ces conseils sont une des institutions les plus secrètes de la République. Ils se tiennent toujours à l'Elysée mais « à la demande », sans périodicité, et ne sont jamais annoncés. Mieux, ils ne donnent quasiment jamais lieu à un communiqué et les rares fois où cela s'est produit (ainsi sur la politique nucléaire), on ne peut dire que les quelques lignes fournies à la presse furent très explicites.

Quinze hommes sont membres de cette instance[2]. Parfois des experts, comme le responsa-

____

2. Le président de la République bien sûr; le premier ministre; les ministres de la Défense, de l'Economie et des Finances, des Relations extérieures, de l'Intérieur; le chef de l'état-major particulier; le chef d'état-major des armées; le chef d'état-major de chacune des armées (Air, Mer, Terre); le délégué à l'Armement; le secrétaire général de la Défense nationale; le secrétaire général de l'Elysée et Jacques Attali.

ble à l'énergie atomique, sont invités. La participation d'étrangers est évidemment inconcevable.

Ces conseils se tiennent généralement dans le salon Murat. Leur ordre du jour est très précis et ils ont été minutieusement préparés : chaque participant, avant la réunion, a reçu un dossier (marqué du sceau « Secret Conseil défense ») établi par le secrétaire général de la Défense nationale, dossier qui se contente d'exposer le problème. Depuis 1981, une dizaine environ de ces réunions ont eu lieu. Elles ont porté sur les sujets les plus divers comme les moyens nucléaires, la défense civile, le service national, la loi de programmation militaire, l'armement chimique, les rapports avec les alliés et les armes de l'espace. Elles commencent toujours par un rapport introductif du ministre de la Défense. Ensuite la discussion s'engage : formelle (chacun s'appelle par son titre), elle est cependant très libre et chaque participant y prend généralement la parole.

Chaque conseil dure environ une heure et demie et ne dépasse guère les deux heures. Il est clos par le chef de l'Etat qui tire les conclusions et en fonction de ce qu'il dit, un relevé de décisions correspondant est établi. Pendant la réunion, le secrétaire général de la Défense nationale a pris des notes; il mettra ensuite en forme les deux comptes rendus qui seront distribués peu après aux participants et à eux seuls : un mot à mot, le « verbatim », et un relevé de décisions. Lui-même et le chef de l'état major particulier proposeront enfin des « décisions écrites » au Président.

Cette instance, dont l'objectif est de permettre au Président de définir les grandes orientations de la défense, n'évoque que rarement les événements ponctuels qui secouent le monde. Voilà évidemment qui ne signifie pas que ceux-ci ne soient pas examinés par l'Elysée. Qu'une crise éclate et le Président va réunir une petite équipe de spécialistes. Cette fois, aucun texte ne codifie ces « conseils de crise » qui peuvent être mis sur pied en moins de deux heures et se tenir à n'importe quel moment : certains se sont déroulés en soirée, d'autres le dimanche. Une quinzaine au total depuis mai 1981 et jusqu'à la fin 84. Le ministre des Relations extérieures et celui de la Défense y ont participé ainsi que le général Saulnier, Jean-Louis Bianco, Jacques Attali, le général Lacaze, chef d'état-major des Armées, et les chefs d'état-major des trois armes. Dans certains cas Guy Penne ou Hubert Védrine seront là. Alors, dans le bureau du Président, face à des chevalets sur lesquels sont disposées les cartes des régions concernées, une dizaine d'hommes, convoqués d'urgence, autour du chef de l'Etat, tentent d'imaginer une solution.

Conseil de crise... François Mitterrand pourtant n'aime pas l'expression. Lui, qui de tout temps a détesté se lier par quelque structure que ce soit et aime garder le contrôle de la méthode, récuse le formalisme qui pourrait naître pour peu que de telles réunions soient institutionnalisées. Qu'une équipe légère, fidèle, presque amicale, se réunisse pour faire face, voilà qui lui convient. Qu'il se sente enfermé dans un processus devenu formel, voilà ce qu'il exècre.

LE CONSEIL DES MINISTRES

L'IMAGE est bien connue des téléspectateurs : chaque mercredi, vers treize heures, les ministres descendent les sept marches du perron de l'Elysée et s'égrènent. Les voitures s'éclipsent par la rue de l'Elysée. Le conseil des ministres de la République française est fini; le rite le plus célèbre et l'un des moins connus de la vie quotidienne à l'Elysée vient de s'achever.

En réalité, tout a commencé cinq jours auparavant. Nous sommes en 1984. Un vendredi. Ce jour-là, en fin de matinée, le secrétaire général du gouvernement, Jacques Fournier, téléphone à Christian Sautter, le secrétaire général adjoint de la Présidence. Selon l'état d'avancement des décisions à l'échelon gouvernemental, il propose à l'Elysée un premier projet d'ordre du jour du conseil des ministres élaboré à l'hôtel Matignon. Christian Sautter a grandement le temps d'étudier avec Jean-Louis Bianco ces propositions puisque l'étape suivante ne vient qu'après le week-end.

Le lundi, vers dix-huit heures, Jacques Fournier retrouve Sautter dans le bureau de celui-ci, au second étage de l'Elysée. Michel Charasse est présent; il reçoit de Jacques Fournier un dossier jaune marqué des mots « conseil des ministres » et, en haut à droite, du nom du destinataire.

Christian Sautter, lui aussi, a le sien, mais il est bleu comme ceux qui reviendront à Jean-Louis Bianco, Jacques Attali et Jean-Claude Colliard. Cette distinction ne change rien au contenu, rigoureusement identique pour tous.

A l'intérieur, trois chemises séparent les parties traditionnelles du conseil : « A » pour les textes de lois ou de décrets qui doivent être définitivement adoptés au terme de tout le processus d'arbitrage; « B » pour les mesures individuelles, nominations ou promotions; « C » pour les communications, les premières discussions sur les textes et les comptes rendus régulièrement présentés par les ministres. Pour chacune de ces parties, une sous-chemise renferme le sujet dont Jacques Fournier propose qu'il figure à l'ordre du jour du conseil. Un par un, chaque texte de loi, chaque curriculum vitae des futurs nommés, chaque texte de communication, est passé au peigne fin par les trois hommes. Un regard sur la liste des absents : il faut de solides raisons et bien souvent l'accord personnel du chef de l'Etat pour être excusé; un jour Michel Rocard a même été obligé de changer les dates d'un voyage qui lui aurait fait manquer un Conseil et qui n'apparaissait pas vital à l'Elysée.

Les trois hommes gagnent ensuite, un étage plus bas, le bureau du secrétaire général, Jean-Louis Bianco. Ils sont six maintenant à se retrouver dans cette pièce où se tenait le conseil des ministres du temps du général de Gaulle : Jacques Attali et Jean-Claude Colliard se joignent à Bianco, Sautter, Fournier et Charasse. Chacun avance son fauteuil autour de la table ronde proche de la fenêtre ouverte sur le parc et l'examen de la copie de Jacques Fournier reprend. De temps en temps, Jean-Louis Bianco, qui joue — de manière insensible et feutrée mais réelle — les présidents de séance, consulte par téléphone l'un des conseillers de l'Elysée sur un point précis. Cette fois l'influence du Président est palpable grâce à Jean-Louis Bianco, Jacques Attali et Jean-Claude Colliard, trois des rares privilégiés qui s'entretiennent régulièrement avec lui. L'un confirme l'accord présidentiel pour telle nomination. L'autre souligne l'intérêt personnel que le chef de l'Etat apporte à telle mesure. Un troisième pronostique que le Président recalera tel sujet inscrit dans le projet d'ordre du jour. A cette réunion du lundi la voix du maître n'est qu'indirecte et, aussi proche qu'en soit le héraut, la contestation est non seulement permise mais conseillée. Ce jour-là, par exemple, l'un des trois oracles prédit que le Président s'opposera à l'examen le mercredi d'une communication. Jacques Fournier défend sa proposition, argumente, détaille, « vend » son sujet. Les positions restent divergentes : le Président tranchera.

Le lundi à dix-neuf heures en effet, aussitôt après la réunion chez Jean-Louis Bianco, Jacques Fournier gagne le bureau du chef de l'Etat pour leur rendez-vous hebdomadaire quasi immuable. « Quasi » seulement car il arrive que François Mitterrand, en voyage ou en week-end à Latché, ne soit pas à l'Elysée en temps et heure. S'il doit revenir à Paris le lendemain, ce n'est que partie remise : il recevra Fournier le mardi. S'il regagne la capitale trop tard, il obtiendra par télécopieur le projet d'ordre du jour, l'annotera, biffera ici, ajoutera là. Comme il aurait commenté, écarté ou imposé lors de son traditionnel entretien avec Jacques Fournier. Derrière son bureau ou devant son télécopieur, il ne laisse à personne le soin de fixer l'ordre du jour du conseil des ministres, prérogative pleine et entière du chef de l'Etat.

Muni du *nihil obstat* présidentiel — *l'imprima-*

tur viendra plus tard — Fournier s'en retourne à Matignon pour rédiger sa nouvelle copie : le projet du communiqué qui sera publié par le service de presse de l'Élysée après la grand-messe du mercredi. Le mardi soir, les services du secrétaire général du gouvernement enregistrent le texte sur une machine qui le garde en mémoire et l'impriment sur du papier bleu, couleur réservée à la version Fournier.

Mercredi à huit heures, l'ancien secrétaire général adjoint retrouve de nouveau à l'Élysée son successeur et Michel Charasse. Christian Sautter vérifie le projet de communiqué. Les trois compères reprennent le même chemin que le lundi pour retrouver au même endroit pour le même cérémonial presque les mêmes interlocuteurs. Dans le bureau de Jean-Louis Bianco, sur la table ronde, café, thé, lait, croissants, tasses et soucoupes attendent que les huit hommes se servent. Huit, car aux six présents du lundi se sont joints le porte-parole du gouvernement et celui de la présidence de la République, Michel Vauzelle. L'ambiance ressemble à celle du lundi avec une nuance : la plupart ont la plume à la main pour les nouvelles rédactions. Greffier méticuleux, le secrétaire général du gouvernement note les corrections qui fusent à grande allure : ces gens-là ont l'esprit vif, se connaissent bien et se comprennent à demi-mot.

À neuf heures vingt-cinq, un huissier s'encadre dans la porte de Jacques Attali. L'homme à la chaîne n'a pas besoin de parler : Bianco et Attali savent ce que cela signifie. Ils gagnent donc le bureau voisin pour y accueillir, comme chaque mercredi à la même heure, le premier ministre. Quelques instants plus tard, l'appariteur se présente à nouveau. Il est neuf heures trente précises. Le premier ministre, les secrétaires généraux de l'Elysée et du gouvernement et le conseiller spécial sont attendus dans le salon doré et eux seuls : tous les autres, porte-parole du gouvernement compris, sont privés d'entretien avec le Président. Celui-ci se lève et s'avance pour serrer la main de ses visiteurs.

Aussitôt, il ausculte le projet de communiqué. Sans pitié. Lorsqu'un cabinet privé spécialisé a transformé la mise en page du texte de référence, le chef de l'Etat a fait la fine bouche. Il était en particulier très réservé sur les « chapeaux » résumant pour chaque sujet le texte complet. Puis il s'y est habitué et les collaborateurs de Jacques Fournier ont compris que la partie était gagnée lorsque sont apparues sur ces petites synthèses les corrections à l'encre bleue. Mais le Président reste très vigilant, de crainte d'une abusive simplification. Aussi vigilant que dans la traque de la petite incorrection, du détail absent ou du mot technocratique.

Cette relecture achevée, Fournier, Bianco et Attali s'éclipsent, laissant le Président et le premier ministre en tête-à-tête pour un entretien, traditionnel depuis le général de Gaulle. Selon les questions du moment, la durée de leur conversation varie mais c'est rarement avant dix heures qu'ils descendent au conseil des ministres qui débute officiellement à neuf heures trente. Une fois même — Pierre Mauroy étant chef du gouvernement — il était presque onze heures lorsqu'on commença. Dix heures : en pratique, on retrouve ainsi l'horaire en vigueur sous de Gaulle et Pompidou mais, officiellement, on en reste à celui que Valéry Giscard d'Estaing avait avancé d'une demi-heure.

Alors, tandis que les ministres patientent dans la salle du conseil, le Président et le premier ministre s'enferment seul à seul. Du temps de

Pierre Mauroy, ce face à face servait à accorder une dernière fois les violons afin qu'aucune nuance ne puisse apparaître entre les deux hommes durant le conseil. Avec Laurent Fabius, ce dernier ajustement n'est même plus toujours nécessaire, les failles étant rares. Durant cet entretien, le Président et son second chef du gouvernement parlent donc généralement de tout autre chose que de la réunion qui les attend.

En descendant du bureau du Président, les deux Jacques — Fournier et Attali — et Jean-Louis Bianco trouvent donc un salon Murat déjà tout bruissant où ils seront les seuls témoins non ministres. C'est un peu la « bourse aux nouvelles » où chaque ministre règle ses affaires avec ses collègues : à part cette réunion, les uns et les autres ont en effet peu l'occasion de se rencontrer et de bavarder.

La présence de Jacques Fournier et de Jean-Louis Bianco est de règle : les deux secrétaires généraux ont toujours assisté au conseil. Celle de Jacques Attali est un privilège personnel qui date du moment, après le départ de Pierre Bérégovoy et avant la nomination d'un porte-parole du gouvernement, où le conseiller spécial assurait le compte rendu hebdomadaire. Ce salon Murat n'est certes pas le plus beau du palais. Tout en longueur, les deux portes-fenêtres ne suffisent pas à l'éclairer malgré les grands miroirs qui les regardent sur le mur opposé : cinq lourds lustres de cristal ne sont pas de trop pour que la lumière soit convenable. Une lumière très légèrement vacillante : toute la pièce est éclairée d'ampoules-bougies qui imitent les tremblotements des chandelles de jadis.

Au centre, une grande table ovale à géométrie variable dont les planches sont cachées par de la feutrine. Sur celle-ci une pendulette à double face. La même depuis de Gaulle. Pas de fleurs : en mai 1981 a été supprimé cet usage institué par Valéry Giscard d'Estaing qui fêta ainsi, par cette présence discrète, l'arrivée de Simone Veil au conseil. Un carton indique à chaque ministre la chaise qui lui revient — seuls le Président et le chef du gouvernement ont droit à un fauteuil. Pour tous, du papier blanc et des enveloppes à l'en-tête « Présidence de la République — Conseil des ministres ». Cette dernière précision est destinée, si ces enveloppes servent à porter un pli à l'extérieur de l'Elysée, à bien marquer que le message émane du Conseil et non de la Présidence. Pour certains, un petit mot les informe qu'il leur faudra tout à l'heure aller trouver Jacques Fournier pour signer des textes en instance : le secrétaire général du gouvernement, qui aime les affaires rondement menées, profite d'avoir les ministres sous la main. Chaque mercredi, il apporte ainsi ses parapheurs qui attendent sur sa table la griffe de tous les intéressés. Cette table, qui accueille Fournier, Bianco et Attali, fait presque face au Président dans l'angle côté parc.

Pour l'instant, elle est inoccupée, ses trois utilisateurs participant aux apartés entre ministres, qui patientent toujours. Mais l'attente ne durera plus. Là-haut, au premier étage, le tête-à-tête s'achève. Par le grand escalier, ou plus souvent par le petit ascenseur, le Président et le premier ministre s'avancent vers le conseil.

Pierre Mauroy a raconté cet événement[1] : « Quand le Président et moi-même descendons l'escalier pour rejoindre la salle du conseil, nous ralentissons toujours le pas pour laisser à la

---

1. In Pierre Mauroy : *C'est ici le chemin* (Flammarion).

rumeur qui monte jusqu'à nous le temps de s'apaiser. L'apparition de l'huissier qui nous précède y suffit. Nous entrons alors dans le silence. »

En six mots, l'appariteur signifie en effet le début des choses sérieuses : « Monsieur le président de la République. » C'est tout et cela suffit. Chacun se fige devant son siège. Le Président et le premier ministre saluent les membres du gouvernement. François Mitterrand et Pierre Mauroy, serrant la main de tous les ministres, faisaient le tour de la table en sens inverse. Laurent Fabius, lui, préfère suivre le chef de l'Etat pour cette cérémonie rituelle.

Depuis que Georges Pompidou a installé le conseil dans ce salon, ses successeurs ont gardé la disposition originelle. Assis, le Président a sur sa gauche le parc; sur sa droite les miroirs et une console décorée par Fragonard; derrière lui deux toiles, l'une de Dunouy, « Le Château de Benrath », l'autre de Bidault, « Le Passage du Tibre à Rome »; et, en face, le premier ministre. Un protocole sans aucune fantaisie fixe la place des autres. L'ordre des nominations publiées par le *Journal officiel* arrête une fois pour toutes la hiérarchie au sein du gouvernement : le premier à droite du Président, le second à droite du premier ministre, le troisième à gauche du chef de l'Etat, le quatrième à gauche du chef du gouvernement et ainsi de suite [2]. Rien n'autorisera une dérogation. Ainsi, le 9 mai 1984, Pierre Mauroy étant hospitalisé au Val-de-Grâce, son fauteuil est resté vide au conseil : le mercredi, le Président fait face au premier ministre ou à personne.

Ce cérémonial, dans lequel Michel Rocard

2. Par exemple, lors du premier conseil qui suivit le départ de Pierre Mauroy, François Mitterrand avait à sa droite Gaston Defferre et à sa gauche Robert Badinter, tandis que Pierre Bérégovoy et Claude Cheysson entouraient Laurent Fabius.

décèle « une vertu égalisatrice [3] », se poursuit pendant tout le conseil : personne ne se risque à prendre la parole sans y avoir été invité par le Président et chacun s'appelle par son titre. Yvette Roudy est assurément excessive quand elle affirme : « Le conseil, c'est comme un bureau exécutif ou un secrétariat du parti — en plus solennel [4] », à moins de penser que les débats du P.S. se déroulent dans une atmosphère ouatée et de façon bigrement protocolaire !

Aujourd'hui on n'y retrouve jamais les discussions de la IVe République où le ton était, pour le moins, libre et les échanges souvent savoureux. Ce n'est pas sous la Ve qu'on assisterait à ceux qui se déroulaient par exemple, en 1956, sous le gouvernement Guy Mollet. François Mitterrand est alors garde des Sceaux, Gaston Defferre ministre de la France d'outre-mer et Robert Lacoste ministre résidant en Algérie. Entre ces deux derniers, l'insulte est souvent à l'ordre du jour. Un jour, Lacoste ira même jusqu'à dire, en plein conseil : « Va te faire enculer ». Ce à quoi Defferre répliquera par un sobre : « Je t'emmerde [5]. »

Rien de cette ambiance, désormais, qu'à l'évidence François Mitterrand ne supporterait pas. Il n'est pas sûr pourtant que les conseils ne soient pas sans provoquer chez lui quelque ennui — on ne dira jamais combien la litote est utile ! Surtout, ce qui l'exaspère, ce sont les trop longues communications, fruit peut-être de sa cuisante

---

3. « En s'adressant aux ministres par un protocolaire « monsieur le ministre de... », dit-il, le Président évite ainsi d'avoir à marquer une familiarité plus ou moins grande avec tel ou tel de ses ministres, ce qui pourrait induire une préférence, une amitié antérieure, bref créer un climat de « chouchous » comme à l'école. » In Maurice Séveno : *Les Premiers Jours de Mitterrand* (Stock).

4. *Ibid.*

5. Cité par Franz-Olivier Giesbert : *François Mitterrand ou la tentation de l'histoire* (Seuil).

expérience comme ministre de la France d'outre-mer en 1950 : sous la IVe République, l'ordre du jour suivait une préséance désuète privilégiant les vieilles administrations et les Colonies étaient loin du peloton de tête.

« Les trois ou quatre heures du conseil des ministres, le mercredi matin, permettaient rarement d'atteindre le niveau de l'ordre du jour où étaient placées les affaires de ma compétence, a raconté François Mitterrand [6]. Et, comme la semaine suivante l'ordre du jour repartait du haut, c'est-à-dire des communications présentées par la Justice, les Affaires étrangères, les Finances, l'Intérieur, etc., vers le bas, on voit qu'à l'instar de mes prédécesseurs, j'ai dû, pour diriger la politique africaine, me passer du concours de cette collectivité qu'on appelait par habitude le gouvernement de la France. »

Ulcéré encore, François Mitterrand, par les ministres qui lisent un texte. A plusieurs reprises, il les a mis en garde contre ce travers et Michel Rocard qui, un matin, commença son intervention par cette phrase malheureuse : « Mes services m'ont chargé de dire... » bénéficia d'un sourire ironique et d'un coup d'œil glacial. Catherine Lalumière connut la même mésaventure : alors qu'elle en était au quatrième point de son exposé, elle fut sèchement interrompue : « Quatrièmement! laissa tomber la voix présidentielle. Il y en a encore beaucoup comme ça ? » Rares sont les ministres qui n'ont pas été interrompus au moins une fois dans leur discours. Prévenant, Jean-Louis Bianco, sentant le courroux présidentiel proche, les avertit parfois d'un petit mot : « Essaie de faire moins long. »

Il est vrai qu'il peut y avoir, de part et d'autre,

6. In *Ma part de vérité*. (Fayard.)

malentendus : comment, d'un côté, ne s'ennuie-rait-on pas en écoutant détailler tel ou tel projet de loi — censé, en outre, être connu par tous les participants —, passer en revue les nominations, voire prononcer des communications souvent fort techniques ? Mais de l'autre, comment résiste-rait-on au plaisir de défendre un texte qu'on a préparé pendant de longues heures et qui obtient, par sa présentation en conseil des ministres, une consécration ?

Au reste, beaucoup dépend du talent oratoire : Fabius, Delors, Bérégovoy (tous très clairs et pédagogiques), Mauroy, Badinter, (très concis) et Fiterman (clair mais lent) ont toujours obtenu une qualité de silence particulière.

Parfois l'agacement de François Mitterrand tourne à l'impatience : lui, qui souhaite que les communications des ministres ne dépassent pas dix minutes, s'irrite devant Catherine Lalumière ou Yvette Roudy, causeuses interminables, s'exas-père des précautions de Jean Auroux —« Je ne parlerai qu'une minute », promet-il) qui ne les respecte guère ou du filet de voix d'Henri Emma-nuelli (« Parlez plus fort, monsieur le ministre »). Il est vrai qu'il y a l'inverse : Gaston Defferre, lui, quand il était à l'Intérieur, était si bref que Pierre Mauroy jugeait nécessaire de compléter ses pro-pos.

De temps en temps, le chef de l'Etat admoneste personnellement ses ministres : « Vous parlez trop », dira-t-il au pauvre Alain Bombard qui venait de faire les jours précédents, publique-ment, quelques déclarations malheureuses et à Maurice Faure, qui n'était pas totalement en désaccord avec la loi Peyrefitte « Sécurité et Liberté », il lancera : « Vous n'avez pas fait cam-pagne sur mes " 110 propositions pour la France "; moi oui. » Chaque fois l'impétrant s'arrête, bafouille ou rougit. Seuls Laurent Fabius ou Jacques Delors ne se sont jamais démontés. Et il est arrivé à tous les ministres d'être, un conseil ou l'autre, stoppés dans leur raisonnement par un sourire de François Mitterrand et ces quelques mots : « Ah! bon, c'est aussi évident que ça? »

On ne bavarde pas en conseil (que cela arrive et le chef de l'Etat rappelle à l'ordre), on n'y prend pas de notes (cela a été spécifié) sauf en se cachant, on ne fume pas même si des cendriers — bannis sous Giscard — sont prévus. On ne s'y tutoie pas et, contrairement à ce qui a été dit, on ne s'y est jamais tutoyé. Chacun y a ses petites manies : ainsi Jean Le Garrec, interminablement, dessine des bateaux et rien que des bateaux.

Pourtant, on n'apprend pas en un jour à servir la grand-messe de la République, comme l'a drôlement écrit Michel Jobert [7] : « Au premier gouvernement Mauroy, dans la fantaisie des chevelures, des barbes et des vêtements, le silence était long à venir. L'allégresse était trop grande. Avec courtoisie et une fermeté de plus en plus distante, Mitterrand imposa un semblant de silence, un calme relatif. Puis l'admonestation s'étant faite plus vive, il se pencha vers moi : « Il ne faut tout « de même pas qu'ils se croient encore au comité « directeur du parti socialiste! »

Mais le métier est rentré. Si, de temps en temps, dans le feu de la discussion, une interjection tutoyante jaillit encore (« Ecoute, tu ne comprends pas »), elle est rare. Rares sont également les éclats de rire : Louis Mexandeau en provoqua toutefois un (et général; le Président s'y mêla) lorsque, à l'occasion d'un exposé agricole, il se lança dans une vigoureuse défense et illustration des qualités de la vache frisonne. On y sourit plus

---

7. In *Par trente-six chemins*, 1984. (Albin Michel.)

fréquemment, surtout devant les traits du Président. Celui-ci peut avoir la dent dure. Ainsi, Claude Cheysson, évoquant Cuba, cita, à plusieurs reprises, « Fidel ». Alors Mitterrand, suave : « Je pense, monsieur le ministre des Relations extérieures, que vous vouliez parler de M. Castro. »

Claude Cheysson n'avait d'ailleurs pas la tâche facile : chaque semaine, selon une tradition qui date de la monarchie, il ouvrait la partie C en rendant compte de la situation extérieure. Mais devait-il se contenter du factuel, c'est-à-dire n'en annoncer guère plus que ce qu'une lecture attentive de la presse permet de savoir, ou devait-il tracer une grande fresque et proposer de savantes analyses ? C'est qu'il ne savait jamais si le Président allait traiter ou non du même sujet. Or, François Mitterrand, qui se passionne pour la politique étrangère, établit fréquemment le bilan de ce que Giscard appelait « l'état du monde » ou disserte sur tel ou tel aspect des relations extérieures. Mais il n'en prévenait pas, à l'avance, son ministre.

Pendant tout le conseil, les ministres écrivent de petits billets, se les font passer les uns aux autres — c'est ce qu'on appelle « le petit train » —, évitant toutefois la place présidentielle : André Labarrère et Henri Emmanuelli vont même jusqu'à s'écrire en béarnais ! Le chef de l'Etat ne dédaigne pas cette activité : il en reçoit et en envoie; il écrit souvent; il déchire beaucoup. Il rédige parfois son courrier personnel et ne cesse ainsi, tel un député à la Chambre, de travailler.

Si les discussions sont parfois vives, quelquefois longues, ce qui irrite encore le Président, et même si celui-ci souhaite que les ministres donnent leur opinion personnelle (mais il n'aime guère qu'ils cherchent à « briller »), on ne contre quasiment jamais directement François Mitterrand. Ainsi si Jean-Pierre Chevènement, dans le premier gouvernement auquel il appartint, intervenait beaucoup aux conseils précédant sa démission, et insistait gaillardement, il ne s'opposait toutefois que rarement au chef de l'Etat.

Il est vrai que ce dernier ne serait pas surpris : les ministres préviennent, avant le conseil, Jean-Louis Bianco des problèmes qui peuvent surgir pendant leurs communications ou de leurs divergences. Au temps où ils participaient au gouvernement, les ministres communistes agissaient de même : lorsqu'ils souhaitaient marquer une différence, ce qui était rare, ils prenaient soin d'en avertir au préalable le secrétaire général.

Ainsi, le conseil peut se dérouler sans anicroches selon le rituel qui veut que le président de la République donne la parole au premier ministre pour clore chaque chapitre à moins qu'il veuille lui-même intervenir, ce qu'il fait alors en dernier sans qu'il soit question d'ajouter un mot. Mais jamais il ne provoque formellement un tour de table; parfois il interroge : « Qui veut prendre la parole? »; cette façon d'ouvrir la discussion ne concerne toutefois à l'évidence que ceux qui ont compétence pour s'exprimer et personne ne s'y trompe.

Dans une telle ambiance, lorsqu'un ministre se lève, c'est presque un événement. Pourtant, cela arrive. C'est que les excellences ne sont pas moins hommes et que, si la soif les tenaille, personne n'est là pour les servir : huis clos oblige, aucun huissier ne pénètre dans le salon Murat durant le conseil. Alors, chaque mercredi, quelques-uns d'entre eux se glissent furtivement derrière le premier ministre où se trouve la table des rafraîchissements (sans aucun alcool) : Alain Savary, par exemple, se levait fréquemment pour déguster de grands verres d'eau. Le Président, lui, quand il a soif, est servi par Jacques Attali : une bouteille d'eau lui est réservée.

Lorsqu'un ministre quitte son siège, ce peut être aussi le temps d'un coup de téléphone : le monde ne s'arrête pas de tourner tous les mercredis de neuf heures trente à treize heures et le gouvernement de la France doit en être informé. Champions de ces brèves éclipses, les ministres des Relations extérieures, de l'Intérieur et de la Défense, les trois secteurs où chaque minute compte parfois.

D'ailleurs, un conseil n'est pas un conclave, les portes ne sont pas murées et les scribes de la petite table — Fournier, Bianco, Attali — jouent aussi les messagers en faisant le lien entre le salon Murat et les coulisses.

Ces coulisses sont seulement séparées du conseil par une double porte. Tant pis pour le décorum : on fait ici dans le fonctionnel. Des tables de bureau métalliques, dix sortes d'enveloppes, six modèles de papier blanc ou à en-tête, une photocopieuse démodée, deux machines de traitement de texte ultra-modernes [8], une machine à écrire à boule dont le propriétaire, presque le maître, Michel Charasse, ne laisse à personne le soin d'user : il dactylographie lui-même les messages qu'il fait passer au conseil.

Michel Charasse, c'est un peu le patron de ces coulisses. A lui de répondre à toutes les interrogations qui peuvent se poser au conseil des ministres. Dans les plus brefs délais et en puisant dans un vaste arsenal : sa science, qui est grande; les ouvrages de référence empilés sur son bureau, règlements de l'Assemblée nationale et du Sénat, traités européens, Constitution, etc.; les collaborateurs de l'Elysée, mobilisés dans leurs bureaux;

8. Il s'agit de TT X 35 d'Honeywell Bull, du matériel français, bien sûr !

les directeurs de cabinet des ministres, censés se trouver derrière leur téléphone surtout si leur patron est concerné par l'ordre du jour.

A la disposition des soutiers du conseil, quatre téléphones, tous à touches : le blanc pour le réseau normal des P.T.T., le marron pour le standard de l'Elysée, le bleu pour l'Interministériel, le gris pour le Régis.

Bref, une véritable armée permettant au général Charasse de trouver dans un temps record la définition d'un terme technique, le budget d'un programme, les arcanes d'une procédure ou le curriculum vitae d'un futur promu.

C'est encore Michel Charasse qui se charge de la liaison avec le salon Murat. Pas simple cette communication qui ne fonctionne qu'à sens unique, l'accès à la salle du conseil étant rigoureusement interdit à tous les « non-initiés ».

Pour la sortie, pas de problème : Jean-Louis Bianco vient dans les coulisses formuler les demandes. Pour l'entrée, un guéridon fait office de boîte aux lettres. Lorsque Charasse veut passer un pli, il entrebâille sans bruit la porte du salon Murat, qui s'ouvre vers l'intérieur et masque la table des ministres : rien vu ! Le guéridon est là, tout près, sur lequel il pose le message avant de tirer le montant sans même avoir eu le temps de reconnaître la voix de l'orateur : rien entendu !

A l'intérieur, Bianco — le plus souvent —, Fournier — parfois — ou Attali — rarement —, se lèvent pour prendre le billet qu'ils porteront au destinataire.

Les corrections du communiqué transitent par la même filière. Le bleu de la version Fournier a viré au rose, la couleur réservée au texte amendé par la réunion du matin chez Jean-Louis Bianco.

230

Il passe au blanc, teinte définitive, après les perfectionnements apportés par le conseil.

Les textes mis en mémoire à Matignon le mardi ont été introduits le mercredi dans les machines de l'Elysée et les corrections sont directement saisies sur la console, la machine se chargeant de réimprimer complètement la page modifiée [9].

Le guéridon reçoit cinq exemplaires du nouveau feuillet : un pour le secrétaire général de l'Elysée; un pour le porte-parole du gouvernement; et trois que Jean-Louis Bianco distribue aux ministres de son choix — pas question que tout le monde dispose d'un texte, on n'en finirait plus si chacun y allait de sa petite rédaction !

Chaque mercredi, Michel Charasse entrouvre ainsi de vingt à trente fois la porte sans rien voir ni entendre : un pli toutes les six à neuf minutes pour un conseil de trois heures.

Beaucoup de remue-ménage en somme, puisqu'il faut ajouter les sorties de Jean-Louis Bianco, de Jacques Attali et celles des ministres.

A chaque fois, la préséance et l'urgence l'emportent : si dans les coulisses un conseiller de l'Elysée utilise l'Interministériel et qu'un ministre vient téléphoner, la priorité revient aussitôt à celui qui participe au conseil. Mais rien n'interdit que plusieurs combinés soient utilisés simultanément. D'ailleurs, personne ne parle à voix haute : l'atmosphère n'a rien de sacré, mais l'aura du conseil semble un peu traverser les murs. On s'agite, certes, mais sans fébrilité; on se parle, mais sans brouhaha.

Un bruit de chaises tirées. Le conseil est terminé. Les uns se rendent auprès de Jacques Four-

9. Ce matériel ultra-sophistiqué n'a été installé à l'Elysée qu'à la fin de 1982. Auparavant, on travaillait dans l'artisanat en « blanchissant » les passages et en retapant par-dessus.

nier pour signer les textes qui les attendent. Les autres bavardent quelques instants entre eux ou avec le Président. Quelques privilégiés restent dans la maison. Le gros de la troupe attend les manteaux dans le grand hall.

Derrière les hautes vitres, les ministres aperçoivent l'habituel hérisson de micros et de caméras. Les membres du gouvernement devront affronter la cohue des journalistes, parfois avec irritation, le plus souvent la lippe gourmande. Le porte-parole du gouvernement gagne l'hôtel Marigny pour le compte rendu hebdomadaire. Les jardiniers s'apprêtent à remettre en ordre le gravier de la cour. Une fois encore, le conseil des ministres s'est réuni sous l'autorité du président de la République, l'article 9 de la Constitution est sauf, l'Etat ronronne et aucun des participants n'osera aisément avouer s'y être ennuyé. Encore moins endormi... Ce qui est pourtant arrivé jadis puisque Valéry Giscard d'Estaing a un jour confié à Françoise Giroud [10] avoir vu André Malraux et Louis Jacquinot assoupis à un conseil présidé par le général de Gaulle. Mais qu'importe que la messe ait été longue et qu'aucune décision n'y ait été vraiment prise, le bonheur d'en être suffit.

10. In *La Comédie du pouvoir* (Fayard).

LES VOYAGES

« Et dans l'entrée, faut-il mettre des pots de fleurs ? » Dans la salle de la sous-préfecture d'Orange, la question a jailli. Soudaine. Elle ne surprend aucune des quelque cinquante personnes réunies par le préfet en ce début du septennat. Des spécialistes. Tous sont là pour préparer le voyage que François Mitterrand va effectuer à Montélimar.

« Et dans l'entrée, faut-il mettre des pots de fleurs ? »

Personne de surpris ? Enfin presque personne. Jean Glavany et Michel Vauzelle se regardent. Interloqués. Eux qui sont descendus de Paris pour organiser la visite présidentielle, il leur paraît quelque peu saugrenu de devoir évoquer des choses aussi futiles.

« Et dans l'entrée, faut-il mettre des pots de fleurs ?

— Bien sûr. Des roses, des marguerites, ce que vous voulez. »

La réponse provoque sourires et éclats de rire : vraiment on a de l'humour à Paris. Seuls Glavany et Vauzelle ne comprennent pas : ils ne sauront que plus tard que pot de fleurs, en langage policier, signifie « agent en tenue » et qu'une question tout à fait sérieuse leur était soumise. Jean Glavany reviendra d'ailleurs de ce premier déplacement présidentiel — on est en 1981 — le costume déchiré : les hommes du Président n'ont pas encore l'habitude des multiples détails que nécessite une visite du chef de l'Etat. Alors, ils assureront eux-mêmes la sécurité, se faisant déchiqueter leurs vêtements tant la foule est dense.

Depuis, l'organisation a remplacé l'improvisation et plus jamais on ne répétera l'erreur de cette visite-là. Comme de se décider le samedi pour un déplacement le mardi. Comme de préparer le séjour le matin pour l'après-midi. Aujourd'hui, un voyage présidentiel est une mécanique bien rodée où l'imprévu n'existe pas. C'est d'autant plus nécessaire que François Mitterrand est un président qui voyage beaucoup : à ce jour, il a parcouru, volant vers l'étranger, quelques dizaines de milliers de kilomètres en avion, sans compter les déplacements en province. Chaque année, deux voyages environ dans les régions françaises sont effectués [1] mais comptabiliser ceux-là serait oublier les innombrables cérémonies, inaugurations, commémorations auxquelles le Président participe en France. Ainsi que les visites privées, les week-ends à Latché et le pèlerinage annuel, à la Pentecôte, à la roche de Solutré.

Les visites à l'étranger sont tout aussi nombreuses et une rapide comparaison avec Valéry Giscard d'Estaing montre que François Mitterrand est aisément en tête du hit-parade. Visites d'Etat dans les pays occidentaux ? Cinq pour Giscard, quinze pour Mitterrand. En Afrique ? Neuf pour l'un, onze pour l'autre. Au Maghreb ? Trois pour le premier, cinq pour le second. Les Etats-

1. La Lorraine en 1981, le Limousin et Midi-Pyrénées en 1982, la Corse et Poitou-Charente en 1983, l'Auvergne, l'Aquitaine et l'Alsace en 1984. Plus de multiples déplacements dans des villes françaises.

Unis n'ont vu qu'une fois Valéry Giscard d'Estaing alors que François Mitterrand est presque un habitué de la ligne avec cinq déplacements. Match nul en ce qui concerne le bloc de l'Est. Et ces relevés portent sur les sept années du mandat giscardien alors qu'elles ne concernent que trois ans du septennat de François Mitterrand.

Déjà impressionnant, le bilan est pourtant loin d'être complet. Car François Mitterrand globe-trotter a encore sauté dans un avion pour assister à trois sommets africains, à trois réunions des pays industrialisés et à des rencontres bilatérales : cinq avec les Allemands, trois avec les Britanniques et deux avec les Italiens, si nos calculs sont justes. Diplomate, il a assisté aux obsèques de Sadate au Caire; mondain il a célébré le bonheur du prince Charles et de Lady Di pour leur mariage à Londres; sportif, il a été présent à la Coupe du monde de football en Espagne. On l'a vu aussi à Cancun — pour évoquer le dialogue Nord-Sud —, à Beyrouth — après l'attentat contre les soldats français — et au Maroc, mais officiellement, à titre privé [2].

Due tout autant à la manière dont se déroule, de nos jours, la vie diplomatique qu'à la présidentialisation de la République française, cette frénésie de voyages est devenue une caractéristique de l'époque. Elle permet évidemment à la France d'être mieux connue dans le monde. Pourtant cette inflation a d'autres raisons : une grande curiosité a saisi nombre de pays lorsqu'ils ont constaté que les Français avaient élu un président de gauche. Pour certains, il était nécessaire et

2. Statistiques novembre 1984. Selon les services de l'Elysée, François Mitterrand, de juin 1981 à décembre 1982, a passé cinquante-six jours hors de France au cours de vingt-trois voyages; en 1983, quarante-deux jours pour dix-huit voyages et en 1984, trente-neuf jours pour vingt-sept voyages.

urgent de lier amitié avec un homme dont ils n'avaient même pas imaginé la victoire, voire avec lequel ils n'avaient même pas jugé bon, pendant la campagne présidentielle, de prendre contact. C'est au point qu'au début du septennat un grand nombre de nations éprouvent le besoin de se manifester et lancent leur invitation : fin 1981, une quarantaine n'était toujours pas honorée. De son côté, François Mitterrand, en arrivant au pouvoir, ressent la nécessité d'expliquer ses intentions et de rencontrer des chefs d'Etat avec lesquels il va « travailler ». Aujourd'hui, la situation s'est normalisée et il ne reste plus guère « en stock » qu'une douzaine d'invitations.

« En stock » : l'expression peut choquer mais elle correspond bien à la réalité. Il s'agit en effet de « gérer » le voyage et d'en bien mesurer, avant de l'effectuer, son efficacité. C'est qu'un voyage est au moins aussi significatif par le fait qu'il ait lieu que par la date à laquelle il se déroule : les conseillers du Président examineront donc tout autant s'il est judicieux d'accepter telle ou telle proposition que le moment où la visite s'insérera dans la vie internationale. Parfois, il faut aller vite car le contentieux est d'importance : ainsi l'Espagne, un des premiers pays où s'est rendu François Mitterrand. Parfois, il faut maintenir la balance égale : ce sera le souci du chef de l'Etat vis-à-vis des trois pays du Maghreb alors que le parti socialiste aurait souhaité, lui, que la France penche vers l'Algérie. La perspective d'un voyage, enfin, est souvent un facteur d'équilibre des relations internationales : on est moins enclin à critiquer lorsqu'on sait qu'on va recevoir un hôte. En ce sens, l'éventualité d'une visite du chef de l'Etat à Moscou fut toujours soigneusement gardée en réserve même quand les rapports entre les deux pays n'étaient pas très brillants. Bref, pour vivre tranquille, il faudrait presque toujours avoir un voyage en vue!

Encore faut-il le réussir. Aussi ces déplacements sont-ils soigneusement préparés de longues semaines avant leur déroulement. La durée de cette préparation est d'ailleurs variable : en moyenne près de deux mois mais le voyage à Moscou fut mis sur pied en huit jours tandis que celui des Etats-Unis nécessita trois longs mois de préparatifs.

Le travail est dégrossi par l'ambassade française dans le pays concerné : à elle d'élaborer une première version du programme. Celle-ci, à laquelle la nation hôte participe, est soumise au président de la République : il l'étudie attentivement, veillant particulièrement aux horaires et souhaitant que certaines visites soient incluses dans le voyage. C'est ainsi que François Mitterrand a personnellement demandé à se rendre aux fouilles de Si-an en Chine, à Pétra en Jordanie, ou à Volgograd en U.R.S.S. Il a également supprimé certaines dispositions traditionnelles comme la présentation du corps diplomatique qui est devenue rarissime. Durant cette préparation, ses conseillers reçoivent diplomates, hommes d'affaires, journalistes, bref, tous ceux qui peuvent fournir informations et commentaires, et rédigent des notes : le voyage aux Etats-Unis, qui fut vécu comme un cauchemar par beaucoup à l'Elysée, a provoqué plus de douze notes adressées au Président rien que sur le programme et, pendant un mois, une heure quotidienne de réunions. Bien évidemment François Mitterrand, qui déteste être prisonnier d'une seule source d'informations et qui préfère avoir ses propres contacts, rencontre également beaucoup de monde.

La préparation proprement technique est le fait de la « mission préparatoire » : un mois environ avant la date officielle, une quinzaine de personnes [3] se rendent dans le pays hôte et vérifient, chacune dans sa spécialité, si rien n'a été oublié, négligé, délaissé. Tout ce que va effectuer le Président est contrôlé et le moindre de ses déplacements minutieusement repéré. Parfois même, afin qu'il n'y ait, plus tard, aucun accroc, la mission répète en temps réel les cérémonies auxquels assistera le chef de l'Etat.

Londres, septembre 1984. A St James' Palace, dans la Queen Anne Room, de part et d'autre d'une immense table recouverte d'un tapis vert, vingt Anglais et vingt Français se font face. Devant chacun, des papiers terriblement officiels, marqués du sceau de la monarchie britannique. Gravement chaque chef de délégation présente ses collaborateurs. Le ton est solennel, l'humour rare et les questions-réponses, précises, s'enchaînent sans un temps mort. Les uns et les autres constituent, pour chaque pays, les équipes chargées d'étudier la visite. Les premières interrogations sont fort classiques : Combien de personnes suivront le Président ? Quel est son groupe sanguin ? Parle-t-il anglais ? Comment doit-il être appelé ? Quand repartira-t-il ? Pour chaque cérémonie, on précise qui pourra y assister et comment les invités devront être habillés. Mais, au fur et à mesure de l'entretien, les demandes des Anglais révèlent une minutie extraordinaire : peut-on nous fournir la version officielle et authentique de *La Marseillaise* ainsi que les cou-

3. A l'étranger, la mission comprend généralement le chef du protocole (qui est le chef de la mission) assisté de plusieurs collaborateurs; un aide de camp du Président; un conseiller diplomatique de l'Elysée, un autre du Quai d'Orsay, un médecin; des représentants des services suivants : sécurité rapprochée; voyages officiels; service de presse; intendance; transmissions présidentielles; P.T.T. Un délégué de la télévision est aussi présent ainsi parfois qu'un représentant d'Air France et un autre d'une agence de voyages.

leurs sans contestation du drapeau? Lorsque Mme Mitterrand se déplace seule, sa voiture doit-elle porter un fanion? La scène devient même parfois surréaliste. « En 1976, dit le chef du protocole anglais, lors de la visite de M. Giscard d'Estaing, la couleur du programme officiel était bleu roi. Que souhaitez-vous cette fois? » Et de présenter un dépliant où tous les coloris possibles sont imprimés!

Une mission préparatoire ne saurait se réduire à ce simple entretien, aussi long et méticuleux soit-il. Chaque déplacement de François Mitterrand, même le plus minime, est repéré et quasiment répété. Doit-il se rendre à Buckingham Palace? Là, parmi les ors et les pourpres de ce vieux palais où le somptueux voisine avec l'horrible, tout, systématiquement tout, est expliqué. Aussi bien la façon dont le Président doit descendre de voiture que celle dont il accompagnera la Reine. Chaque pas ou presque est régi par un protocole précis et impitoyable. Et la mission française consigne le moindre détail, note tout ce qui permettra plus tard à François Mitterrand de se comporter comme si les lieux et les habitudes du pays lui étaient parfaitement coutumiers. Ira-t-il à Westminster Abbey? Les autorités religieuses font visiter aux « explorateurs » l'église de fond en comble. Sera-t-il accueilli à la gare de Victoria? Le chef de gare décrit, photos à l'appui, comment se déroule une arrivée et où sont disposés, à la sortie, les carrosses. Se déplacera-t-il en province? La mission prend l'avion et le bateau tout comme, le moment venu, le Président. Visitera-t-il le lycée français? Le proviseur indique précisément les trajets qui seront empruntés.

Cette mission, dont le travail est essentiel, est placée sous la responsabilité du chef du protocole. Ce qui constitue une petite victoire du

Quai d'Orsay : avant 1981 en effet, le premier responsable était le chef de cabinet du président de la République. Sous François Mitterrand, celui-ci ne participe pas aux missions préparatoires à l'étranger. Les fonctions de ce chef de mission sont multiples puisqu'il doit veiller au bon déroulement de la future visite : aidés par plusieurs membres du service du protocole — dont l'un s'occupe exclusivement du séjour de Danielle Mitterrand —, il règle des questions aussi bien matérielles que « diplomatiques » ou politiques. Matérielles ? Il veille au confort du Président et il lui arrive, plus souvent qu'on ne croit, de tâter d'un doigt discret la qualité du matelas qui va accueillir le chef de l'Etat ! « Diplomatiques » ? Voilà qui concerne moins le pays hôte que... la délégation française. C'est que dans cette République où les phénomènes de cour ne manquent pas, il faut éviter de froisser les susceptibilités.

Dès lors, le logement ne va pas sans poser de problèmes, chacun souhaitant dormir le plus près possible du soleil, c'est-à-dire du chef de l'Etat. A Londres, où le Président a séjourné en octobre 1984, les Britanniques ne pouvaient proposer que dix chambres dans Buckingham Palace. La mission effectua donc la répartition. Patatras : soudain l'Angleterre annonça que quelques pièces supplémentaires pouvaient être attribuées. Tout était à revoir et ces lits en plus devenaient un casse-tête : à qui les attribuer sans que ceux qui ne pouvaient être voisins de la chambre présidentielle se sentent atteints par la défaveur ! Politiques enfin : les incidents sont rares mais ils existent. D'autant que la mission est censée aplanir les dernières difficultés.

Une fois en tout cas, les négociations n'aboutirent pas : invité en Belgique, François Mitterrand souhaita se rendre à Liège. Averti du désir présidentiel, le conseil des ministres belge ne l'exauça pas : la sécurité était trop aléatoire. Les ultimes tractations ne permirent pas d'aboutir à un accord : arrivée le matin, la mission repartit le soir même et le voyage fut repoussé de quelques mois.

Si le chef du protocole doit avoir l'œil sur tout, chacun des participants se préoccupe d'abord et surtout de sa spécialité. Les services de sécurité, essentiels, ont plus encore que d'autres pour tâche de veiller à ce qu'aucun imprévu ne vienne troubler le voyage [4]. Les transmissions s'assurent qu'en aucun cas le Président ne sera coupé de Paris [5] et que l'ensemble des liaisons fonctionnera. La communication doit être instantanée et le délai d'attente le plus long qu'on ait connu fut au Népal : une minute. Parfois tout ou quasiment doit être installé : au Burundi, près de quinze tonnes de matériel P.T.T. durent venir de France et les installations, très dégradées, durent être remises en l'état.

La télévision, qui a un représentant dans la mission, doit réserver plusieurs semaines auparavant les lignes satellites. Elle « couvrira » le moindre des déplacements du chef de l'Etat mais qu'on ne croie pas que les images de la première, de la deuxième ou de la troisième chaîne soient exclusives : elles ont été tournées par une seule équipe mais montées différemment pour TF 1, A 2 ou FR 3.

On imagine mal la foule de détails auxquels la mission doit penser. A l'ambassade de France à Londres il y a, par exemple, un immense tableau représentant Louis XIV. Il était envisagé que François Mitterrand et la Reine recevraient leurs

4. Voir le chapitre : « La sécurité du Président et des autres ».
5. Voir le chapitre « Jupiter et la Défense ».

invités sous celui-ci. Envisagé jusqu'à ce que quelqu'un, horrifié, imaginât les moqueries du *Canard enchaîné* sur une telle scène : les invités furent donc présentés quelques mètres plus loin... Pour la soirée au Bolchoï du voyage en U.R.S.S. la mission dut trancher entre deux opéras d'un acte et le ballet « Gisèle » : Mitterrand ayant horreur du ballet on choisit les opéras... qui se révélèrent mortels !

Tous les renseignements collectés par la mission donnent lieu, de retour à Paris, à des notes envoyées dans les différents services. Le médecin aspirant — ils sont trois à l'Elysée, tous des appelés qui effectuent ainsi leur service — par exemple : il a communiqué le groupe sanguin du Président à la puissance invitante, il a vérifié que des ambulances ou des hélicoptères sanitaires seraient présents à chaque point du voyage, il a contrôlé qu'une salle d'opération serait disponible. A Paris, il soumet son rapport au professeur Laverdant du Val-de-Grâce qui juge si les mesures envisagées sont suffisantes : il pourra décider de fournir au pays hôte du matériel supplémentaire, comme un réanimateur ou même, parfois, une salle d'opération d'urgence.

Ces aspirants, nommés par le ministère de la Défense, viennent à l'Elysée après avoir suivi un mois de stage de réanimation chez les sapeurs-pompiers. A chaque voyage, l'un d'entre eux est présent. Mais ces jeunes gens manquent d'expérience et, si un « coup dur » survenait, leurs réflexes ne seraient pas obligatoirement à la hauteur. Surtout qu'ils ne restent que peu de temps à l'Elysée après leurs classes, leur formation d'aspirant à Libourne et leur stage chez les pompiers. Surtout, aussi, que la spécialité à laquelle ils se destinent n'est pas forcément la plus utile en cas de « pépin » : on trouve aussi bien des rhumatologues que des hématologues alors que la chirurgie, la réanimation ou la cardiologie rendraient de meilleurs services.

Alors, ces aspirants sont en fait sous la responsabilité du docteur Gubler, comme d'ailleurs l'ensemble de la sécurité médicale du Président — il choisit même personnellement les infirmières de l'Elysée. Pour chaque voyage à l'étranger, assisté s'il le faut d'un anesthésiste voire d'un chirurgien, le docteur Gubler est donc là.

Médecin personnel du Président depuis 1970, il ne le quittera pas d'une semelle pendant tout le séjour. S'il s'absente ce ne sera que quelques instants et il restera toujours joignable. Sa silhouette est aisément reconnaissable : c'est l'homme aux imposantes rouflaquettes, légèrement voûté par les deux lourdes mallettes qu'il emporte partout. Dans la première, le matériel de perfusion, le masque à oxygène, l'électrocardiographe ultra-miniaturisé et les drogues d'urgence. Dans la seconde, une dizaine de comprimés de tous les médicaments ordinaires, de l'aspirine aux tranquillisants en passant par les vitamines, les antispasmodiques, les antidiarrhéiques, les somnifères ou les antitussifs. Dans sa chambre, enfin, une cantine renferme les réserves : deux cents médicaments en grandes quantités pour tout, absolument tout soigner.

François Mitterrand n'a bien sûr pas plus connaissance de ces détails que des autres. Il est même celui qui reçoit la note la plus brève : quatre feuillets au maximum établis par les « diplos » de l'Elysée et où est rappelé ce qu'on suppose que le Président n'ignore pas (quelques chiffres clefs, l'état de la situation politique, les préoccupations des personnes rencontrées...). Cinq ou six notes, d'une page chacune, insistent sur des aspects particuliers de la visite (une fiche est systématiquement rédigée sur la communauté française) et, à chaque étape du voyage, des indications sont encore fournies au chef de l'Etat.

Vient le voyage proprement dit. Déjà, généralement la veille, l'avion des journalistes (ils ne sont jamais moins d'une cinquantaine) s'est envolé. Plusieurs jours auparavant, un vol régulier a emporté le matériel, qui va de l'équipement sophistiqué des transmissions à la vaisselle en passant par les cadeaux ou la machine à écrire personnelle de la secrétaire du chef de l'Etat. Cette machine a le monopole de la dactylographie des textes présidentiels, ce qui n'est pas une mince affaire lorsqu'il faut décrypter l'enregistrement d'une intervention improvisée. Mais c'est la règle, tout ce que signe François Mitterrand est tapé sur cette machine-là et par cette secrétaire-là.

Sans compter les journalistes, chaque voyage déplace en moyenne cent vingt personnes et, quoi qu'il arrive, à chaque séjour, l'Elysée retient dans un grand hôtel du pays quatre-vingt-dix chambres. Où souvent on dort à deux.

Ce nombre est largement supérieur à celui des précédents septennats. L'inflation est due à deux facteurs : la présence des gendarmes (ils sont, au minimum, une vingtaine) qui assurent la sécurité rapprochée du Président et qui n'existaient pas auparavant. Et celle des « invités personnels », innovation de François Mitterrand.

Le chef de l'Etat emmène en effet à chaque voyage des personnalités qu'il a personnellement conviées. L'invitation est fort courue et à ce jour [6] cent soixante-quinze exactement ont été accordées. Souvent simplement prévenus par un coup de téléphone mais parfois avertis par un très offi-

6. Juillet 1984.

ciel bristol, les heureux élus, dont la liste n'est jamais soumise au pays hôte, ne dépendent que du choix personnel du Président. C'est dire qu'il faut y voir un geste particulier. Alors dans la République mitterrandienne, une telle invitation a valeur de sauf-conduit. « En être » témoigne, pour les familiers du sérail, de la faveur du prince. De sa gentillesse aussi : François Mitterrand n'oublia pas, par exemple, que la femme de Jacques Attali lui avait un jour confié son désir d'aller en Israël. Une autre fois le député socialiste Jean Poperen, invité en Israël, dit en souriant au chef de l'Etat le mécontentement de sa femme d'avoir dû rester à Paris. « Mais pourquoi ne m'en a-t-elle rien dit ? » s'exclama le Président. Nathalie Poperen fut donc invitée à une prochaine visite — en Inde. »

Ces invitations ne sont toutefois pas dues qu'à la bienveillance présidentielle : deux fois au moins, au début du septennat, des Français inconnus, militants socialistes toutefois jurent les mauvaises langues, furent conviés simplement parce qu'ils en avaient manifesté le désir en écrivant à l'Elysée. En outre, dans chaque voyage, prennent place des spécialistes du pays ou des personnalités qui y sont très connues : l'Elysée cherche de plus en plus à ce qu'existe un lien entre la nation visitée et l'invité personnel et, depuis 1983, deux hommes d'affaires au moins font systématiquement partie de cette suite. Bref, si le côté strictement personnel ne disparaît pas, il a toutefois tendance à être gommé.

A cet hit-parade très particulier mais très couru de « l'invité personnel », le directeur du *Nouvel Observateur*, Jean Daniel, arrive bon premier avec cinq participations. La journaliste Christine Forsne le talonne de peu tandis que le clan des

« trois voyages » reste aussi très fermé : on n'y trouve que cinq personnes, Marcelle Padovani du *Nouvel Observateur,* l'écrivain François-Marie Banier, Jean-Jacques Servan-Schreiber, Roger Gouze, frère de Danielle Mitterrand, et Jean-Marie Burguburu, le mari de la secrétaire générale du Conseil supérieur de la magistrature. La famille des « deux voyages » est déjà plus fournie : relevons le nom de Roger Hanin, de Gisèle Halimi et d'Hervé Bourges, le P.-D.G. de TF 1. Mme Mendès France, Yannick Noah et sa famille ont également été quelques-uns des invités du Président pour des voyages où les « accompagnateurs » sont plus ou moins nombreux : un seul invité en Belgique mais quinze en U.R.S.S., la délégation la plus importante. Ce cas est un peu particulier : il s'agissait d'assurer le maximum d'échos à ce déplacement, considéré comme un « must » par les mitterrandiens.

Tous se sont donc retrouvés un jour ou l'autre dans un aéroport parisien accompagnant le chef de l'Etat que sont venus saluer — protocole oblige — des ministres, parfois en pleine nuit et donc tirés de leur lit par une étiquette courtelinesque. Comme le Président, ils entendront des hymnes nationaux, regarderont défiler des troupes, participeront à des cérémonies que rien ne viendra troubler tant la préparation, on l'a vu, est méticuleuse. Pourtant, dans les coulisses, que d'agitation et que d'inquiétude pour ceux qui n'ont qu'une obsession : qu'il ne se passe rien qui ne soit prévu.

L'aide de camp est de ceux-là. Ils sont deux à l'Elysée à occuper cette fonction typiquement française. Sélectionnés parmi les militaires les mieux notés, généralement commandant ou lieutenant-colonel, régulièrement remplacés (à la fin

246

de 1984, François Mitterrand en était à sa deuxième « série ») afin qu'ils soient toujours adaptables à des tâches militaires, ils doivent décharger le chef de l'Etat de tout souci matériel. A eux de lui passer ses discours, de lui préciser s'il tourne à droite ou à gauche, si besoin est de lui indiquer, dans un palais inconnu, où se trouvent les toilettes, de veiller à son sommeil et à sa santé. Bref, ils doivent tout savoir afin que le Président ne soit jamais désemparé ou pris au dépourvu : ils sont sa mémoire, ses yeux, ses oreilles.

Hors de l'Elysée, ils sont indispensables et ils sont partout où se tient le chef de l'Etat, y compris dans la plus mince des manifestations. Leur fonction est à la fois modeste et considérable. Modeste puisqu'ils n'ont aucun rôle politique et considérable puisque la « machine » tourne grâce à eux. Et si le pourquoi ne les intéresse jamais, eux qui n'ont pas à se préoccuper de la finalité des choses, le comment les touche toujours. Ce comment va de l'essentiel à l'accessoire.

Comment le Président peut-il regagner la France puisque, en toute hypothèse, il doit pouvoir être rapatrié par un moyen français ? L'aide de camp y pourvoira. En U.R.S.S., comme les Soviétiques refusèrent que François Mitterrand voyageât de Moscou à Volgograd sur Airbus et exigèrent qu'un appareil russe soit emprunté, un Mystère 50 fut dépêché à Volgograd au cas où un retour immédiat en France aurait été nécessaire. Ce Mystère 50 est spécialement aménagé pour le Président : emblème de François Mitterrand, huit places seulement, radio-téléphone protégé des écoutes.

Comment le Président doit-il être habillé ? L'aide de camp étudiera les prévisions de la météo pour décider de la garde-robe avec les maîtres d'hôtel privés qui, la veille du départ, bouclent les bagages du Président : deux malles plus une valise qui contient le strict nécessaire, dans l'hypothèse où François Mitterrand voudrait, sans être trop encombré, prolonger le voyage officiel par un déplacement privé.

L'aide de camp est donc le plus près du chef de l'Etat, le seul à passer avec lui les troupes en revue, le seul à lui glisser à l'oreille le nom de la personne qu'il rencontre, le seul à lui donner, le moment venu, le cadeau qui sera offert. Le seul, aussi, à pouvoir entrer, avec le maître d'hôtel, dans la chambre présidentielle sans être convoqué.

C'est l'homme qui, devinant la pluie, a l'imperméable à portée de main. L'homme qui, si un incident vestimentaire survient, appelle le maître d'hôtel qui n'est jamais loin et qui porte une tenue complète de rechange pour le Président. L'homme qui, une mallette à bout de bras, transporte les dossiers indispensables et secrets. L'homme qui organise toutes les activités inopinées : à Venise, François Mitterrand veut-il visiter les canaux ou, à Moscou, marcher sur la place Rouge ? Vite, il se préoccupe du spécialiste qui pourra fournir des précisions, il alerte le service de sécurité qui doit rester invisible, il avertit les autorités étrangères, il prévient le médecin, il convie des invités, il prévoit l'itinéraire d'une voiture qui pourrait éventuellement récupérer le Président, il réorganise le programme. Et chaque matin, pendant que François Mitterrand prend son petit déjeuner, il lui communique les messages arrivés de Paris pendant la nuit, lui lit la presse, lui présente quelques demandes d'audience, trie entre ce qui peut attendre et ce qui est urgent ou nécessaire à l'information présidentielle.

On ne s'étonnera pas dès lors que l'aide de camp soit logé, en toutes circonstances, près du Président. Il partage ce privilège avec l'officier de sécurité, le médecin, l'homme chargé des transmissions présidentielles et de celles-ci uniquement (on l'appelle « le téléphoniste du Président ») et le maître d'hôtel privé, qui, avant l'arrivée de François Mitterrand, met en ordre l'appartement : une coupe de fruits et une bouteille d'eau minérale sont installées; les dentifrices ou savons offerts par les hôtes sont — discrètement, pour ne vexer personne — remplacés par des produits venus de Paris; des adaptateurs sont, si nécessaire, posés sur les prises électriques pour le rasoir du Président et le sèche-cheveux de Danielle Mitterrand.

Une chambre est également toujours réservée à la camériste de Danielle Mitterrand et une autre à l'équipement de transmissions. S'il reste de la place, le chef du protocole, la secrétaire particulière du chef de l'Etat et quelques collaborateurs peuvent également coucher près du « soleil » mais ils n'ont jamais le pas sur les services indispensables au fonctionnement. Services nombreux et parfois surprenants : on ne s'étonnera pas qu'un photographe de la Présidence (encore un garde républicain) soit présent mais que quelqu'un dont une des missions est de calligraphier les plans de table soit de la suite technique, est déjà curieux. C'est qu'on entend penser à tout. Aux cadeaux par exemple.

A l'occasion d'un voyage à l'étranger, trois types de présents sont à prévoir. Ceux, d'abord, que François Mitterrand offrira au chef d'Etat invitant et, éventuellement, à son épouse. Le Président, qui surveille personnellement le choix opéré, fixe deux règles : l'objet doit être français et, si possible, correspondre aux goûts de son bénéficiaire. Ainsi, Ronald Reagan, vieux cowboy mal repenti, reçut-il une splendide selle camarguaise et Juan Carlos, grand amateur de moto-cross, une motocyclette française. Le chef de l'Etat a également le souci de promouvoir la création française, celle des Manufactures prestigieuses (Sèvres ou Gobelins) et celle des jeunes artistes dont de nombreuses sculptures ou peintures ont ainsi pris le chemin de l'étranger.

Seconde sorte de cadeaux, ceux qui sont remis aux membres de la délégation du pays hôte. En règle générale, il s'agit d'un presse-papier en cristal dans lequel est gravé l'emblème de François Mitterrand, chêne et olivier mêlés.

Enfin, les personnes des ambassades, mises à rude épreuve, obtiennent souvent un petit souvenir : quelques fleurs pour l'une, un briquet pour l'autre... ce qui provoqua un jour un incident : lors du premier voyage en Grande-Bretagne de François Mitterrand, l'Elysée emporta un lot de ces accessoires pour fumeurs. Las ! on n'avait pas vérifié les objets et les fonctionnaires de l'ambassade reçurent des briquets à la marque de Valéry Giscard d'Estaing !

Même s'ils sont parfois de prix, les cadeaux n'entrent pourtant que pour une part modique dans le coût d'un voyage car un déplacement présidentiel revient cher et il est pratiquement impossible d'en mesurer le coût réel. Sans doute, dans le budget de la Nation, des crédits sont-ils affectés aux frais de représentation du président de la République. Ils sont largement insuffisants et le Quai d'Orsay est appelé à la rescousse. Avant chaque déplacement, le chef du protocole élabore un devis approximatif en fonction de la durée, du programme, et de l'importance de la suite. Il demande alors au ministère des Relations extérieures des crédits votés au titre du Quai dans le budget de l'Etat[7]. Si la facture est moins élevée que prévu, l'Elysée conserve la différence mais en tient compte pour le prochain voyage; si l'addition dépasse les prévisions, le Quai d'Orsay verse une « rallonge ».

D'autres ministères et organismes officiels participent eux aussi à ce budget voyage. Voilà qui ne simplifie pas les recherches : les avions sont fournis par le Groupe de liaisons aériennes ministérielles, donc par le ministère de la Défense; les services de sécurité sont payés par les ministères de l'Intérieur et de la Défense; les transmissions sont prises en charge par les P.T.T. On n'en finirait pas l'énumération et autant l'avouer : il nous a été impossible de connaître le coût d'un voyage officiel. Peut-être n'était-on guère disposé à nous fournir ces renseignements. Mais on en était aussi incapable !

Ces voyages sont une épreuve pour tous. Pour l'intendance l'affaire tient même de l'exploit. Bien souvent, tout provient de France sauf la vaisselle. Autrefois, celle-ci faisait également partie des voyages présidentiels mais Valéry Giscard d'Estaing, deux ans avant la fin de son mandat, a supprimé cette disposition considérant qu'elle entraînait trop de casse et que les services de l'Elysée étaient trop précieux pour courir pareil risque. Désormais, c'est aux ambassades de se débrouiller mais fréquemment, faute de moyens, elles demandent aide aux Affaires étrangères : le Quai d'Orsay prête alors ses verres, ses assiettes et son argenterie de moindre valeur, qui sont envoyés avant l'arrivée du Président et qui retournent à Paris sitôt le voyage terminé. Seuls les

7. Il s'agit du chapitre budgétaire 34-03, qui peut être alimenté en cours d'année en puisant dans le chapitre 37-94, intitulé « dépenses éventuelles », par un arrêté du ministre des Relations extérieures.

plats, de présentation et de travail, continuent de venir de l'Elysée, ce qui, avec la nourriture, représente encore une vingtaine de caisses, environ deux mètres cubes, huit cents kilos.

En revanche, Valéry Giscard d'Estaing avait souhaité que cuisine et vins, symboles d'une qualité française, soient irréprochables et donc soient de la France; le général de Gaulle, pour sa part, se contentait de la cuisine des ambassades : peu soucieux de gastronomie, il n'y trouva jamais à redire.

Sous François Mitterrand, le système Giscard se perpétue : tout est apporté de Paris, seules quelques ambassades, celles de Londres, Washington, Bonn, Rome et, à la rigueur, Moscou, étant suffisamment équipées pour faire face à la situation et pouvant éventuellement assurer un cocktail. Mais les repas proprement dits sont toujours cuisinés en France : il suffit, le plus souvent, de les cuire ou de les réchauffer sur place. A l'arrivée, la cassolette de poisson sera déjà dans son récipient, prête à être servie; la langouste voyagera, au frais, dans son jus; la selle d'agneau, toute préparée, n'aura plus qu'à être mise au four; le pain sera décongelé.

On évite la salade qui se flétrit; les desserts, se transportant avec difficulté, sont surtout des sorbets préférables aux gâteaux. Fromages et vins voyagent sans mal même si on rechigne aux crus trop vieux (un château-argelès donna quelques inquiétudes au Mexique : il moussait légèrement). Pour des pays particulièrement éloignés, comme la Chine, le vin est toutefois envoyé plusieurs semaines à l'avance afin qu'il repose. Champagne et whisky prennent aussi l'avion mais cette fois par souci d'économie : ils reviennent moins cher en France. C'est aussi souvent le cas des fleurs coupées (mais là la décision est prise au coup par coup), emballées quelques heures seulement avant le départ de l'avion présidentiel.

L'équipe chargée de cet aspect du voyage est généralement composée de l'intendant de l'Elysée, d'un de ses adjoints qui s'occupe plus spécialement des vins et des fromages, du chef et de quelques aides, d'un pâtissier, de deux maîtres d'hôtel, d'un maître d'hôtel privé et, éventuellement, d'un ou deux fleuristes. Les serveurs sont du personnel local, ce qui explique qu'il n'y ait jamais de grand dîner en Afrique. L'Elysée se souvient comme d'un cauchemar de celui organisé à l'occasion d'un sommet franco-africain : devant l'inexpérience du personnel, l'opération n'a jamais été renouvelée. Chaque fois le menu est établi en fonction des goûts de l'invité d'honneur, de sa religion mais aussi de l'équipement des cuisines et de leur emplacement par rapport à la salle à manger. Plusieurs semaines à l'avance, le chef de l'Elysée a communication du menu prévu pour le dîner de gala offert par le pays hôte afin d'éviter les répétitions. Ainsi le voyage en Jordanie : l'Islam interdisait le porc et le veau; le dîner du roi Hussein comportait du bœuf; ne restait que l'agneau et Marcel Le Servot choisit la selle.

S'il formule peu de remarques, François Mitterrand souhaite que tout soit parfait. Depuis 1983, il est accompagné d'un cuisinier personnel : celui-ci préparera quelques côtelettes, du poisson froid, un rosbif, des fruits, bref des plats simples pour que le Président puisse rompre avec la lourdeur des repas officiels. Bien évidemment, ces en-cas viennent de France.

Même dépossédée de sa fonction gastronomique, l'ambassade française demeure un lieu privilégié de tout voyage. Non seulement parce qu'elle est le point fixe de la délégation qui fera appel à elle au moindre problème mais parce qu'elle reste largement maître d'œuvre. C'est elle qui a mis au point le programme. C'est elle qui a rédigé le premier projet des discours du Président. C'est elle qui a élaboré, parfois via le Quai d'Orsay, les entretiens politiques. C'est elle qui, après la visite, est chargée du suivi des affaires. Qui ne sont d'ailleurs pas toujours du domaine politique...

L'anecdote n'est pas de ce septennat-là mais elle est trop belle pour rester ignorée. En 1976, donc, Valéry Giscard d'Estaing rendit une visite officielle à la Grande-Bretagne. A cette occasion, la Reine lui offrit un magnifique labrador. Le voyage prit fin. Quelques jours plus tard, l'Elysée téléphona à l'ambassade : le Président, expliqua-t-on, était enchanté de son chien mais un problème se posait : ce chien si beau et si parfait ne comprenait pas le français et n'obéissait pas aux ordres présidentiels. Que fallait-il faire ? La demande fut transmise à l'ambassadeur qui conseilla de s'adresser aux Anglais. Ainsi fut décidé. Consulté, Buckingham Palace se déclara incompétent et renvoya au château de Windsor, responsable du royal cadeau. Le château effectua des recherches et retrouva l'éleveur. Après moult coups de téléphone, celui-ci expliqua les ordres — anglais — auxquels était habituée la bête. L'ambassade, enfin au bout de ses peines, les nota et les transmit à l'Elysée où ils furent scrupuleusement recueillis en anglais par une sténographe qui comprenait cette langue. Le labrador put enfin comprendre qu'il devait s'asseoir lorsqu'on le lui commandait. Il est vrai que la vie de la pauvre bête n'était pas sans complications : il fut, un temps, envisagé de lui confectionner un casque afin qu'elle pût voyager en hélicoptère. Elle souffrait, comme toute personne, du bruit de ce maudit engin !

Petites ou grandes, les affaires soulevées lors des voyages en province sont suivies avec autant de soin. Et par François Mitterrand personnellement. Lorsqu'il circule en France, le Président reçoit très fréquemment des nourritures régionales en présents. Rien ne se perd : tout revient à l'Elysée et, dès son retour au palais, le Président demande à son intendant privé de servir ces mets le jour même.

Pour les dossiers plus importants, la consigne est drastique : tout, absolument tout, doit être surveillé avec minutie et persévérance. Adoubés par l'intérêt que leur a porté le chef de l'Etat, les problèmes de la région ont droit à un coup de pouce des hommes de l'Elysée qui veillent à ce qu'aucun engagement présidentiel ne reste lettre morte. Même les plus obscures suppliques, ces petits papiers que des anonymes glissent dans la main ou la poche du chef de l'Etat, auront une suite : collectées par l'aide de camp, elles sont transmises à Jean Glavany qui y répond personnellement ou les confie au conseiller compétent.

C'est que les voyages en province doivent servir l'image du Président plus que celle de la France [8] et rien n'est à cet égard laissé au hasard.

Dès la visite préparatoire, on soigne, comme pour l'étranger, tous les détails d'intendance : quelles sont les heures de marées sur les plages de Normandie le jour du quarantième anniversaire du 6 juin 1944 ? N'y a-t-il pas de mariage prévu dans la mairie où le Président doit prononcer un discours ? Mais on s'attache de plus près qu'hors de France aux symboles qui seront répercutés par les médias. Ainsi, la salle à manger de l'hôtel de ville de Bordeaux, où François Mitterrand a rencontré Jacques Chaban-Delmas en

8. Voir le chapitre « La télévision et la conférence de presse ».

octobre 1984, était ornée de nombreuses fresques créant l'illusion de sculptures dans des niches. La mission préparatoire s'était inquiétée du nom de cette pièce : on craignait qu'elle s'appelât « Salle des trompe-l'œil », ce qui eût provoqué de fâcheux jeux de mots en cette période de « décrispation ».

Pour le reste, ces reconnaissances dans l'Hexagone diffèrent peu de celles à l'étranger. A leur tête, Jean Glavany, qui remplace le chef du protocole, a peut-être une tâche plus facile que son homologue. Sur place, l'Elysée dispose du relais des commissaires de la République, d'autant plus attentifs que la suite de leur carrière peut beaucoup dépendre des quelques heures de la présence présidentielle. En liaison avec Glavany, ils règlent nombre de détails et négocient avec les maires la liste des invités d'honneur ou le menu de la suite présidentielle.

Plus faciles encore, ces missions en France, parce qu'elles exigent moins de trésors de diplomatie : personne ne se fait trop prier pour, ici, démonter une grille, là, installer une tribune, ailleurs donner congé au personnel municipal pendant le séjour du Président.

Il ne s'agit pourtant pas d'une partie de plaisir. A petits sauts d'hélicoptère, Jean Glavany et son équipe reconnaissent chaque centimètre du parcours officiel, règlent des différends, éliminent des étapes superflues. Cet hélicoptère qui fait sensation en se posant au cœur des villes, là où il atterrira le jour J, est le même que celui qu'utilisera François Mitterrand. Pendant le voyage proprement dit il transportera quelques accompagnateurs obligés du Président.

Parmi eux, un homme Christian Sautter, pendant la période étudiée est chargé de la liaison avec l'Elysée. A chaque étape, pendant l'allocution de bienvenue, il appelle Jean-Louis Bianco et peut recevoir par télécopie des notes. Sautter transmet, pour le plus urgent, des petits mots à François Mitterrand qui, pendant le trajet, donne les réponses qui sont répercutées à l'escale suivante. C'est encore Christian Sautter qui passe au chef de l'Etat pendant le trajet le texte du discours que doit prononcer le maire de la ville suivante. Mais à la tradition républicaine qui veut que de telles allocutions soient communiquées au préalable, l'habitude mitterrandienne a apporté une variante : François Mitterrand ne pose quasiment jamais les yeux sur ces textes !

Reste qu'ils sont là « au cas où », car, que ce soit en province ou à l'étranger, la préparation et la minutie sont telles que l'imprévu est quasiment intégré au programme et que les incidents sont rarissimes. Qu'ils se produisent et ils touchent surtout la suite et exceptionnellement le Président. D'ailleurs, celui-ci reste le plus souvent dans l'ignorance. Sait-il, par exemple, aujourd'hui encore, que le smoking qu'il enfila au Népal n'était pas le sien, oublié à Paris par le maître d'hôtel, mais celui du chef de protocole d'alors, M. de La Ferrière ?

François Mitterrand adore voyager. Lui, qui voue une passion aux atlas et aux mappemondes et se passionne pour la géographie, aime à expliquer souvent à ses compagnons l'histoire de telle rivière ou le destin de tel village. Malheur à celui qui, interrogé sur le pays visité, ne saura répondre ou qui, pire encore, par souci de briller, émettra une réponse inexacte : un sourire narquois lui répondra et le discours suivra. Un jour, Michel Jobert parcourait la campagne française en compagnie du Président : celui-ci, selon son habitude, lui décrivait les paysages rencontrés et, à un moment, comme ils passaient à proximité d'une maison, il la lui désigna comme ayant appartenu à Bruant et lui en conta l'histoire. Le ministre ne dit mot mais n'en pensa pas moins : ladite maison était, depuis de longues années, la propriété de son père !

Ce goût pour la nature et l'environnement conduit souvent le chef de l'Etat à « s'échapper » : un moment de libre et il décidera une promenade. Ce qui provoque chaque fois l'inquiétude du pays hôte ; la délégation française, elle, habituée à ces escapades, ne s'en étonne plus. Pourtant, peu à peu, les parties touristiques des voyages, qui n'étaient le plus souvent que de brefs moments de répit, ont été supprimées des programmes : l'Elysée a jugé que la presse et la télévision insistaient trop sur ces instants de détente, et que cela donnait à l'opinion publique le sentiment d'un chef d'Etat touriste. Des plages de repos restent toutefois prévues dans ces voyages démentiels ; mais si le Président se plaint parfois d'horaires chargés, il est souvent le premier à rajouter rendez-vous et activités.

Paradoxalement un voyage, même le plus fatigant, paraît le rajeunir. Alors qu'il part souvent de Paris le teint terreux, il a généralement bien meilleure mine en rentrant. Il est vrai qu'il n'a aucun mal à dormir, y compris en avion : ennemi des somnifères, il n'en prend jamais. En fait, comme le général de Gaulle, la fonction l'emporte sur la personnalité : en public par exemple, François Mitterrand évitera de porter des lunettes et se soumettra sans rechigner aux exigences du protocole. Sans doute trouve-t-il nombre de manifestations bien fastidieuses et ce cérémonial bien désuet : il s'y plie pourtant toujours ; il lit consciencieusement les fiches qu'on lui a rédigées sur ses invités, ce qui lui permet de les accueillir d'un mot personnalisé ; il surveille même les plans de tables — qui lui sont toujours soumis —, les modifie lorsque l'ordre protocolaire ne lui paraît pas respecté; il n'hésite pas à consulter le service du protocole pour savoir comment appeler les personnalités qui lui sont présentées; il use précisément et chaque fois des titres nobiliaires et il veille à ce que ses collaborateurs ne commettent pas d'erreurs. Ainsi combien de fois n'a-t-il pas expliqué à Jacques Attali — qui continue à n'y comprendre goutte — les différences de grades entre la Marine et l'Armée de terre et qu'on ne nomme pas de la même façon un marin et un « terrien » même s'ils sont de grade équivalent !

Ce souci de politesse et cette volonté d'incarner l'Etat jusque dans ses manifestations les plus apparentes n'empêchent pas le Président d'être aussi François Mitterrand le nomade, amoureux des choses et des êtres : dans un voyage ses escapades sont fréquentes et le respect des horaires n'est toujours pas la première qualité présidentielle. Qu'une réception lui plaise et lui qui ne les apprécie guère n'hésitera pas à la prolonger. Surtout il aime à retrouver dans le plus lointain pays l'ambiance qui lui est chère et familière. Ainsi à chaque voyage si les obligations le permettent, il organise un dîner privé, entre Français, où sont invités des journalistes, des amis et des intimes. François Mitterrand redevient alors l'hôte de Latché : le ton est détendu, la conversation libre, tous sujets — même si les préoccupations de politique intérieure ne sont pas toujours les bienvenues — peuvent être évoqués et la discussion est parfois vive. C'est au point qu'au Népal, alors qu'on se demandait si le chef de l'Etat était le président des socialistes ou celui des Français, un journaliste, s'oubliant, tapa soudain du poing sur la table et s'écria à l'adresse du Président : « Enfin, nom de dieu... » François Mitterrand eut un haut-le-corps de surprise, un ange passa mais l'ambiance ne fut pas cassée.

Cette volonté d'incarner la France doublée du plaisir des rencontres explique le véritable bonheur qu'éprouve François Mitterrand à chaque déplacement : « La géographie, a-t-il écrit [9] est ma plus chère et ma plus vieille amie avec la France en rose et l'Allemagne en vert des cartes de mon enfance. » Sans doute tout cela conduit-il parfois, médiatisation oblige, à des images étonnantes : on se souviendra longtemps du président de la République française, en casquette, bottes de caoutchouc et blouse bleu pâle avec, sur la poitrine, l'inscription « Mister Président », tenant dans ses bras un porcelet gigotant qui appartenait à la ferme américaine qu'il visitait ! Image parmi d'autres qui, par son aspect choc, retient l'attention des opinions, aussi bien française qu'étrangères, et qui ne doit pas faire oublier qu'un voyage présidentiel constitue également le moyen de populariser une politique et d'assurer une présence.

9. In *Ici et Maintenant*. (Fayard et Le Livre de Poche.)

LES SONDAGES ET L'IMAGE

En bas, dans le couloir des vestiaires, les vingt-deux joueurs sautillent avant de s'élancer vers la pelouse du Parc des Princes. En haut, derrière la porte de la tribune présidentielle, François Mitterrand attend qu'on lui fasse signe de gagner sa place. Les équipes de Monaco et Metz ont le trac : ce 11 mai 1984 elles jouent gros en disputant la finale de la Coupe de France de football. Le Président, lui, est inquiet : ceux qui l'ont approché ces derniers jours l'ont remarqué : il craint d'être sifflé — comme cela arrive souvent à un président de la République en ces occasions — et d'être sifflé plus encore que de coutume. Deux hommes aussi cachent mal leur anxiété : un en haut, un en bas. Chacun avec un talkie-walkie. Ils sont responsables d'une opération simple mais qui exige une synchronisation parfaite.

Dans le couloir, les équipes s'ébranlent; le talkie-walkie du rez-de-chaussée en avertit celui du premier étage; alors, François Mitterrand s'avance et pénètre dans le stade sous les vivats de la foule... qui salue les joueurs et oublie de brocarder le Président! L'affaire a réussi : la télévision ne montrera pas le chef de l'Etat conspué; son image y gagnera d'autant. Il ne s'agit pas d'une simple anecdote : l'image d'un président de la République est trop sérieuse pour être laissée au hasard. Aussi, toujours pour éviter la bronca du Parc, l'Elysée retiendra — c'est arrivé — des dizaines de places qu'il offrira à des militants socialistes passionnés de foot. Ou, à chaque voyage présidentiel en province, étudiera avec la section locale du P.S. les emplacements stratégiques pour y disposer les sympathisants!

C'est que la Ve République a levé le paradoxe du comédien dans le spectacle de l'Etat : à la fois auteur et acteur principal, le Président n'a pas à se demander s'il doit se donner pleinement à son texte ou, au contraire, garder la tête froide pour mieux tenir son rôle. Celui que la constitution de 1958 charge d'assurer, « par son arbitrage, le fonctionnement régulier des pouvoirs publics ainsi que la continuité de l'Etat », est aussi celui qui marque les buts et qui prend les coups. A lui le fond, à lui la forme; à lui l'être et le paraître de la politique de la France; à lui de faire et de faire savoir.

Dès lors, du travail des collaborateurs aux voyages présidentiels, de l'action diplomatique aux conseils des ministres, des choix stratégiques de défense nationale aux petits ou grands déjeuners, tout ce qui se passe à l'Elysée et toutes les apparitions du chef de l'Etat restent dans une permanente ambivalence : l'action poursuit d'autres buts que l'image mais l'image n'est jamais absente de l'action. Et s'il est un mot omniprésent dans la vie quotidienne à l'Elysée, c'est bien celui-là. N'en parler jamais — ou presque —, ne pas en tenir compte pour construire une politique mais le garder toujours à l'esprit. Pour mieux « vendre » les choix et pour contribuer à la représentation que se font les Français de François Mitterrand.

Pourcentage de confiance, taux de sympathie,

indice de satisfaction, jugements sur son action : rien ne manque aux baromètres présidentiels. François Mitterrand se méfie pourtant des enquêtes d'opinion dont il fut souvent, avant même les états de grâce ou de disgrâce, un mal-aimé. « Les sondages ça va, ça vient, écrivait-il en 1980 [1]. Rien de plus humiliant pour lui et de plus inquiétant pour les autres que l'homme politique dont les pensées et les actes sont suspendus au baromètre de la S.O.F.R.E.S. (ou de l'I.F.O.P., si vous voulez) et qui court après les humeurs de l'opinion publique. »

Croix de bois, croix de fer, il n'a pas changé, lui qui au même moment s'inquiétait, polémiste, « de ces hommes politiques qui, pour un point dans les sondages, se soulageraient d'un Munich par mois ». On ne fait pas une politique à la corbeille des instituts... même si l'on surveille les cours du jour : « La tendance, en politique comme ailleurs, mieux vaut la connaître que l'ignorer », a noté encore, réaliste cette fois, François Mitterrand [2].

Aussi a-t-il chargé un brillant informaticien de suivre tous ces mouvements : celui-ci participa en 1965 à la création en France des estimations électorales qui permettent de connaître les « fourchettes » d'un scrutin quand ferme le dernier bureau de vote. C'est aussi un intime du Président qui collectionne les privilèges : accomplir de discrètes missions à l'étranger; être souvent cité dans les ouvrages de François Mitterrand; dîner à la table de la rue de Bièvre; être fréquemment appelé pour un tête-à-tête dans le salon doré; marcher en forêt, incognito, le dimanche avec le chef de l'Etat...

Charles Salzmann — ainsi s'appelle le

1. In *Ici et Maintenant*. (Fayard et Le Livre de Poche.)
2. *Ibid.*

« sondeur » de l'Elysée — est, enfin, un grand calme. Précieuse qualité lorsqu'on doit, mois après mois, enregistrer les sautes d'humeur des Français... et en informer le Président. Lui, qui connaît souvent les évaluations de la cote présidentielle avant même les journaux qui ont commandé le sondage, ne fait pourtant pas bénéficier François Mitterrand de ces « avant-premières ». Les quatre seuls instituts auxquels il fait vraiment confiance — S.O.F.R.E.S., B.V.A., I.F.O.P. et Ipsos — posant des questions différentes, il s'interdit en effet de comparer leurs baromètres. Chaque mois, il calcule donc ce qu'il a baptisé « l'I.C.P. » du Président : l'indice composite de popularité, moyennes des cotes enregistrées par ces quatre études. Pour que François Mitterrand soit prévenu par note de l'évolution de cette mesure maison, les variations doivent être d'au moins deux points deux fois de suite. Si les courbes hésitent d'un mois sur l'autre ou si la barre des 2 pour 100 n'est pas franchie, le Président n'en saura rien de plus que ce qu'il en aura lu dans la presse. Ce système de « l'I.C.P. » joue le rôle de l'édredon : atténuer les chocs, éviter qu'un nouveau chiffre arrive toutes les semaines sur le bureau présidentiel, mais servir tout de même de clignotant vigilant.

En revanche, le Président est beaucoup plus régulièrement et profondément tenu au courant des aspirations de l'opinion et de ce que l'on appelle aujourd'hui les courants de société. La vogue des sondages est telle que les Français sont en permanence interrogés sur tout et n'importe quoi : l'élargissement du Marché commun ou la peur en voiture, le rejet de la politique ou les fantasmes sexuels, l'euthanasie ou la chasse aux bébés phoques. L'Elysée — en l'occurrence Charles Salzmann — lit tout, absolument tout.

Toujours plus en détail que le grand public : de nombreux instituts lui transmettent les dossiers complets avec les résultats selon les catégories socioprofessionnelles. Mieux, s'il souhaite des précisions, voire des recherches spécifiques, certains sondeurs remettent de bonne grâce leurs ordinateurs en route. Il serait naïf de ne voir là que gentillesse à l'égard des gens de l'Elysée ou déférence devant le pouvoir suprême. Ce serait oublier qu'en plus, pour la S.O.F.R.E.S., l'I.F.O.P., B.V.A. et Ipsos, la Présidence est un client, un bon client.

On s'en doute, le chef de l'Etat et ses collaborateurs n'ont pas les sondages publiés comme seule source d'information. Leur arrivent aussi les études à diffusion restreinte : les travaux du C.R.E.-D.O.C.[3], du C.C.A.[4] ou de la C.O.F.R.E.M.C.A.[5] qui divisent les Français en « recentrés », « aventuriers » ou autres « décalés ». Parvient également — sur les bureaux de Jean-Louis Bianco, Jean-Claude Colliard, Jacques Attali et Charles Salzmann — l'importante enquête mensuelle du S.I.D.[6]. Réalisée naguère par l'I.F.O.P. et aujourd'hui par B.V.A., cette étude juge tous les volets de l'action du gouvernement. Chaque mois, certaines questions changent pour suivre l'actualité. L'Elysée participe à leur rédaction et en profite pour tester quelques sujets sans bourse délier.

Car le budget-sondage de la Présidence est réservé au grand chic de l'enquête d'opinion, celle qui ne sera lue que par quelques paires d'yeux triées sur le volet, ceux du Président et d'une poi-

3. Centre pour l'étude et l'observation des conditions de vie.
4. Centre de communications avancées.
5. Compagnie française d'études de marchés et de conjonctures appliquées.
6. Il s'agit du Service d'information et de diffusion, qui dépend du premier ministre et est financé par Matignon.

gnée de ses conseillers. Un thème préoccupe-t-il l'Elysée, qui n'a fait l'objet d'aucun sondage publié? François Mitterrand veut-il un éclaircissement sur l'état de l'opinion à l'égard d'un sujet précis? Le Président est intervenu publiquement et on souhaite en connaître l'impact? Sondage; sondage; sondage!

La Présidence passe alors commande à l'un de ses fournisseurs : S.O.F.R.E.S., I.F.O.P, B.V.A., Ipsos [7]. Deux méthodes sont alors possibles. On a le temps et l'étude ne porte que sur peu de questions : on prend « l'omnibus ». En termes de métier, ce mot recouvre les études lourdes qui partent régulièrement et regroupent plusieurs sondages : on achète alors une, deux ou trois questions, comme on loue un fauteuil dans le train. On est pressé ou on veut un travail très détaillé : on choisit « l'avion-taxi », c'est-à-dire une enquête spécifique pour un questionnaire d'au moins huit ou dix questions. En liaison avec l'institut, Charles Salzmann rédige les questions, il les soumet toujours à Jean-Louis Bianco, Jacques Attali et Jean-Claude Colliard — qui signera le chèque! —, parfois — lorsque le sujet est ardu — à un conseiller technique.

A l'Elysée, seul le Président importe. Foin de coquetteries, ces sondages-là traitent donc de lui et de nul autre. Si la Présidence commande une étude sur le Liban, c'est que François Mitterrand s'y est rendu pour se recueillir à Beyrouth devant les cinquante-huit parachutistes français tués dans un attentat. Si on interroge sur la sidérurgie, c'est que le chef de l'Etat a tenu une conférence de presse sur le sujet et qu'on veut savoir

7. L'Elysée, on le verra, travaille aussi avec Estel pour les enquêtes ultra-rapides par téléphone après les émissions de télévision du chef de l'Etat.

s'il a convaincu. Si on pose d'un seul coup une cinquantaine de questions aux Français, c'est que François Mitterrand a donné à *Libération* une interview-fleuve : on en profite pour tester ses argumentations.

Lorsque arrivent les résultats — dont Bianco, Attali et Colliard ont connaissance — Charles Salzmann les complète d'une note au Président tout à la fois grille de lecture et synthèse. Mais de conseils par écrit, jamais ou presque. Le cas échéant, une conversation permet d'y revenir mais, en dernier ressort, à François Mitterrand de tirer les conclusions pour sa politique et pour lui-même en s'entourant d'avis nombreux. Jean-Louis Bianco, Jacques Attali et Jean-Claude Colliard disent leur mot. Charles Salzmann aussi, dont l'opinion pèse lourd. Michel Vauzelle est bien sûr de la partie : porte-parole du Président, il est l'un des rares à voir chaque jour François Mitterrand et un des principaux responsables de l'image.

Cette tâche, on l'a dit, ne l'enchantait guère. Mais les jésuites, qui l'ont formé, ne lui ont pas tout appris : s'il connaît l'art de l'esquive — que n'en faut-il pour sa fonction ! — il ne le maîtrise pas assez pour résister à l'affection; s'il est une belle machine à raisonner — avocat il était, avocat il reste — il n'a pas perdu l'exaltation des passions. Catholique de souche — il présida, lorsqu'il était à Sciences po, la fameuse conférence Olivaint où les futures élites chrétiennes de la politique se font les dents —, ses premières armes furent gaullistes : Jacques Chaban-Delmas le garda à son cabinet durant tout son séjour à Matignon de 1969 à 1972. La nouvelle société défunte et Chaban balayé à l'élection présidentielle de 1974, Michel Vauzelle rallie d'abord Mitterrand puis le P.S. La gradation est d'importance : c'est qu'il pense qu'une politique est d'abord un homme et un dessein. Il souscrit pleinement au second et s'est attaché au premier, qui vint parfois dormir chez lui à Arles et fut son témoin lors de son mariage avec Sylvie Fauvet, la fille de l'ancien directeur du *Monde.*

Les voies de Mitterrand sont impénétrables : son porte-parole doit être présent et visible mais quasiment muet. Alors, Michel Vauzelle, ce passionné de chevaux camarguais, tient la bride à tous ses commentaires. Alors, cet avocat beau parleur cache peut-être une secrète irritation en voyant, lors des sommets internationaux, les journalistes déserter ses « briefings » au profit de ceux de porte-parole plus loquaces. Tout cela n'est rien : au-dessus de sa tête, ce fanatique d'opéra sent en permanence la statue du commandeur. Mais, loin de le glacer d'effroi, elle lui réchauffe le cœur puisque ce commandeur-là est François Mitterrand. Vauzelle c'est un peu Don Giovanni heureux.

Le dernier des hommes de l'Elysée en première ligne pour les questions d'image est une femme : Nathalie Duhamel, l'attachée de presse de la Présidence. Si Vauzelle était Don Giovanni, « Nathalie » — comme tout le monde l'appelle à l'Elysée — serait un étrange alliage de Donna Elvire et de Leporello. De la première, elle a un petit air de porter sur les épaules tous les malheurs du monde, la persévérance, la fidélité, la discrétion et le sens du sacrifice. Du second, elle a la vivacité, l'esprit pratique et le franc-parler.

Elle paraît frêle et fragile sous son sage casque blond. C'est un roc. Depuis qu'à vingt-cinq ans elle est, en 1973, entrée au service de François Mitterrand pour gérer ses relations avec la presse, « Nathalie » s'est acquis auprès de la plupart des journalistes une solide réputation : celle d'un cerbère. C'est elle qui, connaissant son Mitterrand, doit dire non aux photographes. C'est elle qui, pour la vingtième fois, refuse une proposition d'interview du Président. C'est elle qui s'interdit de confirmer une rumeur qui enflamme le Paris politique...

Elle aimerait bien, « Nathalie », faire plaisir à tout le monde, mais ce n'est pas possible. Ou répondre sur l'instant aux questions, mais elle ne peut tout savoir et est de celles qui ont la franchise de l'avouer sans phrases inutiles. Tout cela ne convient guère aux journalistes. Ils ne savent pas qu'à l'Elysée Nathalie Duhamel plaide vaillamment leur cause. En réalité, elle appartient à ces êtres qu'il faut très bien connaître pour les comprendre. Ce n'est qu'alors que l'on découvre que ce paquet de nerfs est aussi une pelote de cœur.

Parmi ceux que le chef de l'Etat écoute lui parler de son image, restent les professionnels de la communication. La « force tranquille » a transformé cette vedette en star : Jacques Séguéla, qui fit la campagne présidentielle de 1981 pour le candidat socialiste. A l'Elysée, François Mitterrand continue à voir ce trublion de la publicité. Mais de loin en loin. D'ailleurs, si Séguéla a posé sa marque sur la communication de la campagne de Mitterrand, il avait, dans cette tâche, été grandement aidé par deux hommes, moins connus mais presque aussi présents dans la galaxie mitterrandienne.

Gérard Colé, d'abord. Aujourd'hui salarié du S.I.D., mais enfant de la publicité, il a ses entrées rue du Faubourg-Saint-Honoré. Il ne voit que très rarement le chef de l'Etat, mais surveille la logistique de l'image et, à ce titre, participe à la réunion quasi institutionnelle du lundi à onze heures. Ce jour-là, à ce moment-là, Charles

Salzmann vient de participer à la rencontre chez Jean-Louis Bianco à propos de l'agenda du Président. Il s'enferme avec trois autres personnes dans la salle qui lui est réservée, où télévisions côtoient magnétoscopes et agrandissements photographiques de puces électroniques : il s'agit d'étudier le calendrier prévisionnel du chef de l'Etat pour arrêter les priorités d'image, prendre toutes les dispositions pratiques et assurer le relais à l'échelon gouvernemental des interventions publiques du Président.

Autour de Charles Salzmann, se trouvent donc son assistante, Mary Sills [8], Gérard Colé et Jacques Pilhan. Ce dernier, dont on dit qu'il fut le véritable père du slogan « la force tranquille », est parfois consulté par le Président mais aussi par les collaborateurs de l'Elysée, notamment Jean-Louis Bianco, Jean-Claude Colliard et Jean Glavany. Les mauvais esprits ne manqueront pas de remarquer que Jacques Pilhan conçut, en 1984, la campagne européenne de la liste Stirn-Lalonde-Doubin qui fut présentée, malgré les dénégations, comme un « sous-marin » de l'Elysée et qui obtint de décevants résultats.

François Mitterrand est orfèvre en hommes. Il sait à merveille qui conviendra le mieux à une situation donnée, qui pourra lui être le plus utile à un moment précis. Mai 1983 : le président de la République est en Chine. Depuis un moment, il réfléchit à sa communication. Certains de ses proches — notamment Jean-Louis Bianco — ont suggéré qu'il soit plus présent; d'autres — en particulier Charles Salzmann — le poussent à jouer la carte de la modernité. En Chine, donc, il lit dans le quotidien *Le Matin* un article titré : « Un casse-tête, deux ans de communication socialiste ».

8. Remplacée par Marie-Ange Theobald en juillet 1985.

Parmi les trois signataires, Claude Marti, que le Président avait connu lors de la campagne de 1974. Entre le candidat de la gauche unie et ce grand publicitaire mendésiste, gaulliste et rocardien, la collaboration avait été un fiasco. Mais, cette fois-ci, l'article de Marti est pleinement en phase avec ce qui mûrit dans l'esprit de François Mitterrand : « Le Président est absent d'un écran dont il devrait être le centre », diagnostique-t-il.

Le 10 mai — tout un symbole ! — Paulette Decraene téléphone à Claude Marti : le Président veut le voir. Sitôt fait. Ils parlent, longuement. Déjeunent quelques jours plus tard à trois, avec Charles Salzmann. L'heure Marti est venue, il peut entrer dans le petit cercle des conseillers en image de François Mitterrand que, depuis, il voit régulièrement en tête-à-tête, mais sans participer à la vie quotidienne de l'Elysée : ni réunions, ni notes, ni voyages, seulement des conversations avec le chef de l'Etat qui l'appelle parfois au téléphone sans plus de façons.

Ainsi va la méthode Mitterrand, qui n'aurait pas cherché Claude Marti s'il ne l'avait déjà un peu trouvé. Quand vient le jour et quand vient l'heure, le chef de l'Etat grappille partout. En le montrant fort peu et en adaptant beaucoup. De l'un, Jean-Claude Héberlé — alors patron de R.M.C., qui deviendra en octobre 1984 P.-D.G. d'Antenne 2 — il accepte les conseils avant de participer aux Etats-Unis à la célèbre émission télévisée « Meet the press » : des réponses courtes car les journalistes américains connaissent suffisamment leurs dossiers pour relancer le Président et donc lui permettre de s'expliquer à fond. Le second, Claude Marti, lui suggère de se plier aux règles des émissions auxquelles il va participer.

Mais aucun de tous ceux-là, ni de l'Elysée ni de l'extérieur, ne pourrait dire à coup sûr : « C'est moi qui... »; « c'est grâce à moi que... ». François Mitterrand laisse bourdonner la ruche : le miel a besoin de beaucoup d'ouvrières mais d'une seule reine. De tous les pollens, celui des sondages ne sert au Président que de fraîche date : il n'a vraiment commencé à s'intéresser aux études d'opinion que durant la campagne de 1981. Aujourd'hui, le pli est pris et derrière certains choix se cachent des options d'image arrêtées d'après des analyses de sondages. La modernisation du pays ? C'est aussi actualiser l'image du Président. Chaque occasion lui est bonne de se faire photographier derrière un ordinateur, d'étrenner la vidéotransmission ou de visiter une entreprise de pointe. C'est de la politique puisqu'il aide les Français à comprendre l'impérieuse nécessité de cette modernisation. C'est aussi de l'image puisque François Mitterrand y gagne en modernité. Si tout marche bien, la boucle sera bouclée : les Français se convaincront de l'absolue nécessité de moderniser; lui, apparaîtra comme le mieux à même de réaliser cette tâche... Où s'arrête le dessein, où commence le dessin ?

Autre exemple : les Français, pensent les sondeurs de François Mitterrand, aiment bien leur président de la République, sa solidité, sa ténacité, son action dans le monde. Pourtant, sa cote de popularité est au plus bas. Pourquoi ? Parce que la tempête fait rage, que l'on est secoué et que le capitaine porte la responsabilité. Parce que les Français ne sentent pas suffisamment la présence du Président dans l'action quotidienne du pouvoir. Que faire ? Limiter au mieux les dégâts de la crise et préparer la France de demain. Que faire encore ? Montrer aux Français que le chef de l'Etat s'occupe d'eux. Donc, une présence plus grande dans l'Hexagone, des interventions de toutes sortes, des visites éclair ou des voyages en province. Donc, aussi, transmettre à l'opinion une simple constatation que font tous ceux qui approchent François Mitterrand : le Président travaille beaucoup. Si cette idée s'impose, le sous-entendu — il travaille... pour les Français — suivra.

Alors, va pour la présence! Et pour quelques photos diffusées dans les magazines où on le voit, travaillant à son bureau, la seule pièce éclairée de l'Elysée tout sombre. Autour c'est la nuit; le chef de l'Etat veille. L'idée est évidente. Pourtant, au royaume de la communication rien n'est facile : au dire même des spécialistes, le message n'est guère passé.

Le fiasco dépasse d'ailleurs, et largement, le cas de ces quelques clichés pensés, pesés, calculés. Rien n'est simple décidément, en matière de communication et pas grand-chose ne fonctionne vraiment. L'Elysée dispose d'excellents outils pour analyser l'opinion, de gens très compétents pour fixer les choix stratégiques d'image, de « petites mains » expertes pour lécher les détails, de la force logistique attachée au pouvoir. Pourtant, la communication apparaît confuse et hésitante; et que le Président passe alternativement du « silence radio » à l'ubiquité médiatique — comme diraient les spécialistes! — pour revenir ensuite à la réserve n'empêche rien. Peu importe ici que les Français boudent le produit ou seulement l'emballage, le résultat est là : la politique du pouvoir reste à l'étal des sondages et des élections partielles ou locales et l'image du Président dégringole dans l'opinion.

LA TÉLÉVISION
ET LA CONFÉRENCE DE PRESSE

Tout était prêt... sauf la grue! Ce 1er janvier 1983 l'engin de levage qui doit hisser le relais assurant la transmission de l'interview télévisée accordée en direct depuis Latché par François Mitterrand est bloqué par le brouillard. L'entretien n'aura pas lieu et sera remis au lendemain. Seule la météo pouvait constituer l'inimaginable grain de sable : le reste, tout le reste, avait été si soigneusement préparé. Et si calculé. Le lieu même n'était pas un hasard : parler aux Français depuis sa paisible bergerie signifiait, pour le chef de l'Etat, se montrer au-dessus des passions, sûr de lui, décrispé, rassembleur. L'année précédente, déjà, il avait failli intervenir depuis Latché. On y avait renoncé : une émission de télévision dans sa retraite aurait risqué d'accréditer le canard.

Si rien n'est négligé dans ce domaine, c'est que la télévision est le canal essentiel par lequel le chef de l'Etat peut être présent et communiquer avec le pays.

Déclarations solennelles, entretiens avec des journalistes, causeries au coin du feu : tous les présidents de la Ve République en ont usé. François Mitterrand aussi, qui a été interviewé onze

fois [1] et a participé à trois grandes émissions :
« L'enjeu », « L'heure de vérité » et « Sept sur
sept ».

L'Elysée dispose en permanence d'un large portefeuille de propositions. Jacques Attali, Jean-Louis Bianco, Michel Vauzelle, Nathalie Duhamel, Charles Salzmann et bien d'autres font de temps en temps une suggestion au Président. Rien ne se passe puis, un beau jour, François Mitterrand en reparle de lui-même... quand il n'a pas eu personnellement l'idée — ce qui fut le cas pour le petit déjeuner d'Europe 1 en juin 1983. La décision finale est prise de quinze jours à un mois avant la date prévue et il arrive que le Président lui-même avertisse les organisateurs : ainsi fut fait pour « sept sur sept » en septembre 1983.

Trois « machines » se mettent alors en route. Celle de l'Elysée au complet, d'abord. Derrière le secrétaire général, tous les collaborateurs sont mobilisés pour recenser les questions de l'heure, proposer des thèmes, envisager des mesures à annoncer, rédiger de nombreuses notes. Le soir venu, on ne retrouvera guère dans les propos présidentiels que de 20 à 30 pour 100 de cet intense travail. La seconde « machine » est le chef de l'Etat lui-même. La plupart du temps, ce téléphile connaît bien l'émission à laquelle il va participer : une analyse de ses spécificités, présentée par Michel Vauzelle et Nathalie Duhamel, lui suffira. Il lit alors toutes les notes qui lui sont adressées et s'en sert pour rédiger de sa plume les fiches qu'il aura devant lui le jour J. Sa réflexion est aussi nourrie par une série de longs tête-à-tête — jusqu'à deux heures d'entretien — avec ses plus proches collaborateurs, avec ceux qui le conseillent pour l'image, avec quelques intimes.

1. Chiffres arrêtés à septembre 1984.

Durant ces conversations à bâtons rompus, le chef de l'Etat pioche un peu dans la tête de son interlocuteur mais surtout affine et teste ses idées. Il attend moins des suggestions qu'une maïeutique : qu'on l'aide à déceler les failles dans ses raisonnements, qu'on l'oblige à explorer un chemin de traverse oublié, qu'on le pousse à prendre en compte une donnée négligée. Il n'expérimente pas ses « petites phrases » mais les invente au fil du dialogue. Il est rare que l'interlocuteur, parfois, suggère une formule, encore plus rare qu'on la retrouve dans la bouche du chef de l'Etat !

Le président de la République reçoit aussi les animateurs de l'émission. Pendant une petite heure, on fixe les règles du jeu, on se met d'accord sur les thèmes principaux mais on ne va pas plus loin : exclu pour François Mitterrand de demander les questions qui lui seront posées. Ce serait d'ailleurs inutile : depuis le début du septennat, les conseillers de l'Elysée ont prévu toutes les interrogations des journalistes.

Et puis soudain tout s'arrête quelques jours avant l'émission. Durant les soixante-douze ou quarante-huit dernières heures, rien ne l'irrite plus que de trouver dans le bureau de ses secrétaires des curieux venus aux nouvelles. C'est l'instant où il cesse de lire les notes et entend réfléchir seul. François Mitterrand est prêt, reste à planter le décor.

Les hommes du Président ont méticuleusement maîtrisé cet aspect-là — et c'est la troisième « machine » de la préparation d'une émission de télévision. Michel Vauzelle, Nathalie Duhamel et, le cas échéant, l'un ou l'autre des conseillers pour l'image ont négocié le cadre avec les organisateurs : si le Président ne veut pas que l'on touche pour lui aux principes de l'émission, il n'est pas interdit d'y apporter quelques aménagements. Pour « L'heure de vérité », en novembre 1983, on a ainsi exigé que le chef de l'Etat soit placé derrière une table et non dans un simple fauteuil qui l'aurait laissé les jambes ballantes devant les caméras. Pour la même intervention, on a aussi demandé que les journalistes ne se relaient pas sur le plateau afin d'éviter un remue-ménage perturbateur tout à la fois pour le Président et pour le téléspectateur.

On veille à ce que le décor reste discret : rien ne doit détourner l'attention des propos présidentiels. On s'inquiète de la couleur du fond afin que le Président ne revête pas un costume dans les mêmes tons. Enfin, juste avant le début de l'émission, Nathalie Duhamel s'assied dans le fauteuil même de l'invité et demande que l'on allume les lumières : si elle est éblouie, le Président le sera et elle fait baisser l'intensité des spots. Ainsi, simplement en obtenant qu'on l'éclaire moins violemment, François Mitterrand a nettement atténué ce qui était l'un de ses plus grands défauts à la télévision : un incessant clignement d'yeux. Il est vrai que les collaborateurs du Président avaient depuis longtemps pensé à cette solution... mais une attachée de presse a plus de facilités quand elle travaille pour le chef de l'Etat que pour le premier secrétaire du parti socialiste !

Dans le studio, les invités sont rares. L'Elysée, qui ne veut pas d'une inflation de spectateurs, a volontairement limité le nombre de cartons. Ils ne sont remis qu'à ceux que le Président a choisis. Les habitués ? Attali, Salzmann, Vauzelle et Nathalie Duhamel.

François Mitterrand, qui n'aime guère l'outil, écrit : « J'ai vérifié la loi du genre : à la télévision, ce qui se dit compte moins que ce qui se voit [2]. »

2. In *La Paille et le Grain*. (Flammarion et Le Livre de Poche.)

Mais il en connaît l'importance. Il sait que c'est l'une des figures imposées pour un Président. Il sent que c'est indispensable pour maintenir le contact avec le pays.

Il s'est d'ailleurs beaucoup perfectionné — même s'il n'est pas question qu'il s'entraîne au magnétoscope — en se souvenant du conseil que lui donna le réalisateur Stellio Lorenzi en 1965 : « Soyez naturel, mais je vous avertis que, pour le devenir, il faut beaucoup travailler. »

Déteste-t-il vraiment le miroir froid des caméras ? Pas si sûr ! Il ne semble pas être atteint par le trac et lorsqu'il a le choix, il choisit généralement le direct.

L'alternative ne s'offre pas pour les grandes émissions : le direct est la règle. En revanche, le chef de l'Etat a toute latitude lorsqu'il s'agit d'une intervention institutionnelle ou décidée de sa propre initiative.

S'il enregistre — l'allocution des vœux par exemple — il ne fait jamais plus de deux prises — et le plus souvent une seule — qu'il visionne aussitôt après pour choisir celle qui sera diffusée. Mais sa préférence, décidément, va au direct, qui le force à donner le meilleur de lui-même. Surtout que, depuis mars 1983, il ne travaille plus sans filet mais avec un « prompteur ». Cette machine permet de lire son texte en donnant l'impression de regarder le téléspectateur au fond des yeux : l'homme de lettres peut ainsi être assuré de la tournure de ses phrases orales qu'il a cent fois remises sur le métier. Ainsi, pour son intervention du 12 juillet 1984, il a lui-même rédigé puis corrigé son texte : une demi-douzaine de feuillets que son secrétariat a dactylographiés trois fois avant que le Président s'en déclare satisfait. Il n'a pourtant pas été, on s'en souvient, suffisamment clair puisqu'il fut contraint, deux jours plus tard, de s'expliquer à nouveau.

Quant au lieu, il aime mieux que la « télé » vienne à lui, c'est-à-dire à l'Elysée, dans la bibliothèque ou dans son bureau. Dans ce dernier cas, il déloge Jean-Claude Colliard, son directeur de cabinet, et s'installe dans cette pièce qui fut occupée par Valéry Giscard d'Estaing. Envahi de caisses, de câbles et de gros projecteurs, le salon doré n'est pas, pendant les préparatifs, le plus propice à la réflexion.

L'intervention achevée, vient le temps de l'analyse. Dès les lumières éteintes, François Mitterrand sent en général lui-même là où il a réussi, là où il a été trop long, là où il n'a pas été convaincant, là où il ne s'est pas montré suffisamment pugnace — il le dit alors à ceux qui l'entourent. A chaud les commentaires de ses proches sont plutôt flatteurs, Nathalie Duhamel se distinguant par son aptitude à dire au Président qu'il aurait pu être meilleur sur tel ou tel point.

Le lendemain, les magnétoscopes tournent : les hommes du Président visionnent l'émission pour l'étudier plus en détail et, le cas échéant, en tirer une note. François Mitterrand, lui, ne participe jamais à cet examen.

En revanche, il se retrouve autour du téléviseur avec un petit groupe de collaborateurs lorsqu'il s'agit d'une allocution enregistrée. Ou bien, s'il a parlé en direct, il regarde avec les mêmes le journal télévisé qui suit.

A cet instant, Charles Salzmann n'est en général pas là. Il a plus urgent à faire : mettre en route le sondage qui étudie l'impact des interventions télévisées du chef de l'Etat.

L'après-midi, après avoir parlé avec le Président, il a rédigé le gros du questionnaire. L'émission elle-même n'y apportera que des retouches et l'institut seulement quelques simplifications. Cet institut, Estel, est méconnu du grand public : l'Elysée est quasiment son seul client pour les sondages politiques. Son originalité : aller particulièrement vite. Les enquêteurs travaillent par téléphone et saisissent directement les réponses sur des consoles reliées à l'ordinateur qui dépouille au fur et à mesure. En général, les échantillons sont de deux cents personnes mais on peut, en une seule soirée, interroger jusqu'à huit cents Françaises et Français représentatifs avec lesquels on a pris rendez-vous au préalable. C'est d'ailleurs ce qui fut fait pour « L'heure de vérité ». Tout cela se paie : environ 25 000 francs hors taxes pour deux cents interviews et 60 000 francs pour huit cents[3]. L'Elysée en a pour son argent : les questions sont nombreuses et, surtout, les résultats tombent dès le lendemain matin. Charles Salzmann en prend connaissance à sept heures; le Président les trouve sur son bureau en arrivant...

Toute son intervention est auscultée sur le fond comme sur la forme. Il peut savoir, moins empiriquement que la veille, là où il a convaincu et là où il a échoué. Alors, même si ces résultats n'obtiennent en général qu'un « vu » pour tout commentaire présidentiel, le tir peut être très vite rectifié soit par les services de l'Elysée, soit par le chef de l'Etat lui-même, à la première occasion.

Si la télévision est l'outil principal, le Président dispose de bien d'autres passerelles vers les Français.

La conférence de presse présidentielle, d'abord, qui fait partie des meubles de la Ve République. Quatre mois seulement après son entrée à l'Elysée, François Mitterrand étrenne le genre. Dans le

3. Tarifs de juillet 1984.

plus pur style gaullien, « royal-papa » comme l'a écrit drôlement un billettiste [4]. Près de quatre cents journalistes et dix-huit ministres — ceux que le chef de l'Etat a conviés — massés dans la salle des fêtes... dont les pendeloques en cristal des appliques ont été mises à l'abri !

François Mitterrand se lèche par avance les babines : il aime bien ces exercices de haute virtuosité qui permettent d'alterner genres et styles, ton badin et solennel, grand fauve et Raminagrobis. Lui qui connaît bien son monde se pique d'appeler par son nom le journaliste qui ne s'est pas présenté et de repérer dans la cohue des mains levées celle du chroniqueur qu'il apprécie. Non qu'il en attende complaisance ou que des « comparses » aient été disséminés dans l'assistance : l'Elysée s'interdit d'appeler des journalistes pour dicter des questions. D'ailleurs, l'expérience a montré que toutes les interrogations importantes sont soulevées et que si François Mitterrand tient à traiter d'un sujet, il en a toujours le moyen. La méthode la plus sûre est, en l'occurrence, d'en parler dès le préambule : d'un quart d'heure en septembre 1981, cette déclaration liminaire passe à une trentaine de minutes pour la troisième conférence de presse, en avril 1984.

Entre-temps François Mitterrand est devenu sceptique. Il n'a pas trouvé la bonne « longueur ». Il juge le sec questions-réponses peu propice à la compréhension de l'essentiel par le grand public. Le grand dégagement, lui, transforme la conférence en monologue et les journalistes en pots de fleurs. Bref, le chef de l'Etat est si réticent face à ce rituel qu'il est resté près de deux années — entre juin 1982 et avril 1984 — sans y sacrifier.

4. Bernard Chapuis. *Le Nouvel Observateur*, 3 octobre 1981.

Pourtant, cette dernière conférence de presse est classée à la Présidence parmi les succès de communication. Ce jour-là, la salle des fêtes de l'Elysée est en travaux : on se replie donc vers le tout voisin pavillon Gabriel. Ni dorures ni tapisseries des Gobelins, mais du fonctionnel. Un pupitre remplace la traditionnelle table et cache les quelques notes que le Président a apportées ou qu'il griffonne. A l'ordre du jour, le plan de restructuration de la sidérurgie que le gouvernement vient de présenter et qui déclenche les foudres du parti communiste. L'heure est grave et les propos des journalistes ne satisfont pas François Mitterrand. Il s'en agace, s'en irrite, s'en exaspère : « J'aurais apprécié que la question émanât d'un autre »; « Madame, vous ne m'avez pas écouté »; « Votre question n'a pas de sens ! »...

Aux regrets qu'il émet souvent après ses interventions — « J'aurais dû dire ceci », « J'aurais dû insister sur cela » — François Mitterrand ajoute cette fois-là le remords de s'être montré trop irrité. D'ailleurs, la transcription de l'Elysée ne comporte pas l'intégralité de ces « piques ». Le Président n'est sans doute pas étranger à cette atténuation : il relit tout ce qui porte sa signature. Méticuleusement. Plume à la main et intransigeance à l'esprit.

Ainsi en va-t-il des interviews à la presse écrite. Que ses collaborateurs lui en aient soumis l'idée ou que François Mitterrand lui-même en ait pris l'initiative, le scénario est le même. Date, thèmes et place dans le journal sont négociés. Avec plus ou moins de facilité. Deux magazines américains voulaient interroger François Mitterrand; l'Elysée demanda la photo du président de la République en couverture. Refus. Discussions. Les collaborateurs du chef de l'Etat étaient prêts à céder mais Mitterrand tint bon et gagna : les journaux acceptèrent. Même incident pour une interview à un hebdomadaire féminin. La photo du Président en couverture? Mais vous n'y pensez pas? Nous ne l'avons jamais fait! se défendit le journal. Cette fois, François Mitterrand n'en fit pas une affaire : va pour l'interview sans couverture!

Jamais de problèmes en revanche pour le texte lui-même. Après que François Mitterrand s'est entretenu — parfois à plusieurs reprises — avec les journalistes, ces derniers lui adressent un premier projet.

Ah! l'écrivain n'est jamais loin : il corrige, rature, peaufine, fignole et donne le texte à taper. Puis, il recommence : corriger, raturer, peaufiner, fignoler, dactylographier. Et ça continue : corriger, raturer, peaufiner, fignoler, dactylographier. C'est le minimum : les interviews du chef de l'Etat ne sont jamais frappées moins de trois fois par son secrétariat particulier. Le perfectionnisme de François Mitterrand est sans borne. Ainsi, le 8 mai 1984 ne fut pas jour férié pour tout le monde. La journée et une bonne partie de la nuit, le secrétariat a tapé l'interview à *Libération* du président de la République, ce dernier raturant sans cesse. Il faut dire que la tâche était rude, la conversation représentant cinq bonnes pages du quotidien. Surtout que, dans la première version, nombre des questions du directeur de *Libération* étaient plus longues que les réponses du président de la République!

En septembre 1984, le chef de l'Etat avait accordé, depuis mai 1981, une quinzaine d'entretiens aux journaux français. Pour la même période, on compte une trentaine d'interviews à des publications étrangères.

Les voyages en France comme à l'étranger tiennent aussi une grande place dans la construction de l'image présidentielle. Pour l'élaboration même du programme des visites en province, le choix des dossiers dont le Président traitera et celui des images que verront les Français sont indissociables. Mieux, on raisonne en journaux télévisés : deux jours en France égalent quatre fois les informations sur le petit écran, donc nécessairement quatre événements visuels. Ici, une rencontre avec un leader de l'opposition : Président de tous les Français. Là, une visite d'une usine de pointe : Président de la modernisation. Ailleurs, un déjeuner à la cantine d'une entreprise : Président proche des gens...

Rien n'est gratuit; rien n'a en principe été laissé au hasard. A l'étranger, la préoccupation de l'image est moins directement omniprésente mais bien réelle quand même. Il s'agit par exemple d'éviter que ces périples apparaissent trop touristiques : tant pis pour certaines étapes.

Le souci est donc grand de « contrôler » l'image que diffuse le Président. Certains collaborateurs aimeraient « monter des coups » plus souvent, afin de présenter le chef de l'Etat sous son meilleur jour. Ce n'est pas si facile : François Mitterrand a son caractère, qui peut être mauvais. Si des photographes ou l'un de ses conseillers le lui demandent, il jouera peut-être le jeu d'une photo montée. Mais à la condition que cela ne l'empêche pas de vivre un instant qui l'intéresse. Ou que, sur le fond, il en voie la nécessité. Prendre le volant de la Super-Cinq de Renault pour venir à l'Elysée sous l'œil des caméras ? Tout de suite d'accord : c'est aider l'industrie française. Poser pour un magazine avec une brochette de « ministresses » ou de conseillères ? Pas de problème, c'est valoriser les femmes. Répondre au chanteur Alain Souchon dans une interview radiophonique ? Entendu : c'est pouvoir parler aux jeunes. Inviter à l'Elysée Michel Hidalgo, l'entraîneur de l'équipe qui vient de remporter la Coupe d'Europe de football ? Allons-y : c'est saluer la « France qui gagne ». A chaque fois, ce que l'on appelle un « coup d'image ». Assurément le Président espère en tirer profit mais il refuse toute gratuité : on jugera, comme on voudra, cette attitude sincère, candide ou supérieurement habile.

« L'image que vous renvoie le miroir a quelque chance de vous ressembler, a écrit François Mitterrand [6]. Mais fabriquer l'image pour plaire, pouah ! »

Alors, les conseillers du chef de l'Etat en sont réduits à convaincre ou à prendre des dispositions sans même en avertir le Président.

Oh ! bien sûr, on peut lui faire remarquer que la couleur de son costume ne convient guère à la circonstance, qu'à la télévision, il se confond avec le décor. « Ah ! vous croyez ? » lâchera-t-il pour seule réponse. Avec une pointe très nette d'irritation et sans aucune certitude pour le téméraire d'être entendu.

Ainsi, à la Pentecôte 1984, pour son traditionnel pèlerinage à Solutré, François Mitterrand est fagoté à la diable. On lui en fait la remarque. Prudemment. N'empêche, quelques semaines plus tard, lors de son voyage en Jordanie, il s'accoutre à nouveau de la même vareuse à la coupe hésitante !

Mais qu'il rechigne n'y changera rien : ses hommes veillent... Le 14 juillet 1983, François Mitterrand est copieusement sifflé en descendant les Champs-Elysées. Jusque dans une tribune officielle. Et, surtout, au vu et à l'entendu des téléspectateurs. Une enquête discrète révèle que les gens qui plaçaient les invités dans la tribune en

6. In *Ici et Maintenant.* (Fayard et Le Livre de Poche.)

question appartenaient à un groupe d'extrême droite : ils sont remerciés pour l'année suivante. De plus, Jean Glavany, le chef de cabinet du Président, s'informe auprès de la télévision de l'emplacement des micros d'ambiance. En 1984, les téléspectateurs qui regardaient le défilé ont en effet entendu un tapage lorsque François Mitterrand a descendu les Champs-Elysées. Des huées ? Point : des applaudissements... Ceux de la « claque » que le parti socialiste avait, à la demande de l'Elysée, placée près des micros !

LE COURRIER DES FRANÇAIS
LE COURRIER DE FRANÇOIS

DERNIER élément mis à la disposition du Président — ou du moins qui devrait l'être, on y reviendra — pour se juger lui-même : le courrier. Car les Français lui écrivent. Beaucoup : près de mille lettres par jour, neuf cent quarante-quatre exactement en moyenne [1]. Ceux qui correspondent avec le chef de l'Etat n'ont pas à affranchir leur missive. Mieux, elle sera automatiquement envoyée en recommandé. Mais la poste ne s'acquitte pas toujours de cette obligation : un tiers seulement du courrier suit la règle.

Dans d'anciennes écuries de Napoléon III, quai Branly à Paris, quatre-vingt-dix personnes, dirigées par Michel Hénocq, vont se saisir chaque jour, sauf le dimanche, de cette masse énorme de correspondance. C'est que tout arrive ici, pour peu qu'on ait écrit par la poste au Président, à Danielle Mitterrand ou à un de leurs conseillers. Aussi bien les lettres envoyées à l'Elysée, rue de Bièvre ou à Latché que celles à l'adresse erronée ou sans adresse du tout. Trois fois par jour, à huit heures quarante-cinq, dix heures trente et

1. En 1983. La moyenne quotidienne, sous Valéry Giscard d'Estaing, était de 734.

quinze heures quarante-cinq (une seule livraison le samedi), un gros camion des P.T.T. apporte, sans escorte, les sacs. En ce qui concerne la sécurité, les lettres ne sont pas examinées, mais paquets et missives volumineuses sont dirigés rue du Faubourg-Saint-Honoré afin d'être radiographiés de crainte qu'ils ne soient piégés.

Le premier tri est alors effectué : tout ce qui est marqué « personnel » est transmis avant midi, sans que l'enveloppe ait été ouverte, à l'Elysée, au secrétariat particulier. Mais une bonne partie va reprendre le chemin inverse puisqu'il s'agit souvent d'un stratagème utilisé dans l'espoir d'être lu directement par le Président. Envoyé aussi le courrier de Mme Mitterrand. Envoyées encore, toujours sous pli fermé, les lettres portant des en-têtes institutionnels (ministères, Assemblée nationale...). Envoyées enfin, mais cette fois ouvertes, au conseiller compétent, les missives des personnalités, des syndicats, des associations. André Bergeron est de ceux-là : le secrétaire général de Force Ouvrière a l'habitude d'écrire par la poste. De temps en temps l'Elysée s'inquiète : a-t-on reçu telle lettre ouverte annoncée par la presse ? Quelques-unes n'arrivent jamais ! Tout ce courrier, qu'on appelle « réservé », et expédié, lui aussi, trois fois par jour, représente environ 12 pour 100 de ce qui est reçu; un tiers s'adresse au Président, un tiers concerne Mme Mitterrand (onze mille lettres environ lui sont envoyées chaque année) et un tiers est destiné nominalement aux conseillers. Ces conseillers reçoivent une autre masse de courrier qui ne leur a pas été personnellement adressé : les quelques 4 000 lettres annuelles émanant d'élus non parlementaires et traitées par un autre service, celui de Marie-Claire Codine.

Ces missives, bien souvent manuscrites, ressemblent à s'y méprendre à celles des autres Français : on demande le plus souvent à l'Elysée de toucher les écrouelles. L'un, conseiller municipal, proteste que ses enfants n'aient pas été retenus pour des emplois à la S.N.C.F.; l'autre demande une dispense pour la pension alimentaire qu'il doit à sa femme; le troisième veut obtenir la levée d'un retrait de permis de conduire; celui-ci demande à l'Elysée d'intervenir pour qu'on arrête la suspension d'un joueur de football ayant maltraité un arbitre; celui-là souhaite une remise fiscale pour son frère...

Qu'ils soient élus n'y change rien : tous ceux-là seront poliment éconduits. En revanche, on accorde plus d'attention aux critiques, aux suggestions et, surtout, aux difficultés rencontrées par ces responsables locaux avec l'administration. Dans ce dernier cas, le service de Marie-Claire Codine joue un peu les médiateurs, prodiguant des conseils et intervenant le cas échéant auprès des ministères.

Reste le... reste du courrier qui est trié selon l'origine géographique (la France a, ici, été découpée en sept secteurs) et auquel le service du courrier proprement dit va répondre.

Les requêtes sont les plus nombreuses : les trois quarts de ce « reste » appartiennent à cette catégorie. C'est qu'on demande tout au Président et sur tous les tons. Dubitatif : « Je souhaite une Renault Turbo. Je ne suis pas sûr de l'obtenir mais j'essaie quand même. » Précis : « Veuillez trouver un stylo en or; mon fils vient d'échouer à son examen; il doit être reçu. » Sentimental : « Je vous en prie, faites déplacer la petite amie de mon mari. » Dénonciateur : « Je tenais à vous signaler que mon époux ne paie pas ses cotisations sociales. » Terre à terre : « Il faut obliger mon voisin à changer sa mare de place; depuis des années, elle rend humide ma maison. » Hargneux : « Si vous ne pouvez donner un coup de fil ou envoyer un mot le jour de l'examen de mon enfant, alors, je vous le demande, à quoi ça sert d'avoir un Président ? »

Mais c'est surtout une France marginalisée, perdue, en conflit avec la justice, en butte à l'administration, en proie au manque d'argent, de travail, de logement (ces deux dernières demandes se trouvent dans près des deux tiers des requêtes) qui se manifeste. Une France qui ne sait plus où frapper, qui voit dans le Président un sauveur, qui s'est déjà adressée à tous ceux qui pouvaient l'aider. Chaque fois, le service du courrier va, non octroyer une faveur, mais chercher à déterminer le droit : les dossiers vont donc être transmis à l'administration compétente, généralement les commissaires de la République, et, si possible, suivis (environ un tiers l'est). Il est répondu à toute lettre, sauf aux demandes d'argent et de passe-droits (ils concernent surtout l'octroi de permis de conduire et la suppression de contraventions !), à celles qui sollicitent un emploi à l'Elysée, aux dénonciations et aux lettres d'injures, d'ailleurs peu nombreuses. Si la correspondance n'est pas en français ou dans les quatre langues européennes courantes, elle est renvoyée : on demande alors de réécrire mais en français cette fois.

Il y a aussi les témoignages de soutien qui se manifestent essentiellement après les allocutions présidentielles à la télévision ou à l'occasion de cérémonies ou d'anniversaires. Leur nombre est à peu près constant : François Mitterrand a ainsi reçu 5 600 cartes de vœux au 1er janvier 1983 et

6072 en 1984[2]. Le 10 mai lui a valu autant de messages en 1983 qu'en 1984 : environ deux cents. Mais qu'il demande aux Français de lui écrire, comme il l'a fait depuis Latché, et deux mille lettres s'abattent sur le service du courrier. Qu'il se rende en visite surprise au Liban et quatre cents lettres, enthousiastes, le félicitent. Le volume de ces témoignages d'affection et de soutien est d'ailleurs à peu près identique depuis le début du septennat : quinze cents par mois.

Si les lettres anonymes et de « fous » sont régulières (douze mille par an), si les suggestions sont souvent peu sérieuses (l'un propose de relancer l'industrie en fabriquant des fers antiglace pour les chaussures), les critiques sont, elles, examinées avec soin. Surtout, elles donnent lieu à une réponse au fond, très détaillée, très explicative et très argumentée. Et, pour en marquer encore davantage l'importance, cette réponse, préparée au service du courrier, est revue par l'Elysée et signée par un conseiller technique.

Il faudrait encore évoquer ce qu'on appelle le « courrier personnel » du Président, les cartes postales de vacances (beaucoup viennent de Lourdes), les poèmes, les dessins, les faire-part de naissance, de mariage, de baptême (neuf cents en 1983), les invitations (elles sont peu nombreuses, contrairement au septennat précédent, pour ce qui est du dîner), les cadeaux (acceptés sauf lorsqu'ils prennent l'allure d'un pot-de-vin), les demandes de photographies (c'est oui) et d'autographes (c'est non afin d'éviter qu'un trafic s'opère sur la signature présidentielle).

2. Pierre Pélissier dans *La Vie quotidienne à l'Elysée au temps de Valéry Giscard d'Estaing* (Hachette) chiffre à 10000 le nombre de cartes de vœux reçues chaque année par le précédent Président et Claude Dulong *(La Vie quotidienne à l'Elysée au temps de Charles de Gaulle)* considère que le Général en recevait de 10000 à 12000.

La quasi-totalité de ces lettres reçoit une réponse. Dans les dix jours au maximum. Dans les vingt-quatre heures lorsque la situation paraît grave ou désespérée. Le service du courrier a même sauvé deux personnes du suicide dont l'une de justesse : elles avaient écrit pour prévenir le Président de leur intention. Hélas ! tout ne se termine pas aussi bien : un homme qui annonça qu'il allait mettre fin à ses jours par déception amoureuse fut trouvé mort. Détail macabre : la lettre n'avait pas été transmise dans les délais normaux...

Quitte à décevoir bien des correspondants du chef de l'Etat, les réponses sont souvent l'œuvre, depuis janvier 1983, de l'ordinateur. Dès qu'une lettre arrive, avant même d'être traitée, le nom, l'adresse et quelquefois la requête du correspondant y sont enregistrés. Celui-ci renferme aussi cent réponses types : il suffit de remplir les « blancs », d'ajouter quelques mots et l'imprimante de l'ordinateur crachera une lettre aussi personnalisée que possible. Une lettre « d'attente » en prévision des précisions de l'administration compétente signée par le chef du service du courrier, Michel Hénocq (six cents signatures par jour mais par une machine) ou une lettre qui engage la Présidence : c'est Cyrille Schott, conseiller technique auprès du Président, qui en est alors le signataire (quatre cents quotidiennement paraphées à la main).

Toutefois qu'on se console : François Mitterrand ne prend connaissance que du centième du courrier qui lui est adressé et parmi les lettres qui arrivent à son secrétariat, il n'en voit même pas une sur trente. Puissant secrétariat puisque les quatre femmes qui le composent ont tout pouvoir : elles ouvrent tout et à elles de décider ce qui sera transmis au chef de l'Etat ou ce qui sera orienté sur les conseillers. Les ministres d'ailleurs ne se trompent pas sur leur puissance. S'ils veulent envoyer une lettre confidentielle au Président, ils prennent soin, auparavant, d'en avertir le secrétariat. La confiance ne règne pas toujours : l'enveloppe qui arrive est généralement collée, recollée, scotchée de toute part !

En tant que chef d'Etat, François Mitterrand ne signe que les documents officiels, comme la correspondance avec les pays étrangers, les décrets que sa fonction l'amène à prendre, les missives aux responsables français et, de temps à autre, une lettre d'orientation au premier ministre — elle n'est pas toujours rendue publique. Dans sa relecture, il est impitoyable : la plus minime faute d'orthographe lui fait froncer les sourcils, un titre mal attribué ou mal défini le glace, un nom propre mal orthographié l'irrite, un hiatus entre une lettre et sa réponse l'assomme. Une erreur et il n'en lira pas davantage : à refaire. Une des premières fois qu'il convoque Hubert Védrine, c'est pour lui demander les raisons qui lui font employer, dans les télégrammes, tantôt Proche-Orient, tantôt Moyen-Orient. Védrine lui explique que le premier est un concept français et le second anglais. Depuis, l'usage est codifié.

Quant à la correspondance qu'on lui remet — elle est évidemment entièrement lue —, soit il répond lui-même, soit il annote en marge des indications de réponse pour ses collaborateurs. Aujourd'hui (la fonction crée aussi le style !) il n'a plus le mordant du temps du P.S. où il notait parfois d'un trait rageur sur les lettres qu'on lui présentait : « Refusé. Je ne suis pas une bête de somme », « Mais qu'est-ce qu'il se croit, celui-là ? »

ou « Je n'ai rien à lui répondre ». Même sur les réponses qui lui ont été préparées, il rajoute, pour peu qu'il connaisse bien son correspondant, quelques phrases, parfois longues, toujours en situation. La formule « avec mes meilleurs sentiments » n'est pas son style. Jamais il ne dicte une lettre; lui, l'homme de l'écriture, ne s'est pas habitué à cette méthode.

Dans son courrier personnel, ceux qui le tutoyaient avant l'élection continuent et ses intimes n'écrivent jamais « Monsieur le Président ». Quand il est en voyage à l'étranger, il envoie toujours des cartes postales, à ses proches, à ses amis, à des malades. Mais ces déplacements-là ne sont pas du tourisme et s'il écrit l'adresse de sa plume — le code postal manque souvent et le timbre est collé par sa secrétaire — le texte est lapidaire : « Souvenir du Bénin », « De l'Inde je n'oublie pas le Morvan », « Amitiés depuis la Chine ancienne » ou « Une pensée du Togo ».

Une race particulière de correspondants peut se vanter de posséder son autographe : les écrivains. Tout auteur qui a envoyé son livre à l'Elysée sera personnellement remercié. Ceux que François Mitterrand connaît, comme Françoise Sagan ou Marie-France Pisier, ou ceux qu'il a particulièrement appréciés recevront un mot manuscrit et même très personnel.

Bref, les élus sont rares. Mais tous ces barrages ne découragent pas les Français : 180000 lettres en 1981, 230000 en 1982, 236925 en 1983 sans compter les cartes postales et les pétitions (environ 200000 chaque année). Depuis les débuts de la Ve République, le nombre est en augmentation constante : le chiffre n'est pas connu pour le général de Gaulle, qui n'y attachait qu'une importance modérée, mais, en 1960, la semaine des barricades, il reçut, ce qui est à peine croyable, 210 000 missives [3]. Sous Georges Pompidou, 8 000 lettres environ étaient envoyées par mois et on estime que le courrier aujourd'hui s'est accru de dix pour cent par rapport à celui sous Valéry Giscard d'Estaing. Courrier toujours conservé, y compris les enveloppes, et envoyé, au bout de quelques mois, aux archives nationales. Ce sont les habitants de la région parisienne, les Bouches-du-Rhône et du Nord qui écrivent le plus, tandis que Lorrains, Bretons et Alsaciens prennent rarement la plume. Et si on se déchaîne en octobre et en février (à la suite sans doute des périodes de rentrées et des mois bilan), on se calme en juillet et en août, temps des vacances et du farniente.

Comme tous les présidents, François Mitterrand, à lire cette correspondance, apparaît comme un mélange de souverain et de chef de l'Etat républicain. Lui, dont on sait pertinemment qu'il a été élu, donne, selon ses correspondants, l'impression qu'il peut tout décider, tout résoudre, tout trancher, comme un roi de droit divin, sans se soucier ni du Parlement ni même de la loi. Dès lors cet « arbitre » (le mot revient souvent et, lorsqu'on se plaint du régime, on incrimine le gouvernement ou les ministres, exceptionnellement le Président), cet homme de la « dernière chance », du « dernier recours » semble investi de tous les pouvoirs : son « pouvoir discrétionnaire » est fréquemment évoqué et les exemples ne manquent pas. « Vous qui êtes tout-puissant, il vous serait si facile de reprendre les décrets et de les modifier », lui écrit un correspondant tandis qu'un autre, un instituteur pourtant, précise : « Vous qui disposez en dernier recours, au-delà des dispositions

3. Rapporté par Claude Dulong, *op. cit.*

réglementaires. » La psychanalyse, enfin, pourrait trouver son compte dans ces lettres qui assurent : « Pour moi, vous êtes plus que celui qu'on a élu; vous êtes le guide, celui qui nous mène et nous réconforte »; « Malgré mes soixante-dix ans, je m'adresse au père que vous êtes, au père de famille et au père de la nation »; « Je vous écris dans un moment de peine. Vous me direz : c'est votre problème. D'accord. Seulement je voulais parler à quelqu'un. Ne sachant à qui, j'ai trouvé votre nom dans ma mémoire ».

Présence immuable du chef de l'Etat... Mais François Mitterrand, socialiste, est un président de gauche. Voilà qui explique sans doute qu'il ait reçu, au cours des neuf premiers mois de sa présidence, davantage que Valéry Giscard d'Estaing en une année : au flot habituel des correspondants présidentiels, s'ajoutent alors ceux qui — ils le disent — écrivent pour la première fois parce que, auparavant, le Président n'était pas des leurs. Une partie de ceux-là, l'euphorie dissipée, deviendront — ils écriront à nouveau — des « déçus du socialisme ». Voilà surtout qui justifie le ton de la correspondance : au début du septennat, la référence au changement, à l'espoir que François Mitterrand incarne, est fréquente et un curieux qualificatif est mentionné par plusieurs correspondants : « Vous êtes le Président des humbles ». Au fil des mois cette tendance s'est atténuée et François Mitterrand, à lire ces lettres, serait devenu aujourd'hui un Président « comme les autres ».

Cette masse énorme d'impressions, de difficultés, d'espérances, bref de vraie vie, fait l'objet, chaque mois, d'une note de synthèse envoyée aux principaux collaborateurs du chef de l'Etat, qui en a connaissance lorsqu'elle le mérite. Trois pages maximum pour annoncer le nombre de lettres reçues, pour décompter les pétitions, pour signaler les critiques significatives et les suggestions dignes d'intérêt, pour insister sur les requêtes nouvelles, et à peu près autant de statistiques mais guère de baromètre réel, de tableau d'ensemble. Cette note ne sert en fait que ponctuellement pour, parfois, percevoir des problèmes passés inaperçus. Par exemple, une réduction du nombre d'heures des aides ménagères a déclenché une pétition de 116000 signatures. Les conseillers le notent dans un coin de leur mémoire et, à la première occasion, le ministre, voire le Président, pourra glisser une allusion sur le sujet. Mais il n'y a que trois pages : voilà qui paraît mince alors que le matériel est très riche et aboutit finalement quasiment à un sondage aléatoire et non directif (le meilleur, dit-on) quotidien de mille personnes. D'autant qu'il permet de déceler l'état de l'opinion : en septembre 1982, par exemple, nombre de lettres ne comportent-elles pas cette plainte : « Ah ! si j'étais arabe ou nègre, il y aurait bien longtemps que mon problème serait réglé ! » Organisé avec soin, extrêmement scrupuleux, le service du courrier n'a ni le temps ni les moyens (en outre on ne le lui demande pas !) de procéder à une radiographie périodique de la France : c'est dommage.

L'ÉLYSÉE PLUS SECRET

LA SÉCURITÉ DU PRÉSIDENT
ET DES AUTRES

D'un geste las, François Mitterrand, en ce jour de novembre 1982, repose les photographies sur son bureau. En face de lui, son interlocuteur martèle ses phrases : « Oui, monsieur le Président, j'ai donné l'ordre de vous tuer. J'ai confié cette mission à deux hommes. Ils étaient armés, complètement inconnus de vos gardes du corps, sans badge. Ce sont eux qui ont pris ces photos. J'ai aussi simulé l'enlèvement de certains de vos proches : si je l'avais souhaité, ils seraient aujourd'hui entre mes mains. »

Le chef de l'Etat, étonné, dissimule mal sa perplexité; mais il n'est pas vraiment surpris : il y a moins d'un an, déjà, d'autres photos lui avaient été présentées. Cette fois-là, elles montraient un homme portant une valise et quasiment collé à lui durant des cérémonies officielles. Un homme que personne non plus ne connaissait et qui n'avait pas été repéré par les services de sécurité. Et si, en cette fin d'automne 1982, le commandant Christian Prouteau peut — en substance — prononcer des paroles aussi ahurissantes sans être immédiatement emprisonné, c'est que l'inquiétude règne à l'Elysée.

Très vite, après mai 1981, trois proches du chef

de l'Etat sont effarés quand ils constatent comment la sécurité du président de la République est assurée : François de Grossouvre, André Rousselet et Jean Saulnier ont l'habitude des questions de protection. Ce qu'ils remarquent les scandalise. Non, bien sûr, que les hommes qui entourent le Président ne soient fidèles et dévoués. Mais ils manquent, à leurs yeux, d'efficacité et de méthodes : la protection qu'ils assurent est essentiellement corporelle et ils ne se préoccupent guère ni de l'environnement, ni de l'avant, ni de l'après. Quand, par exemple, le Président dort, eux aussi sans plus de façon vont dormir. Alors il y a des vides dans lesquels un assassin peut aisément se glisser : les photos en témoignent.

En France, les principales personnalités de la majorité et de l'opposition sont protégées par des inspecteurs de police. L'habitude veut que celui qui accède à la présidence de la République conserve ses inspecteurs : ils appartiennent au service des voyages officiels et on les appelle les « privés ». François Mitterrand retrouve ainsi à l'Elysée celui qui, depuis 1974, le garde de tout incident et de tout attentat, le commissaire Michel Renaud. Aidé de huit hommes, il prend donc en charge, en mai 1981, la sécurité présidentielle.

Bien vite, les critiques pleuvent. On leur reproche leur manque d'entraînement, leur côté « bons vivants », leur absence de professionnalisme et de précision, voire une trop grande complaisance : que le chef de l'Etat manifeste le désir d'être seul ou de se promener sans anges gardiens et ils se font si discrets que certains considèrent qu'ils en deviennent inefficaces. Averti, François Mitterrand, dans un premier temps, n'est guère convaincu : comme la majorité des chefs d'Etat, il n'aime pas se sentir surveillé et attache peu d'importance à la sécurité. Valéry Giscard d'Estaing, lui aussi, quand il était à l'Elysée, trouvait pesante la protection dont il était l'objet et avait demandé qu'elle soit allégée. Quant au général de Gaulle, il supportait plus qu'il n'acceptait les mesures prises par ses services.

Peu à peu, cependant, François Mitterrand admet l'idée que l'affaire doit être revue et qu'à une époque où le terrorisme gagne la majorité des démocraties, il est difficile de conserver les mêmes structures et de ne pas mettre en place, à l'instar des principaux pays, une unité spécifique. Le test des photos n'est pas le seul; d'autres — une dizaine — se déroulent. Tous renforcent François de Grossouvre, André Rousselet et Jean Saulnier dans leurs certitudes.

Un jour, un paquet est placé sous le fauteuil présidentiel; la manifestation se déroule; le colis est toujours là; personne n'a eu l'idée de regarder sous le siège : et si cela avait été une bombe ? Toutes ces investigations sont menées par la D.G.S.E., le contre-espionnage français, et sont supervisées par Rousselet, Saulnier et Grossouvre, qui s'étaient déjà préoccupés de cette question pendant la campagne électorale. Le rapport qui en résulte est accablant et sa conclusion dramatique : le président de la République est en danger et à peu près n'importe qui peut parvenir à lui sans être inquiété. Plusieurs éléments vont encore accroître le sentiment d'urgence qui étreint alors les collaborateurs du chef de l'Etat : l'assassinat du président Sadate au cours d'une cérémonie prouve que des hommes résolus ne se soucient guère de la foule, y compris la plus officielle, qui entoure leur cible, et peuvent atteindre leur objectif en dépit de gardes du corps; en outre, au cours de l'hiver 1981-1982, les services de renseignement font état d'informations précises assurant que des attentats sont envisagés contre le chef de l'Etat français par certains pays, et notamment l'Iran.

Si, dès lors, la décision de procéder à une réorganisation est prise, si François Mitterrand est désormais conscient qu'il ne peut plus négliger les questions de sécurité, encore faut-il trouver l'homme qui va prendre en charge cette responsabilité-là. Car chacun en est convaincu : il faut un patron, il faut un professionnel. Déjà, l'idée de confier cette mission à la gendarmerie plutôt qu'à la police a fait son chemin. Moins sans doute pour des raisons politiques que techniques. Les premières pourtant ont joué : depuis l'été 1981, la police est en crise et ne s'entend guère avec son ministre, Gaston Defferre. Différentes initiatives du régime socialiste, des changements d'hommes aux postes de commandement et la contestation de certains syndicats ont encore accru le malaise d'un corps politisé de longue date et bien souvent bavard.

La gendarmerie, elle, apparaît plus calme, moins encline à la jacquerie, bref, plus sûre. Mais, surtout, le fait qu'elle dispose d'hommes entraînés, notamment au sein du Groupe d'intervention de la Gendarmerie nationale (le G.I.G.N. a déjà fait de nombreux coups d'éclat), emporte la décision. Sans doute imagine-t-on alors, afin de ménager les susceptibilités, une structure qui regrouperait policiers et gendarmes, mais cette association, on le verra, sera plus formelle que réelle.

Reste à trouver le « patron ». Plusieurs noms sont avancés dont celui du commandant Prouteau. En mars 1982, le ministre de la Défense, Charles Hernu, qui a également été chargé de réfléchir à la question et dont le cabinet a soumis plusieurs propositions, visite le G.I.G.N. A cette occasion il s'entretient avec Prouteau et l'interroge sur la sécurité présidentielle. Il n'en dit pas plus mais, peu après, le directeur de la Gendarmerie téléphone à Prouteau; il l'avertit de se mettre en rapport, à l'Elysée, avec François de Grossouvre. Ce dernier confie au commandant le dossier de la sécurité, lui demande de l'étudier, de donner son avis et de soumettre des propositions. Ce qui est fait. Ce premier rapport satisfait les conseillers du Président. Alors, André Rousselet convoque Prouteau : O.K., mais nous voulons que ce soit vous qui dirigiez le dispositif. Prouteau hésite. Beaucoup. Au point qu'un jour le directeur de cabinet, excédé, lui lance : « Dites-moi donc le nom de quelqu'un qui pourrait vous aider à vous décider. »

Christian Prouteau a en effet des états d'âme. Pourtant, c'est une nouvelle chance qui s'offre dans une vie qui n'en a pas manqué. Même si on n'échappe pas à son destin : fils de gendarme, Christian Prouteau aurait dû être gendarme. Mais, adolescent, il ne rêve que musique (guitariste, il anime des formations de rock) et cinéma : il veut être décorateur de films.

A dix-neuf ans, après son bac, coup de tête : il s'engage dans l'Armée. Rien ne le presse, rien ne le force, mais il considère que son père, le père qui compte si fort, a suffisamment fait pour lui. Alors lui qui a été un élève convenable, sans plus, se met à accumuler les examens et les succès : à l'Armée, il passe le concours interne, entre à Saint-Cyr-Coëtquidan et opte, le voilà le destin, pour la Gendarmerie. L'examen pour l'école de cette arme n'est pas aisé : cent candidats, dix-huit reçus. Il est parmi eux. Comme les autres il se retrouve, à la sortie, en escadron. Mais le travail lui semble monotone et lorsque la Gendarmerie cherche des instructeurs pour des stages de commandos, il est volontaire.

Un de ses devoirs est « sujet libre » : il explique, parce que l'événement l'a profondément choqué, comment à son avis la tuerie de Munich aurait pu être évitée. La Gendarmerie, justement, est traumatisée par les prises d'otages : elle veut mettre sur pied une unité chargée de les résoudre. Pourquoi pas Prouteau ? Avec seize sous-officiers, il monte — la création date de novembre 1973 — ce qui va devenir le G.I.G.N. Qui va s'illustrer dans de multiples affaires et devenir une star. Et son chef aussi devient une star.

Aujourd'hui, le bureau de Christian Prouteau est singulier. On ne dirait guère une pièce de l'Elysée, souvent solennelle et anonyme. Elle éclate de médailles, de mille objets (dans un coin, en bibelot, deux mousquetaires qui se battent), de photos, de dessins humoristiques, de livres (« Qui ose vaincra », jure l'un d'eux) et de citations jetées sur un tableau : « Une troupe victorieuse est celle qui sait garder son feu »; « Tout ce qui ne me tue pas me rend plus fort »; « Pas la vanité d'une carrière, l'orgueil d'un dessein »; « La liberté, c'est d'avoir la force de se dominer et de se gouverner ». Bref, de quoi nourrir la caricature de Prouteau-cowboy, de Prouteau-Zorro. Prouteau pourtant est loin de celle-ci : malin, très malin (trop malin ?), intelligent, ouvert, charmeur, c'est autant un homme d'action qu'un passionné de psychologie.

En ce mois de mars 1982, Christian Prouteau a le cafard : il veut raccrocher. Bientôt dix ans qu'il est sur le terrain et la vie, en dépit de la gloire, n'a pas été rose. Et puis il côtoie sans cesse la mort et il a bien cru y passer lorsqu'un fusil lui a éclaté au visage. Et puis ce métier-là est trop éprouvant. Une chose est sûre : jamais il ne commandera l'unité de sécurité du Président. Alors ?

Finalement, l'affaire se conclut et le 13 juillet

1982, Prouteau, qui a perdu son commandement du G.I.G.N. au début du mois, est nommé à l'Elysée [1]. Il ne perd pas son temps : il suit pas à pas François Mitterrand pour évaluer la situation (« Je vais vous embêter », a-t-il prévenu), il contacte son ami Alain Le Caro — il le veut auprès de lui —, il peaufine les dispositions qu'il a imaginées, il recrute. Dans les gendarmeries. A ceux qui se présentent, il assure qu'il s'agit de constituer une unité supplétive du G.I.G.N. et personne n'imagine alors être au service du Président. Fin septembre, une sélection est opérée et ce n'est qu'à ceux — ils sont trente — qui ont triomphé des tests qu'on avoue la vérité : ils vont former le G.S.P.R. (Groupe de sécurité de la présidence de la République) chargé de protéger le chef de l'Etat. Ceux qui le souhaitent peuvent encore abandonner cette mission. Pas un ne part. Au milieu du mois, Christian Prouteau présente ses premières conclusions à François Mitterrand. Fin novembre, il lui propose son plan. Le Président, globalement, l'accepte même s'il en rejette certaines dispositions trop contraignantes, refuse quelques moyens et souhaite que les « privés » ne soient pas totalement mis hors jeu.

Pendant trois mois, d'octobre à fin décembre, les hommes du futur G.S.P.R., eux, s'entraînent dans un camp d'Etampes sans prendre de congés, si ce n'est cinq jours au moment des fêtes de fin d'année. Entraînement physique, technique, psy-

1. En août 1982, Christian Prouteau a également été chargé de coordonner la lutte contre le terrorisme. Son action, celle de la « cellule » qu'il a constituée à cet effet, et qui existe toujours, celle aussi de Gilles Ménage, directeur adjoint du cabinet et spécialiste des questions de police, ont été contestées par une partie de la presse et ont donné lieu à de vigoureuses polémiques à l'occasion de différentes affaires, comme celle des « Irlandais de Vincennes ». Ces démêlés mériteraient à eux seuls un livre. Ce n'est pas l'objet de celui-ci. Notons simplement que François Mitterrand a gardé toute sa confiance à Christian Prouteau et à Gilles Ménage.

chologique. Ils apprennent par exemple à rester de longues heures éveillés et vigilants. Ils examinent toutes les affaires de sécurité dans le monde où des incidents se sont produits et constatent ainsi qu'à Munich, en 1972, lors de la prise en otage des athlètes israéliens, les tireurs d'élite étaient si mal organisés que plusieurs terroristes ne furent même pas touchés alors que d'autres étaient criblés de balles. Ils simulent, en les reconstituant, la moindre des situations dans laquelle peut se trouver le Président. Ils étudient, à l'aide de films et d'immenses photos, les lieux familiers — la rue de Bièvre, Latché — de François Mitterrand. Ils apprennent à travailler ensemble. Le 1er janvier 1983 enfin ils sont prêts : le Groupe de sécurité de la présidence de la République peut intervenir. Un décret l'officialise le 13 janvier; son chef est le commandant Le Caro.

Cette préparation n'est toutefois pas restée secrète et cela gronde fort au service des voyages officiels et de la sécurité des hautes personnalités, le service dit des V.O. D'autant que les « privés » ne sont pas seuls à manifester leur mauvaise humeur : alors qu'ils étaient depuis longtemps en rivalité avec leurs collègues des V.O., ces derniers se sentent eux aussi visés par la décision de l'Elysée. Les uns et les autres considèrent en « prendre plein la gueule » et constatent qu'ils sont dessaisis de leurs prérogatives au profit de la Gendarmerie. Au point que le Syndicat des commissaires de police, notant que le G.S.P.R. est constitué de gendarmes — qui dépendent du ministère de la Défense — et de policiers — qui appartiennent au ministère de l'Intérieur —, publie un communiqué virulent : « Depuis le droit romain, déclare-t-il, selon un adage bien connu, un militaire ne peut avoir autorité sur un civil sauf lorsque l'état de siège est décrété (...). Le syndicat proteste avec fermeté contre un texte réglementaire qui déroge aux principes fondamentaux du droit. »

Aujourd'hui encore, si les antagonismes entre policiers et gendarmes sont moins publics, les relations demeurent mauvaises. Les premiers rappellent volontiers que ni sous Georges Pompidou ni sous Valéry Giscard d'Estaing, leur vigilance n'a pu être mise en défaut. Dépités lorsqu'ils constatent l'importance des moyens mis à la disposition du G.S.P.R., ils ironisent sur le côté « cow-boy » des gendarmes.

Ceux-ci ne cachent pas davantage leurs critiques : les V.O., disent-ils volontiers, sont devenus une véritable agence de voyages; l'entraînement physique et la formation aux problèmes de sécurité y sont inexistants. Atténuée au sommet de la hiérarchie, cette mini-guerre reste vive à la base et est cimentée par un solide mépris réciproque. Les détails de la vie quotidienne en témoignent : à l'Elysée, les deux groupes s'ignorent; en déplacement jamais ils ne partagent la même table et il faut déployer des trésors de diplomatie pour convaincre un gendarme et un policier de faire, si besoin est, chambre commune. La suspicion toujours, le mépris souvent, la haine parfois sont la règle de cette cohabitation-là.

Ces querelles de boutique n'ont finalement guère d'importance, même si elles créent un climat détestable, du moment que le Président est bien protégé. Et bien protégé, il l'est.

Le G.S.P.R., qui assure donc la sécurité rapprochée, est actuellement composé de soixante-quinze hommes [2] et ses effectifs ne cessent de

2. Au mois de septembre 1984.

croître depuis sa création. Dirigé par Alain Le Caro, lui-même secondé par trois adjoints, il est divisé en groupes de douze personnes commandées par un adjudant et son adjoint. Chaque groupe est également scindé en deux équipes de cinq gendarmes. Cette organisation est celle qui prévaut lorsque le G.S.P.R. n'est pas en opération.

Sur le terrain, en effet, l'organigramme est bouleversé en fonction de la situation. Si le principe est que chaque membre du G.S.P.R. est interchangeable, quelques spécialités existent toutefois : tous les gendarmes sont brevetés parachutistes et secouristes; tous pratiquent les sports de combat; une majorité suit une préparation particulière pour connaître les explosifs; sont intégrés au G.S.P.R. deux plongeurs à chaque groupe de douze et deux spécialistes en électronique seulement, capables de détecter tous micros (et d'en installer !).

Une semaine par mois, chaque homme suit un entraînement intensif de huit à dix heures quotidiennes. Là, au camp d'Etampes, ils pratiquent la natation et l'escalade, perfectionnent leur méthode de combat, imaginent mille scénarios afin de déterminer le plus de situations possible où le Président serait en danger. Les exercices de tir s'effectuent aussi bien avec des armes de poing, d'épaule, que d'assaut. Et un circuit leur est réservé pour améliorer leur conduite automobile ou apprendre à percuter une voiture : maisons et voitures sont régulièrement brûlées afin que leur entraînement soit plus réaliste. Lorsqu'ils ne sont pas en entraînement intensif, ils doivent quand même, chaque matin, effectuer un footing et une séance de gymnastique : à cet effet ils utilisent souvent la salle de gym de l'Elysée.

Si, pour entrer au G.S.P.R., il faut être au

moins du niveau « commando », selon les normes de la Gendarmerie, et avoir un âge minimum — vingt-quatre ans —, aucune limite d'âge supérieure n'est prévue : simplement, chaque recrue suit un stage de huit mois et sa condition physique est mesurée deux fois par an. Que les tests soient insuffisants et l'homme sera prié de faire ses bagages.

Riche en hommes super-entraînés, le G.S.P.R. l'est aussi en moyens. Une trentaine de véhicules — tous des Renault et beaucoup de « turbo » — sont à sa disposition mais il obtient sans difficulté, pour peu qu'il les demande, les hélicoptères de la Gendarmerie [3] et les bateaux du G.I.G.N. Ses armes sont évidemment très modernes : le « Riotgun » et le pistolet mitrailleur font partie de leur arsenal mais non le « Clairon », jugé trop meurtrier. Leurs balles sont semi-blindées, c'est-à-dire qu'elles peuvent tuer la personne visée mais non la traverser (et donc risquer d'en abattre d'autres) ou ricocher. Ils ont aussi à leur disposition des grenades paralysantes.

Chargé de la protection du Président — et de certains de ses proches —, ce commando est partout où va le chef de l'Etat. Et, à chaque déplacement, le précède. D'abord avec la mission préparatoire de chaque voyage [4] : là le représentant du G.S.P.R. repère tous les lieux que visitera François Mitterrand. L'objectif est que chaque fois que le Président fera un pas, le G.S.P.R. l'aura fait avant lui afin de constater immédiatement ce qui est anormal.

3. Dans certains pays ou dans certaines circonstances, ce moyen est nécessaire pour assurer une sécurité convenable. C'est, par exemple, ce qui se passe à Monaco où l'hélicoptère est le moyen d'évacuation le plus commode. Au Gabon, où le chef de l'Etat effectua une visite officielle, un déplacement par train était programmé. En cas d'arrêt, l'hélicoptère était le seul recours possible. Un hélicoptère fut donc affrété.
4. Voir le chapitre « Les voyages ».

A cet effet, chaque gendarme reçoit une fiche plastifiée qui contient tous les renseignements possibles. Elle lui permet de se repérer parfaitement, de connaître l'endroit comme s'il l'avait déjà vu et de ne pas ignorer les possibilités de dégagements puiqu'en cas d'incident évacuer le plus vite possible est la première consigne de la sécurité. Cet envoyé spécial n'acceptera jamais, par exemple, que le chef de l'Etat parle dos à un mur face à la foule : une porte permettant une sortie rapide doit toujours être prévue. Au cours de ce repérage, le moindre déplacement présidentiel est étudié, le nombre d'hommes nécessaires calculé et l'itinéraire de dégagement choisi.

Dans ces préparatifs, l'homme de la sécurité prime sur les autres services et notamment ceux de l'ambassade française, ce qui ne va pas sans quelques frictions. Toujours il obtient satisfaction pour les demandes de sécurité les plus évidentes mais non les moins essentielles comme de ne prévoir qu'une entrée pour les invités, de contrôler les serveurs ou de mettre une tente là où une cérémonie en plein air était envisagée. Parfois, mais beaucoup plus rarement, il souhaite qu'une manifestation, trop risquée, soit annulée. Parfois encore, il prend des décisions surprenantes. Comme de louer tout un hôtel parce que les fenêtres donnent sur un endroit d'où doit parler le Président ou de retenir l'ensemble d'un parking de plusieurs étages et d'en dégager les voitures parce que François Mitterrand loge dans l'immeuble. Qu'on ne croie pas ces exemples imaginaires : ils ont réellement eu lieu.

La seconde visite se produit une semaine environ avant le déplacement présidentiel : tout, une fois encore, est revu avec, s'il est possible, encore plus de soin et de souci de la précision. Enfin quelques heures avant l'arrivée du chef de l'Etat, une ultime inspection est effectuée : les démineurs — bien que ce travail soit souvent effectué par les V.O. — et les experts en électronique entrent en action. L'endroit est alors bouclé et seuls ceux disposant du badge adéquat peuvent y pénétrer. Voilà qui nécessite, lors des déplacements présidentiels, des effectifs importants : les gendarmes sont rarement moins de vingt-cinq. Par exemple, ils étaient trente-quatre en Jordanie.

Pour effectuer son travail, le G.S.P.R. a mis au point ce qu'il appelle la « théorie des niveaux ». Trois cercles d'hommes assurent la sécurité rapprochée : le premier est au contact direct du Président; le second se situe à une vingtaine de mètres et le dernier est au-delà de cette limite. L'objectif est que jamais deux gendarmes ne fassent le même travail, comme couvrir du regard un secteur identique, et que chaque homme ne se préoccupe que de sa mission. Qu'il soit sûr d'avoir un camarade à ses côtés et de pouvoir compter sur lui. Ainsi, si des incidents se produisent, chaque G.S.P.R. ne s'occupera que de la tâche qui lui a été assignée et des terroristes ne pourront espérer que son attention soit distraite. Cette protection est assurée vingt-quatre heures sur vingt-quatre et, au cours des voyages, deux membres du G.S.P.R. veillent toute la nuit près de la chambre du chef de l'Etat. Où que ce soit. Quel que soit le palais qui accueille François Mitterrand.

Le Président est ainsi toujours sous sécurité ou sous haute surveillance : la promenade la plus privée se déroulera sous le regard des gardes du corps; les résidences personnelles du chef de l'Etat sont aussi gardées. Rue de Bièvre, une brigade de soixante-douze policiers — toujours les mêmes —, divisée en quatre groupes de dix-huit hommes, est présente pour monter la garde vingt-quatre heures sur vingt-quatre. Les égouts sont régulièrement visités, un membre des voyages officiels demeure au domicile du chef de l'Etat pour vérifier les paquets qui y arrivent et les gendarmes peuvent être également présents. A Latché enfin, un escadron de gendarmes mobiles stationne en permanence et est renforcé en cas de besoin.

Ne vous étonnez donc pas non plus si un jour vous rencontrez François Mitterrand dans Paris et que vous constatiez que la voiture présidentielle est entourée de jeunes gens à motos : c'est le G.S.P.R. [5]. Observez cet homme qui, dans tous les déplacements, est à côté du Président et ne se sépare pas d'un banal attaché-case : c'est le G.S.P.R. Le chef de l'Etat ne porte pas de gilet pare-balles; il en a vigoureusement rejeté l'offre. Alors, on a imaginé cet homme dont la mallette au matériau spécial arrête tout projectile de n'importe quelle arme de poing.

Ne soyez pas surpris encore si vous notez que les hommes de la sécurité rapprochée ont, la nuit, des lunettes. Ces lunettes, qui pèsent quelque trois cents grammes, ont une particularité qui n'est pourtant pas due à l'infrarouge : elles permettent de voir jusqu'à cinq cents mètres comme en plein jour. Et si vous êtes friands de détails, remarquez qu'en déplacement les bouteilles d'eau que le Président consomme abondamment (bouteilles contrôlées, surveillées, et parfois convoyées

5. Il s'agit là de déplacements non officiels. En officiel, le cortège est composé ainsi : trois motards; une voiture pilote (un chauffeur, un membre des voyages officiels, un navigateur chargé d'avertir les services de sécurité placés le long du parcours et, parfois, un médecin); une première voiture du groupe de sécurité rapprochée; la voiture présidentielle entourée de deux motards; la seconde voiture du groupe de sécurité; deux motards. Sous Valéry Giscard d'Estaing, ces deux derniers motards n'étaient pas présents mais on s'est aperçu que, sans eux, les automobilistes « collaient » au cortège.

par le G.S.P.R.) ne sont jamais en plastique mais en verre. Ce n'est pas un hasard : le plastique est vulnérable à la pénétration d'une aiguille empoisonneuse. Mieux : un pays du Proche-Orient a demandé aux hommes de l'Elysée d'assurer la sécurité de la nourriture de son dirigeant. Une mission a été envoyée et la question a été résolue. Le dispositif conçu pourrait être appliqué aux aliments de François Mitterrand : la décision n'a pas été prise; on y songe sérieusement [6].

Cette organisation méticuleuse a, jusque-là, permis d'éviter tout incident : lorsque, ainsi, un homme a craché en direction du chef de l'Etat, c'est le garde du corps qui a reçu l'offense, et lorsque, à Limoges, une tomate a été lancée vers le Président, elle fut attrapée au vol par un membre de la sécurité. Il est vrai que sous Valéry Giscard d'Estaing aussi les incidents furent inexistants. La sécurité était toutefois moins précise. Les voitures présidentielles étaient, par exemple, immatriculées de façon visible (« PR ») et n'étaient pas blindées.

Aujourd'hui l'immatriculation est banalisée; le blindage a cependant causé quelque souci. Voilà qu'on livre à François Mitterrand sa R 25. Blindée. A l'épreuve des balles et des petites roquettes. Le Président s'y installe. Hélas! le rembourrage est si important que sa tête touche le plafond : la R 25 a dû être remplacée. Cette voiture spéciale est expédiée par avion — ce fut le cas pour les obsèques de Sadate au Caire — lorsque la sécurité l'exige. Ce qui n'est pas toujours simple : en Suède les gendarmes refusent que le chef de l'Etat monte en carrosse; le danger est trop grand; mais l'automobile présidentielle n'a

6. En septembre 1984.

pas été emmenée; finalement les Suédois prêteront, sans enthousiasme, une Cadillac blindée.

Les gendarmes ultra-présents et exerçant le commandement sur le terrain, les « privés » en sont aujourd'hui réduits à la portion congrue : même s'ils n'ont pas été officiellement dessaisis de leurs tâches, ils n'effectuent plus que des missions annexes et sont devenus, selon le mot, amer, de l'un d'entre eux « des sortes d'aides de l'aide de camp ».

S'ils ont vigoureusement pris parti dans la querelle, les V.O. – les voyages officiels – n'ont pas vu, en revanche, leur rôle fondamentalement transformé. Ils ont ressenti amèrement la création du G.S.P.R. et l'ont interprétée – ce qui d'ailleurs était le cas – comme une défiance à leur égard. Ils ont dû défendre certaines prérogatives contre les gendarmes qui n'auraient pas rechigné à étendre largement la notion de sécurité rapprochée. Ils regrettent la modicité de leurs moyens (leur budget n'a pas augmenté depuis quinze ans) et ils jurent qu'ils sont aussi bien entraînés – ce qui est exagéré – au tir et aux sports de combat que leurs « camarades » militaires. Mais cette concurrence a aussi créé une émulation : depuis toujours, par exemple, une plaque d'égout existe place de la Concorde face à la tribune présidentielle lors de la revue du 14 juillet. Pour la première fois, en 1983, les V.O. l'ont contrôlée. Il n'est pas sûr que sans l'aiguillon que constitue la présence des gendarmes, une telle inspection aurait été effectuée.

Les V.O., qui dépendent du ministère de l'Intérieur, ont donc une antenne à l'Elysée et leurs locaux sont situés face à la loge d'honneur. Tous policiers, dirigés par un commissaire principal, Jacky Mathieu, ils sont quarante-cinq – y compris les neuf privés. Une partie d'entre eux assurent la sécurité de quelques personnalités : Danielle Mitterrand — quatre hommes — , Jacques Attali — quatre aussi — , Gilbert Mitterrand — trois — , Jean-Christophe Mitterrand — deux, Michel Charasse — un — sont ainsi protégés par des policiers. Ceux-ci, un temps, s'occupaient de François de Grossouvre mais ils ont été remplacés par des gendarmes. Jean-Louis Bianco, Michel Vauzelle et Régis Debray, pourtant menacés, ont en revanche refusé toute mesure de protection, le dernier ayant toutefois, un temps, été escorté par des services de sécurité[7].

Outre cette mission, à Paris, les voyages officiels ont connaissance des lettres de menaces (elles sont ensuite transmises aux Renseignements généraux qui ouvrent une enquête) et examinent tous les paquets, les cadeaux et les enveloppes volumineuses adressés au chef de l'Etat. Chacun d'entre eux est inspecté par un appareil qui les radiographie. S'il se révèle suspect, il est scruté dans une des caves du palais et envoyé, s'il le faut, à la préfecture de Police aux spécialistes du déminage. Une fois, une lettre destinée à Danielle Mitterrand causa un grand émoi : elle contenait un mécanisme métallique complexe. Elle fut dirigée vers les experts et ouverte avec de multiples précautions. Une petite musique s'éleva alors. C'était une carte musicale !

Lorsque le Président se déplace, leurs tâches sont diverses. Comme les gendarmes, ils participent à la mission préparatoire et mènent une dernière inspection une semaine avant le voyage. Deux jours avant le départ présidentiel, les V.O. et leurs démineurs passent au peigne fin l'avion

7. Bien entendu cet état de fait peut varier selon la situation. Ces informations sont de juillet 1984. Il semble que, depuis, la protection des fils du Président soit assurée par les gendarmes.

qui va emmener le chef de l'Etat. Ensuite ils l'essaient (sauf le Mystère 20), le poussent au maximum de sa puissance, font un « touch and go », c'est-à-dire un atterrissage suivi immédiatement d'un décollage, et le confient à la gendarmerie de l'Air qui le prend en charge. Ce système est jugé suffisamment sûr pour qu'une alerte à la bombe, comme cela s'est produit après le décollage lors du voyage aux Etats-Unis, ne soit pas prise au sérieux. Une fois arrivé dans le pays hôte, l'avion est gardé, jour et nuit, par les V.O. qui y dorment.

Ceux-ci — une vingtaine par voyage — ont également en charge la garde des bâtiments où se rend le chef de l'Etat. Ils s'occupent encore plus particulièrement des journalistes, facilitent leur travail, assurent la sécurité des réceptions dans les ambassades, ont la responsabilité de l'hébergement, des cortèges de voitures et des bagages. Ce sont eux qui veillent à leur acheminement et vérifient qu'aucune valise étrangère ne se glisse parmi celles de la suite. La tâche n'est pas aussi mince qu'elle peut paraître puisqu'il serait aisé, si la vigilance n'était pas exemplaire, de déposer une bombe parmi ces colis. Les V.O. sont intraitables : qu'une valise ne soit pas convenablement étiquetée et elle est passée aux rayons X ou fouillée, voire laissée sur place. Ces étiquettes sont spéciales : elles se déchirent quand on essaie de les décoller. Très dévoués, toujours armés, récepteur à l'oreille et émetteur au poignet, ces hommes concourent à la sécurité présidentielle même s'ils ne l'assurent pas directement.

Si la protection du Président a été extraordinairement renforcée sous ce septennat, celle de l'Elysée proprement dite a également été considérablement améliorée. C'est que le palais est à la fois difficile et aisé à défendre. Difficile car situé en plein centre de Paris, il n'a pas été conçu en fonction d'impératifs de sécurité et manque par exemple de dégagements : il est délicat d'en sortir rapidement. Mais aisé car les lieux où se tient le chef de l'Etat sont entourés de bâtiments et toute une façade, celle de l'avenue de Marigny, est aveugle.

Divers incidents, au début du mandat de François Mitterrand, ont soulevé l'inquiétude des responsables : plusieurs personnes ont enjambé la chaîne qui barrait symboliquement le porche de l'Elysée et ont couru vers le perron; les policiers les ont interceptées avant qu'elles ne l'atteignent. Un jour un homme, se faisant passer pour un membre d'une ambassade africaine et prétextant d'un rendez-vous, est parvenu jusque dans le bâtiment central avant d'être arrêté. Rue de l'Elysée, un aliéné mental a réussi, entre deux patrouilles, à sauter le mur : il a été récupéré dans le parc.

Ces incidents, ajoutés aux menaces prises très au sérieux d'actes de terrorisme international, ont conduit à la mise en place de plans de sécurité précis, proches de ceux utilisés sous le général de Gaulle pendant la période de l'O.A.S. Même si aucune de ses fenêtres n'est équipée de dispositifs pare-balles, le palais a subi quelques modifications visibles. Pour le visiteur, le plus sensible est le contrôle à l'entrée : quasi inexistant sous Giscard, il est devenu draconien. Après qu'un garde républicain lui a ouvert la porte, celui qui pénètre à l'Elysée doit passer sous un portique qui détecte toute masse métallique trop importante, présenter et laisser une pièce d'identité. Le rendez-vous est vérifié et le visiteur, muni d'un badge [8], est accompagné par un autre garde répu-

8. Toute personne travaillant à l'Elysée détient un badge de couleur différente selon sa fonction. Ces badges ont une marque spéciale qui empêche de les contrefaire.

blicain chez son hôte. A la sortie son « identité » lui est rendue contre le badge.

Visible également le cylindre d'un mètre de hauteur et de vingt centimètres de diamètre disposé sous le porche principal du palais. Dressé en permanence, il ne s'enfonce dans le sol que pour laisser passer les voitures après vérification. Il a été installé pour qu'un véhicule kamikaze ne puisse, comme cela s'était produit à Beyrouth, se précipiter dans l'Elysée. Et, précaution supplémentaire, un seul battant de la grande porte reste ouvert. Personne évidemment ne peut pénétrer armé dans l'Elysée. Une exception toutefois : les services de sécurité étrangers. La décision se prend alors au coup par coup, en fonction d'échanges de réciprocité. Parfois l'importance de l'arsenal surprend : accompagnant leur Président, les Congolais avaient ainsi des mitraillettes dans leurs attaché-cases tandis que les Américains ont fait entrer dans la cour du palais une voiture contenant des armes lourdes.

La sécurité du palais est sous la responsabilité de la Garde républicaine — qui a également en charge les autres résidences de la Présidence[9]. Celle-ci peut faire appel, si elle le décide, à d'autres spécialistes. On peut apercevoir parfois, au dernier étage du bâtiment central, dans les coins, des hommes embusqués, fusil à lunette en main : ce sont des membres du G.I.G.N. Deux fois par semaine, quand le Président n'est pas là, une sonnerie retentit : c'est l'alerte, dont le dispositif a été modifié par rapport à celui qui existait sous Valéry Giscard d'Estaing.

Des gardes républicains courent, rejoignent

9. Pour perfectionner leur entraînement aux sports de combat, les gardes républicains disposent d'une salle qui leur est réservée dans les sous-sols de l'Elysée.

leurs postes, arment leur fusil, prennent position sur les escaliers, fouillent le parc. Les portes du palais se ferment et sont verrouillées, toute une armée se met en place. Rigoureusement secrètes, les mesures de sécurité sont périodiquement renouvelées : tous les six mois, un nouveau plan est élaboré. A l'extérieur du palais, des changements se sont également produits par rapport au septennat précédent : les trottoirs qui entourent l'Elysée — sauf celui de l'avenue Marigny — sont interdits aux piétons et la rue de l'Elysée est barrée pour les voitures. Pour se garer sur ces voies, une carte spéciale, délivrée par les voyages officiels, est nécessaire. Cette zone est placée sous la responsabilité du commissariat du VIIIe arrondissement et les effectifs policiers sont augmentés le mercredi, jour du conseil des ministres.

Tous les riverains sont régulièrement visités par la police et une enquête a été menée sur chacun d'eux. Enfin un dispositif spécial est organisé lorsque François Mitterrand se tient, pour des raisons protocolaires, sur le perron : personne alors n'a le droit de stationner sur le trottoir d'en face, rue du Faubourg-Saint-Honoré; les maisons sont investies par les Renseignements généraux et sur les toits des immeubles avoisinants se tiennent des policiers avec des fusils et des jumelles.

Ce souci de sécurité est omniprésent : n'a-t-on pas fouillé les journalistes venus assister à une conférence de presse du Président? On se souvient aussi des batteries antiaériennes qui protégeaient les dix chefs d'Etat réunis à Fontainebleau en juin 1984. Cependant, tout système de protection reste vulnérable puisqu'au dire des spécialistes eux-mêmes rien, dans ce domaine, ne peut être parfait. Les services français le savent bien, eux qui n'ont toujours pas retrouvé les voleurs qui ont dérobé deux pendules au pavillon de Marly, une résidence pourtant officielle de la Présidence !

Ce « rien n'est parfait », on le constate soi-même si on va à l'Elysée. Assurément on sera conduit à son rendez-vous. Mais celui-ci fini, personne n'attend pour raccompagner. Alors pour peu qu'on ait l'air sûr de soi et dégagé, on va — nous avons fait maintes fois l'expérience — où on veut. Sans doute pas jusqu'au bureau du Président, mais on fera quand même un sacré voyage !

PETITS ET GRANDS DÉJEUNERS

Ce n'est ni un gros mangeur ni un gastronome. L'heure de se mettre à table est pourtant pour François Mitterrand un moment essentiel. Moins pour la cuisine que pour un art qu'il pratique entre tous, où il excelle et qui est peut-être celui qu'il préfère : la conversation. Lui qui, en définitive, voit peu ses collaborateurs, les retrouve avec plaisir à table, et lui qui connaît tant de monde aime recréer une ambiance particulière qui tient aussi bien du dîner mondain que de l'atmosphère décontractée des rendez-vous de Latché. François Mitterrand ne fait pas de différence : petit ou grand, le déjeuner est d'abord l'occasion de retrouvailles.

Il aime bien ainsi la coutume du petit déjeuner. Il y manifeste un solide appétit : s'il ne dédaigne pas les œufs et le jambon, sa préférence va au service à la française. Gourmand de confiture (pour peu qu'il se sente dans un climat amical, il n'hésitera pas à plonger sa petite cuillère dans le pot commun) et de miel, il préfère encore plus les fruits qu'il dévore. Déjà, rue de Bièvre, ces repas, fort courus par les fidèles et les journalistes, étaient l'occasion de rencontres politiques : à l'Elysée il ne déroge pas à cette habitude et il se montre un hôte attentif. Le « groupe de Sofia » est ainsi, deux ou trois fois par an, un de ses invités.

Curieuse histoire que celle de ce « club » qui regroupe des journalistes qui ne sont pas tous des éditorialistes ni des rédacteurs de premier plan. A l'origine, quelques journalistes, Paul Joly, Alexis Liebaert, Pierre Crisol et Bruno Mazure, accompagnent, en octobre 1978, le premier secrétaire du parti socialiste en Bulgarie pendant quatre jours. De retour à Paris, ils l'invitent à déjeuner dans un de ses restaurants préférés, le Dodin-Bouffant. Deux de leurs confrères se joignent à eux, Jean-Marie Colombani et Richard Artz. Le Président les apprécie; le jour de l'investiture, ils porteront un badge spécial — jaune — qui leur donnera droit à quelques lieux interdits aux autres membres de la presse.

Donc, après le Dodin-Bouffant, François Mitterrand rend l'invitation et, depuis, les rencontres sont régulières. Simplement, depuis l'accession à la Présidence, le nombre des hôtes a augmenté — ils sont maintenant onze — et, contrairement au début où la sensibilité était de gauche, cette quasi-institution s'est politiquement élargie. Le Président accueille d'autres journalistes — directeurs, rédacteurs en chef, éditorialistes — à sa table mais souvent à l'occasion d'un petit déjeuner.

Chaque fois, l'invité reçoit un carton; il lui arrive fréquemment de devoir attendre le chef de l'Etat qui a manqué l'heure du rendez-vous, généralement fixé à neuf heures. L'usage veut qu'on n'aborde pas aussitôt les questions d'actualité mais qu'on attende que le chef de l'Etat ait lancé : « Alors, qu'est-ce que vous voulez savoir ? » Il serait évidemment malséant d'y prendre des notes, même si ces réunions ont pour objectif de faire passer dans l'opinion, sans citation directe toutefois, la pensée présidentielle. Même si de temps à autre le chef de l'Etat assure : « Ça, je veux qu'on le sache. » Dans ces conversations,

François Mitterrand est plus volontiers analyste qu'il ne divulgue réellement des informations : il fait état de ses préoccupations, livre quelques confidences, donne un climat. Comme toujours avec lui, le temps ne paraît pas compter : ces entretiens-là durent facilement deux heures.

Ces petits déjeuners relations publiques, qui touchent tous les milieux, permettent aussi au Président, lui qui est si sensible à cet aspect des choses, de s'informer et de prendre le pouls des différentes catégories sociales : André Bergeron est ainsi un habitué et bénéficie, une fois par mois, d'un tête-à-tête. Le chef de l'Etat pose alors autant de questions, sinon plus, qu'il fournit de réponses et aller à l'Elysée représente non seulement une consécration mais aussi l'espoir de voir quelques revendications aboutir ou ses idées se traduire dans la politique gouvernementale.

Un exemple : en novembre 1983, François Mitterrand reçoit, tôt le matin, des universitaires. Du beau monde : il y a là le mathématicien Laurent Schwartz, les physiciens Philippe Nozière et Claude Allègre, le sociologue Alain Touraine, l'historien Jacques Le Goff et le juriste Gérard Lyon-Caen. Dans quelques jours, l'Assemblée nationale examinera en seconde lecture la loi sur l'enseignement supérieur, que le Sénat a déjà beaucoup changée et qui bouleverse l'Université. Alors, entre le croissant et la brioche, ces hommes, pourtant de gauche, expliquent pourquoi cette loi est néfaste et conduirait à un égalitarisme niveleur.

Les déjeuners, eux, sont souvent organisés par les plus proches collaborateurs comme Jacques Attali. Régis Debray, un temps, en monta plusieurs. Roland Dumas et Jack Lang continuent d'inviter régulièrement au palais. Ils répondent au même souci de favoriser l'information du Président et de le mettre en contact avec des experts et des spécialistes qui vont enrichir sa réflexion. Des soviétologues, comme Hélène Carrère d'Encausse, Alexandre Adler et Jean Elleinstein seront aussi appelés en consultation pour traiter de la situation en Union soviétique.

Une autre fois, une quinzaine de personnalités, parmi lesquelles les philosophes Vladimir Jankélévitch, Gilles Deleuze, l'écrivain Jean-Pierre Faye, l'avocat Georges Kiejman, le journaliste Jean-François Kahn et les comédiens Michel Piccoli et Alice Sapritch, auront à débattre d'un projet culturel destiné à « mobiliser les énergies créatrices ». Le Proche-Orient sera traité, un jour, par Maxime Rodinson, Simone de Beauvoir, Michel Foucault, Claude Mauriac et Pierre Vidal-Naquet; le tiers monde, un autre, par les journalistes Philippe Decraene, Claude Julien et Eric Rouleau. Les écrivains américains Stanley Hoffmann et William Styron se retrouveront à la même table.

Une conversation sur la musique réunira Patrice Chéreau et Bulle Ogier. Les rendez-vous avec les écrivains, les metteurs en scène et les artistes sont fréquents : Françoise Sagan, Françoise Mallet-Joris, Hervé Bazin, Michel Tournier, Bertrand Poirot-Delpech, Georges Conchon, Philippe de Saint-Robert, François Truffaut, Charlotte Rampling, Annie Girardot, France Gall, Coluche, quelques noms parmi d'autres, connaissent la table présidentielle.

Chaque fois le Président ne se contente pas d'écouter, il lance la discussion, ranime la conversation, livre sa propre opinion mais ne tire pas de conclusions à la fin du repas. Dans la majorité des cas, des collaborateurs, du moins les plus importants, participent à ces agapes : François Mitterrand, bien souvent, ne les a fait prévenir que dans la matinée par son secrétariat ou les convoque, lui-même, à l'impromptu, vers midi : « Avez-vous un déjeuner ? Voulez-vous déjeuner avec moi ? »

Il arrive aussi qu'au Conseil, un ministre reçoive un billet le conviant à la table présidentielle. Ces déjeuners, qui commencent à treize heures quinze et dépassent rarement quinze heures, retrouvent alors le ton de ceux qui se déroulaient, du temps de l'opposition, rue de Bièvre ou à Latché : les convives y sont rarement moins de huit, le formalisme n'est pas de rigueur et le brillant y est bienvenu.

Dans cette succession de rencontres périodiques et de déjeuners tous azimuts, il faut toutefois, compte tenu de leur importance, mettre à part deux rendez-vous du chef de l'Etat : le petit déjeuner du mardi et ce qui fut le déjeuner du mercredi.

Le petit déjeuner du mardi est une vieille habitude de François Mitterrand : dans l'opposition, déjà, il réunissait rue de Bièvre ses proches pour discuter à bâtons rompus. Le choix du mardi était lié aux coutumes de l'Assemblée nationale : c'est le premier jour de la semaine où les députés commencent à travailler, le lundi étant réservé à leurs circonscriptions. Sitôt arrivé à l'Elysée, François Mitterrand décide de maintenir l'usage : il envisage d'abord de n'avoir qu'un tête-à-tête avec le nouveau premier secrétaire du parti socialiste, Lionel Jospin ; mais peu à peu il élargit le cercle. Aujourd'hui, ils sont cinq à se retrouver, chaque mardi, vers neuf heures trente, dans le salon des portraits.

Autour de la table ovale, où les maîtres d'hôtel ont déposé le premier plat (œufs brouillés et jambon : généralement personne n'en prend et François Mitterrand, qui d'ordinaire en consomme, ne s'en sert pas), le chef de l'Etat fait face au premier ministre. A sa droite, le premier secrétaire du parti socialiste. A sa gauche, ses conseillers, le secrétaire général de l'Elysée et Jacques Attali. Il n'y participait pas lorsque Pierre Bérégovoy était secrétaire général : depuis il a, lui aussi, son rond de serviette.

La conversation, il serait osé d'employer le mot de discussion, dure jusque vers les onze heures. C'est le Président qui l'ouvre en demandant au chef du gouvernement de quoi il souhaite parler. Il pose ensuite la même question à Lionel Jospin. Il s'agit avant tout d'un échange d'analyses, sur les événements ponctuels d'abord, sur les questions à plus long terme ensuite, mais on n'y prend pratiquement jamais de décisions formelles.

François Mitterrand y indique ce qu'il convient de faire devant le problème soulevé ou souhaite que ses interlocuteurs décident eux-mêmes. Comme souvent chez le chef de l'Etat, il ne donne pas d'ordres mais ses conclusions sont suffisamment explicites pour que personne ne s'y trompe. Rien n'a jamais transpiré de ces réunions détendues et amicales où premier ministre, premier secrétaire, secrétaire général et conseiller spécial s'appellent par leur prénom et se tutoient. La règle ne vaut évidemment pas pour le Président.

Ainsi se passent les choses. Du moins du temps de Pierre Mauroy. Plus qu'aucun autre peut-être, le premier ministre appréciait ces rencontres où il pouvait parler « entre soi », lui qui aime tant les discussions franches, chaleureuses, où on ne s'embarrasse pas de précautions et où les arrière-pensées ne semblent pas de mise.

Ces mardis matin, il était à l'aise : il était loin de ces diplômés technocrates avec qui il doit compter; loin aussi des salons où il n'aime guère aller et des endroits où il faut briller. Oui vraiment, à ces petits déjeuners-là, où il fait bon « faire de la politique », il se sentait bien. Et, pour travailler encore mieux, Pierre Mauroy venait avec ses dossiers et avait pris soin de petit-déjeuner chez lui : ainsi son attention n'était pas distraite ! Avec Laurent Fabius, l'ambiance est restée la même, bien que la discussion paraisse mieux cadrée.

Sous Pierre Mauroy, le déjeuner du mercredi, après le conseil, fut tout aussi important et tout aussi régulier; il a été supprimé discrètement à la nomination de Laurent Fabius. Il arrivait que des indiscrétions en filtrent et que des bribes de la réflexion présidentielle parviennent à la presse. A ce repas, le cercle, vraiment de famille, était élargi : il y avait là Pierre Mauroy, Laurent Fabius, Lionel Jospin, le président de l'Assemblée nationale Louis Mermaz, les ministres Pierre Bérégovoy, Gaston Defferre, Pierre Joxe et Paul Quilès, le numéro deux du P.S. Jean Poperen, et Jacques Attali.

Quelques changements étaient déjà intervenus au fil des mois : quand Pierre Bérégovoy était secrétaire général, il y assistait, ainsi qu'André Rousselet, mais non Jacques Attali. De temps en temps, un ministre était invité à ces agapes. Les uns et les autres étaient conviés moins en fonction de leur qualité que parce qu'ils incarnaient, à des titres divers, le mitterrandisme et la fidélité. Là encore, ce déjeuner, qui se déroulait dans la salle à manger dite « Pompidou », était sans ordre du jour et l'atmosphère y était décontractée, voire amicale. La liberté de ton y était de règle et il pouvait arriver que certains, comme Jean Poperen, prennent le risque de critiquer des aspects de la politique gouvernementale.

Jacques Attali ne disait mot. Le Président lui-même n'y parlait quasiment pas : il était là surtout pour écouter, pour entendre ceux qui ne l'avaient jamais trompé et qui, par leurs contacts, enrichissaient sa réflexion. Simplement, il engageait la discussion, l'orientait et, dans la plupart des cas, en définissait le thème. Ce qui causait quelque désagrément à certains participants : ils auraient préféré aborder d'autres sujets. N'osant contredire le choix présidentiel, craignant de paraître désobligeants mais ne voulant pas pour autant se censurer, ils étaient souvent conduits à évoquer ce qui leur tenait au cœur, en vitesse, au moment du café.

Un autre rendez-vous a lui aussi été purement et simplement supprimé : chaque jeudi matin, jusqu'à la fin de 1982, François Mitterrand, toujours en présence de son secrétaire général, recevait au petit déjeuner les principaux dirigeants du P.S. (Lionel Jospin, Pierre Joxe, Jean Poperen et Paul Quilès) ainsi que Louis Mermaz et Laurent Fabius. Comme pour les deux précédents, la politique constituait le plat de résistance de ce repas-là. La discussion portait essentiellement sur les questions d'actualité, le rôle du parti socialiste et l'attitude de ses députés.

Est-ce parce que ces réunions de concertation ne tinrent pas leurs promesses qu'elles furent annulées, les députés, en dépit des explications du chef de l'Etat, continuant, comme lors de l'affaire de la réhabilitation des généraux factieux d'Algérie, à maintenir leur point de vue ? Ou est-ce parce que centrée sur le parti, la discussion amenait François Mitterrand à trancher et à arbitrer des querelles dont il n'était ni maître ni acteur ? Voilà qui n'était pas sans inconvénient à une époque où il souhaitait apparaître comme un rassembleur, plus soucieux du destin des Français que des dissonances des socialistes.

Cela ne l'empêche pourtant pas de continuer à recevoir, généralement le vendredi, une dizaine de députés socialistes. Fort courue, l'invitation à la table présidentielle, qui vous pose un homme au Palais-Bourbon au point que certains n'hésitent pas à faire acte de candidature, a pour objectif, là encore, de permettre au chef de l'Etat d'écouter la voix de la province et de lui ouvrir des horizons que le confinement au palais lui ferment.

Tous ces rendez-vous réguliers dans l'agenda présidentiel, notamment le petit déjeuner du mardi, en étonnent plus d'un : n'est-ce pas, disent-ils, la preuve de l'influence du parti sur l'Etat ? A-t-on jamais vu un Président discuter ouvertement, de plus en présence du premier ministre, de ses choix et de sa politique avec le leader du parti dominant ? La symbiose n'est-elle pas encore plus étroite puisque le mercredi, ce n'était plus seulement le P.S. qui était l'hôte de l'Elysée, mais une de ses tendances, le courant A, c'est-à-dire celui que dominait autrefois François Mitterrand ? La voilà bien la République des camarades, le règne socialiste est arrivé, l'Etat P.S. sonne la charge.

L'Elysée, sans nier la critique, ne s'en soucie guère : il est bon au contraire, y dit-on, qu'entre un vent venu d'ailleurs et Lionel Jospin [1], quelque peu précieux, constate simplement : « Il faut bien comprendre qu'un double rapport s'est établi depuis le 10 mai : le P.S. transcende l'Etat et vice versa. » La querelle n'est pas neuve et le François Mitterrand-opposition eut, en son temps, de fort belles pages, violentes et décapantes, pour dénoncer la mainmise de l'U.D.R. ou de l'U.D.F. sur l'Etat. De fait, les attitudes d'hier continuent d'être les pratiques d'aujourd'hui. Constatons simplement que le phénomène s'est amplifié et s'avoue plus volontiers que naguère.

---

1. Cité par Maurice Szafran et Sammy Ketz : *Les Familles du Président* (Grasset).

LES RÉCEPTIONS

Ce jour de mai 1984, le champagne est servi dans la grande salle du Grand Hôtel d'Oslo; les caméras de télévision tournent; le Président, exceptionnellement en habit, va se lever pour prononcer son toast en l'honneur du roi de Norvège. Horreur! quelques personnes s'aperçoivent que la plaque de grand-croix de l'Ordre de Saint-Olaf, que François Mitterrand porte au plastron en l'honneur de son hôte, est au trois quarts décrochée. Inéluctablement, elle tombera lorsqu'il se dressera. On tente quelques signes discrets; en vain; il est trop tard; il est déjà debout... Rien ne se passe, la médaille tient bon. Le miracle vient d'un maître d'hôtel de François Mitterrand qui, pressentant la catastrophe, s'est précipité pour tirer la chaise présidentielle et en a profité pour rajuster en un éclair la lourde décoration sans que quiconque remarque le manège. Bravo!

Une telle mésaventure n'aurait pas été bien grave mais ainsi va le protocole : le Président est la France et sa dignité doit être assurée en toutes circonstances, rien ne peut lui arriver qui n'ait pas été soigneusement pensé, pesé, répété, en vertu d'une intraitable étiquette. Si le protocole se remarque c'est qu'il a été mal réglé : un impair et le ridicule menace : une maladresse et l'incident politique n'est pas exclu.

Obligatoirement diplomate de carrière, l'homme chargé de la bonne ordonnance de toutes les apparitions officielles porte un titre qui date du XVIᵉ siècle : chef du protocole et grand interlocuteur des ambassadeurs. Encore la IIIᵉ République l'a-t-elle privé d'une qualification : de 1585 à 1874 il s'est aussi appelé « grand maître des cérémonies ». Sous la monarchie, tout allait bien : étiquette et préséance étaient régies par des consignes extrêmement strictes auxquelles on ne dérogeait pas.

Jusqu'à 1958, les choses étaient encore simples : le décret du 2 décembre de cette année-là modifiait celui du 16 juin 1907. Seulement voilà, si ce nouveau texte fixe en effet l'ordre protocolaire — le chef de l'Etat en premier, le premier ministre en second, puis le président du Sénat et celui de l'Assemblée nationale — il a oublié beaucoup de monde : notamment les membres du Conseil constitutionnel, les parlementaires européens, le commissaire général au Plan et... les anciens présidents de la République.

Quel casse-tête lorsqu'il faut placer mille personnes dans la tribune officielle du défilé du 14 juillet sans commettre la plus petite maladresse ni froisser les susceptibilités ! Quelle affaire lorsqu'il fallut attribuer un rang à Valéry Giscard d'Estaing lors de la cérémonie aux Invalides rendant hommage aux cinquante-huit parachutistes français tués à Beyrouth. La disposition des lieux permettait une séparation nette : d'un côté le premier ministre et le gouvernement : de l'autre, les corps constitués, les présidents du Sénat et de l'Assemblée étant très légèrement avancés. Après réflexions, discussions et propositions, on trouva finalement une place pour Giscard : sur le même alignement qu'Alain Poher et Louis Mermaz mais en dernier.

Si François Mitterrand laisse faire les hommes

de l'art, il surveille de très près tout ce qui concerne le protocole. Le temps est bien lointain où il écrivait en 1973 : « J'ai cessé depuis longtemps d'assister aux cérémonies officielles. Je ne m'imagine pas saluant et serrant des mains [1]. » Aujourd'hui, il ne rechigne à rien, se plie à tout, bien conscient de la nécessité du décorum. Il sait que le strict maintien du protocole est aussi une manière de rassurer tous ceux que l'élection d'un socialiste a cueillis comme un direct au foie. A propos des premiers pas de la IIIᵉ République naissante, un ouvrage [2] expliquait : « Bien des cours d'Europe tenaient alors la France républicaine en suspicion et le respect du cérémonial avait son rôle à jouer pour dissiper les préventions. » Certes, François Mitterrand a simplifié les remises des lettres de créance des ambassadeurs qui se déroulent sans échange de discours écrits mais, même pour ces cérémonies à strict huis clos, il a conservé une étiquette intransigeante. Guidé par le chef du protocole dans le salon des Ambassadeurs où se tiennent le Président, le ministre des Relations extérieures et les plus importants des Elyséens, l'envoyé étranger s'avance : « J'ai l'honneur, monsieur le Président de la République, de vous remettre les lettres qui m'accréditent auprès de vous. » Un pli roulé change de main, on pose pour la photo de famille, on échange quelques mots et, au suivant !

Ces ambassadeurs, François Mitterrand les retrouve tous les ans début janvier pour la cérémonie des vœux du corps diplomatique, aussi traditionnelle que celles du gouvernement, des corps constitués, « des forces vives de la Nation », bref,

---

1. In *La Paille et le Grain.* (Flammarion et Le Livre de Poche.)
2. *Les Affaires étrangères et le Corps diplomatique français*, tome II, sous la direction de Jean Baillou, éditions du C.N.R.S.

que toutes les réceptions qui sont réservées à de rares élus. François Mitterrand aime savoir à qui il serre la main : avant ces rendez-vous, le chef du protocole apprend à reconnaître sur photos les invités dont il glissera les noms et les titres à l'oreille du Président. Celui-ci s'arrange toujours pour adresser un mot personnel à son interlocuteur ou repérer au deuxième ou troisième rang un visage connu. Avec les dames, il ne pratique pas le baisemain mais marque, d'un petit fléchissement de tête, une attention particulière.

L'itinéraire obligé achevé, les invités s'égaillent autour du buffet et François Mitterrand se trouve plus à son aise. Il choisit ses interlocuteurs, les apartés deviennent mini-conversations; il n'hésite pas à prendre l'un par le bras, à rire ouvertement avec l'autre. Pendant ce temps, les hôtes se divisent en deux catégories : ceux qui profitent des petits fours; et ceux qui manœuvrent, jouent des coudes, intriguent pour être remarqués par le Président. Un regard est mieux que rien, un signe de tête comble de ravissement, une poignée de main se garde en mémoire, quelques mots transcendent. François Mitterrand s'amuse sans doute de ce petit manège mais ce n'est qu'une piètre consolation : hors quelques cérémonies où il retrouve des gens qu'il aime ou qui l'intéressent, il ne goûte guère ce genre de raouts.

Les grands dîners de gala lui messiéent moins. Ces soirs-là, la salle des fêtes brille de tous ses ors. Une table l'occupe sur toute la longueur, splendidement parée. Dans le vestibule d'honneur, en haut du perron où l'on a tendu le tapis rouge, les huissiers recueillent les manteaux qui partiront au sous-sol par le monte-charge installé par Vincent Auriol. Les invités, robe de soirée pour les dames, smoking pour les messieurs — l'habit ne sert plus jamais en France et très rarement à l'étranger — traversent le salon des Tapisseries, le salon des Aides de camp et le salon Murat. Voici enfin le jardin d'hiver et la salle des fêtes. A l'entrée, un tableau en cuir dans lequel sont glissés de petits bristols indique le plan de table; chacun repère sa place, devant laquelle il trouvera un autre carton à son nom et un menu orné d'une cordelette aux couleurs de la France ou du pays de l'hôte.

François Mitterrand lui-même a eu connaissance de ce plan de table et l'a éventuellement corrigé. Pour entendre la conversation présidentielle rien n'égalera jamais la « petite chaise ». Placé juste derrière le chef de l'Etat, ce siège accueille l'interprète qui ne prend que très rarement place à table — cela arrive essentiellement pour les repas de travail. Ce traducteur est souvent indispensable : François Mitterrand ne parle aucune langue étrangère et si certains jurent qu'il comprend vaguement l'anglais, d'autres assurent qu'il n'en saisit rien. Le Président, comme à son habitude, mange et boit modérément mais parle. De choses sérieuses et d'autres qui le sont moins. Très courtois avec ses voisins, il s'inquiète de leurs impressions sur la France, évoque leur pays, raconte éventuellement quelque souvenir.

Cantonné dans le jardin d'hiver, l'orchestre à cordes de la Garde républicaine s'échine, sans perturber les conversations, à faire entendre de gentillettes musiques que personne n'écoute : Telemann, Purcell, Albinoni, Vivaldi, Blainville, Corelli et même ce pauvre Mozart sont des habitués. Le programme, qui compte une demi-douzaine d'œuvres, a de bonnes chances de n'être pas entièrement interprété : l'arrivée du champagne annonce l'instant des toasts. Coupes remplies, on doit se garder d'y porter la bouche avant la fin des allocutions : moindre mal pour François Mitterrand qui se contente d'y tremper les lèvres ; amère déception pour les amateurs de ce vin qui ingurgiteront un breuvage tiédasse dont la dernière bulle se sera volatilisée depuis longtemps. A tout prendre, mieux vaut être membre du protocole ou du service de sécurité et dîner à la « table bis » qui réunit en même temps les « techniques » des deux délégations dans une autre salle mais avec strictement le même menu !

Sitôt le dîner avalé — commencé à vingt heures trente, il ne dure jamais beaucoup plus d'une heure —, François Mitterrand aime à s'isoler avec son hôte, le plus souvent dans le salon Pompadour, dont la porte est alors gardée par un garde républicain qui dissuade les invités de troubler le tête-à-tête. A vingt-trois heures trente au plus tard — et souvent bien avant — la fête est finie. Les quelques centaines de convives qui régulièrement franchissent les portes du palais s'en retournent. Mais ils reviendront avant longtemps, pour un autre dîner de têtes, pour une autre réception et, bien sûr, pour la traditionnelle garden-party du 14 juillet.

Cette fois, il ne s'agit plus de ces réceptions, que François Mitterrand ne prise guère, où la France reçoit le Monde, ni de ces conversations repas, qu'il adore, où le chef d'Etat cède la place au maître de maison. Cette fois, pour célébrer la Révolution, le Président accueille la nation à travers ses notables — qu'ils viennent de province et leurs frais seront parfois remboursés par l'organisme qu'ils représentent —, de son Tout-Etat et de ses symboles.

Plusieurs jours auparavant les tentes où se tiendront les buffets ont été disposées dans le parc de l'Elysée. Très tôt dans la matinée, les choses sérieuses ont commencé : dès cinq heures trente, les camions des traiteurs — on pratique l'alternance : Lenôtre, Potel et Chabot, Christian Constant, François Clerc — sont arrivés et ont commencé à décharger, sous l'œil de quelques gardes républicains en battle-dress, les centaines de containers en plastique renfermant vaisselles et nourriture, les bidons d'orangeade, les casiers de glace pilée, les côtes de bœuf pré-découpées, les barons d'agneau déjà tranchés, les porcelets morcelés et les dindes reconstituées.

A sept heures, chemise et long tablier blancs, pantalon et cravate noirs, les maîtres d'hôtel — une centaine — ont investi la place : les uns se sont déployés sur l'herbe verte et ont levé les tables en fer étalées en larges corolles sur la pelouse, les autres, restés dans la salle des fêtes, ont dressé gâteaux et canapés sur de longues tables, sous les lustres de cristal, près des fauteuils, des bergères et des chaises entassés dans les coins. Spectacle hallucinant : là une quarantaine d'hommes, en ligne, dirigés par leur chef en grand habit noir, installent sur des assiettes les tartelettes rouges aux fraises, les choux verts à la poudre d'amandes, les gâteaux au chocolat, les opéra, les alexandra, les montmorency, les armenonville, les fraisiers, les framboisiers, les charlottes, les dartois, les carolines, les paris-brest, les salambos, les financiers, les tartes lorraines, les fours glacés verts (à la pistache), roses (à la fraise), jaunes (au citron), blanc (au kirsch), violet (au cassis). Et encore les fruits déguisés, les fruits au sucre, les raisins à l'alcool, les canapés, au foie gras, au saumon, aux pâtés, à la mousse d'avocat, aux crevettes, aux œufs, aux pointes d'asperges, aux anchois, aux rillettes, au jambon de Parme.

Voilà qui ira rejoindre le buffet classique — à droite dans le parc — tandis qu'à gauche se tient le buffet campagnard. Avec les andouilles, les saucisses, les pâtés, les terrines, les saucissons, sec, à l'ail, la rosette, la copa, le chorizo, les jambons, le blanc, le fumé, le persillé, le york. Avec les tonnelets de Beaujolais. Avec les paniers de carottes, de radis, de céleri, de choux-fleurs, de navets, de tomates, de melons, de pastèques. Avec les quiches lorraines, les tartes à l'oignon, les tourtes d'Arblay aux légumes.

Plus loin, au fond du parc, trônent les fromages. Deux cent quarante sortes, tous français, huit mille pièces environ. Il y a les chèvres, une cinquantaine d'espèces dont la bouchée du Périgord « tirée » à mille huit cents exemplaires. Il y a les vaches, le murollet et sa croûte rouge, le livarot, le pont-lévêque, le munster, le marolles, le camembert, les bries de montereau, de melun, de meaux, la « Petite Folie », un vache frais aux raisins, aux noix, au coriandre, à la ciboulette, au cumin, aux noisettes, aux pruneaux, au curry, au paprika, au poivre. Il y a les bleus, la fourme, l'auvergne, le causse. Il y a même le niolo corse. Et depuis 1981, les fromages de la Nièvre, notamment les petites briques de chèvre, sont présents. Le fromager — la maison Barthélemy, fournisseur depuis 1975 — connaît son monde : qu'il fasse frais et les fromages forts partiront les premiers; que le temps soit doux et les chèvres frais auront les faveurs; que la chaleur règne et les pâtes cuites disparaîtront.

Pour être complet d'abord, pour rendre compte de la munificence surtout, il faut ajouter, contribuant au spectacle, de longues tables blanches sur l'herbe verte semées, çà et là, des taches noires des maîtres d'hôtel tandis que des gardes républicains en grande tenue sont en position et que les tentes vert et blanc contribuent à renforcer le côté garden-party d'une journée d'été, il faut ajouter donc les bouquets, les verges d'or, les gerbera rouges, les archillea bleus, les chrysanthèmes jaunes, les pieds-d'alouette roses et bleus, les mufliers orangés, les lis blancs, les marguerites, les glaïeuls, les iris jaunes et bleus, tous dressés dans d'énormes paniers d'osier datant de la IVe République dont on ne trouverait plus aujourd'hui de semblables.

François et Danielle Mitterrand aiment à inspecter, chaque année, ces préparatifs, s'inquiétant d'une caisse qui n'est pas encore enlevée ou d'un effet qui ne leur paraît pas convenir. En 1984 ils furent peut-être plus attentifs encore : c'est que le parc s'ornait de deux statues — « L'Homme qui marche » de Giacometti et « L'Homme au mouton » de Picasso — dont le Président fit changer à plusieurs reprises l'emplacement.

Dès dix heures tout est prêt mais les portes ne seront ouvertes qu'à midi moins le quart et les buffets ne seront « consommables » qu'une demi-heure après. Alors les quelque six mille personnes qui, toutes, ont reçu une invitation personnelle calligraphiée d'une belle écriture ronde par des gardes républicains, s'engouffreront.

L'assistance, en grand uniforme et en toilette, est diverse et si quelques invités se risquent à la chasse aux autographes allant jusqu'à traquer un Charles Fiterman gêné mais signant, la majorité est moins là pour voir que pour être vue. C'est la France officielle qui se salue et dont le bonheur est d'être reconnue par un ministre et la félicité de converser avec le Président. C'est aussi la France qui mange et qui boit.

En moins de trois heures, tout, absolument tout, aura disparu. Absorbées les mille quatre cents bouteilles de champagne et les cent vingt de whisky[3] sans compter les apéritifs divers, les tonnelets de beaujolais-village, de bordeaux et de côtes-du-Rhône, les sept cent cinquante litres de jus d'orange et de pamplemousse.

Engloutis les trois mille pains briochés au foie gras, les deux mille petits pains à la ciboulette, les trois mille boules de crabes, les deux mille mignonnettes de poulets, les quinze cents barquettes aux poivrons et les quinze cents aux œufs mimosa. Avalés les quinze mille canapés divers et les deux mille sandwiches à la mousse de foie gras. Croqués les huit cochons de lait aux herbes, les quinze jambons d'York, les vingt poulardes et les dix dindes reconstituées. Les buissons de saumon, les terrines, les charentaises, les viandes seront dévorés; les crudités, les fruits, les pâtisseries — les gâteaux — une centaine de kilos —, vingt kilos par exemple de gâteaux au chocolat —, les tartelettes — trente kilos —, les petits fours — soixante kilos —, les caramels, les fondants, les fruits déguisés — quarante kilos —, les chocolats et les nougats — vingt kilos chacun —, seront digérés en quelque cent quatre-vingt minutes par une société qu'on peut penser nourrie. Et nantie, ce qui ne l'empêchera pas de partir en emmenant — souvenirs, souvenirs... — quelques fleurs ou quelques petites cuillères.

On s'étonnera toujours de la goinfrerie et de la précipitation de cette foule pourtant habituée à ce type de cérémonie et accoutumée à se retrouver. Mais que la fête se déroule à l'Elysée et la voilà qui retrouve une âme de midinette — le Président paraît et chacun se presse — et de courtisan — celui qui aura l'honneur de bénéficier de quelques mots présidentiels sera, sur l'instant, jalousé et,

---

3. Ces chiffres ainsi que ceux qui suivent sont de 1983 mais ne varient guère d'une année à l'autre.

après, pressé de questions : c'est qu'il a été adoubé.

Même si François Mitterrand ne professe pas le mépris du général de Gaulle vis-à-vis de la classe politique — « Je suis un homme politique », s'est-il plu à répéter[4] —, il ne goûte qu'à demi ce rendez-vous avec la France. La France ou du moins l'officielle à laquelle il préfère celle des citoyens, des paysages et des saisons. « Une certaine idée de la France, l'expression est du général de Gaulle, écrira-t-il. Je ne l'aime pas et me reproche de l'avoir employée dans un livre. Je n'ai pas besoin d'une idée de la France. La France, je la vis. J'ai une conscience instinctive, profonde de la France, de la France physique et la passion de sa géographie, de son corps vivant. Là ont poussé mes racines. L'âme de la France, inutile de la chercher : elle m'habite[5]. »

On aimera ou on n'aimera pas. Mais il ne déplaît pas à François Mitterrand de voir, à travers ces notables rassemblés le jour anniversaire de la prise de la Bastille, l'installation des socialistes au pouvoir reconnue et sa légitimité consacrée. Cédant à son tour à la magie du symbole, cet art de gouverner si propre à la Vᵉ République, il invitera, en 1984, des personnalités, comme Michel Hidalgo, représentant « la France qui gagne » : « Tout compte s'il s'agit du prestige de l'Etat[6]... » et de l'aura présidentielle.

4. A Paul Guilbert du *Quotidien de Paris*.
5. In *L'Abeille et l'Architecte* (Flammarion et Le Livre de Poche).
6. La phrase est du général de Gaulle. Citée par Claude Dulong, *La Vie quotidienne à l'Elysée du temps du général de Gaulle* (Hachette).

MESSIEURS, LA COUR

La Cour est de toutes les républiques mais depuis 1958 règne à l'Elysée un monarque. Charles de Gaulle et Valéry Giscard d'Estaing le furent; François Mitterrand l'est. Sans honte et sans gêne. D'ailleurs, pourrait-il en être autrement quand on mesure l'importance des pouvoirs et la force de la durée qu'accorde la Constitution à l'homme que le suffrage universel a élu? Régnant et gouvernant tout à la fois, le chef de l'Etat français est dans les démocraties occidentales un exemple unique. François Mitterrand, qui fut autrefois le procureur acharné de ces mœurs, les admet sans difficulté aujourd'hui. Sans doute y est-il d'autant plus à l'aise que ses relations avec les hommes — on l'a vu au fil des pages — sont instinctivement celles du souverain : il faut aux vassaux être fidèles sous peine d'être abandonnés et accepter de ne pas tout savoir sous peine d'être délaissés.

La distanciation dont use François Mitterrand à l'égard de quiconque, la glace qui fige son visage l'instant d'un mécontentement, son aspect intimidant qui bloque la spontanéité sont autant de caractéristiques du souverain. Comme le sont *a contrario* le charme, la séduction, la délicatesse, l'affection même.

Puisqu'il y a monarque, il y a cour. Les marques sont de tout temps et cette cour-là n'est guère différente des précédentes. Le flatteur sait trouver le mot pour encourager et apaiser; l'enjôleur confirme les intuitions présidentielles et quelques phrases du chef lui suffisent pour poursuivre et développer l'analyse qui allait être énoncée; l'obséquiosité est plus rare, ce serait grossier et peu efficace. Et tous, encenseurs, flagorneurs, louangeurs, complimenteurs, éducateurs, caudataires, courtisans, prêtent attention à être photographiés près du souverain et à bénéficier, pour peu que la Cour voyage, d'une chambre proche de la sienne. Où serait le plaisir si les preuves de la confiance n'étaient pas connues ?

Ce souci effréné de plaire se manifeste finalement moins à l'Elysée qu'à l'extérieur, et la révérence est au total plus prononcée par les gens du dehors que par ceux du dedans. Qu'on nous entende bien : il serait absurde de croire que la courtisanerie a déserté le palais mais, lieu de travail, la Présidence ne s'y prête guère dans la vie quotidienne. Et celui qui, à Paris, est réservé, peut se révéler, en voyage, tout aussi désireux de satisfaire le soleil.

En bon souverain, François Mitterrand, orgueilleux et timide, n'est pas dupe de ces manifestations. Lucide, aimant être aimé, voire l'exigeant, il les encourage pourtant comme s'il avait le besoin d'être rassuré et adulé. Il doit éprouver aussi un secret plaisir, lui l'observateur du temps, le caricaturiste impitoyable et aigu (allons bon ! nous voilà à notre tour sur le chemin de la flatterie !), il doit donc éprouver un secret plaisir à constater combien la faveur consentie à l'un enrage l'autre et à regarder les gesticulations de tous.

Ce jour-là, le repas s'achevait à l'Elysée. Le Président proposa qu'on prît le café à table, sans façons. L'épouse d'un hôte, professeur connu, brillant intellectuel, à gauche depuis longtemps, remarqua aussitôt : « Oh! oui; c'était comme ça sous Pompidou. » Un ange passa. Le mari, gêné et soupçonnant l'impair, précisa : « On nous l'a dit. » Un temps. « Nous, nous n'y sommes jamais allés. » Un temps. « Ce sont des amis à nous qui nous l'ont assuré. » Un temps. « Enfin, des connaissances. » François Mitterrand ne dit rien. Il eut ce soir-là, jura un convive, la lippe gourmande.

Encore faut-il, quand on courtise, savoir jusqu'où on peut aller et ne pas ignorer les penchants du prince. C'était à l'étranger, aux Pays-Bas, en voyage officiel. Il n'avait cessé de pleuvoir. Le chef de l'Etat en fut enrhumé. Un malheureux le plaignit, pestant contre le mauvais temps. Alors Mitterrand, l'amoureux des saisons, explosa : « Mauvais temps, mauvais temps... C'est un temps, c'est tout. Le temps, c'est ça. Moi j'aime les temps, tous les temps. »

Il y avait là un domaine dans lequel il valait mieux ne pas s'aventurer. Un conseiller, d'ailleurs peu courtisan, le comprit lorsqu'il s'aperçut que ses connaissances en botanique égalaient celles du chef de l'Etat et que celui-ci en prenait facilement ombrage !

Pour comprendre l'ampleur du phénomène, il faut avoir vu des hommes importants jouer des coudes telles des midinettes pour se glisser le long du passage présidentiel; il faut avoir aperçu la joie baigner le visage de celui qui a été reconnu, salué et peut-être interpellé ainsi que l'envie de ceux qui n'ont pas eu cette chance; il faut avoir observé, à un dîner, les cous se tendre, les oreilles s'ouvrir, les yeux s'arrondir, les rires s'armer quand le chef de l'Etat commence à conter une histoire; il faut avoir lu quelques-unes des lettres, pleines de révérence et de références à la pensée présidentielle, que les puissants envoient; oui, il faut avoir constaté tout cela pour mesurer l'importance de l'affaire.

La courtisanerie a ses rigueurs. Lire précipitamment l'ouvrage que François Mitterrand, au détour d'une phrase, vient de recommander, courir voir le film qu'il a visionné, fréquenter le restaurant qu'il a découvert, voilà qui exige une acuité particulière. Celui qui entend être en cour ne néglige rien, tout comme il se tient au courant des derniers tics du Président. Ainsi François Mitterrand dans l'opposition utilisait-il volontiers l'expression « en vérité » dans ses livres. Plusieurs flatteurs avaient remarqué l'habitude. Habiles, ils multiplièrent les « en vérité » dans leurs notes et leurs rapports. Jusqu'à ce que, excédé, le prince biffe cet « en vérité » qu'il avait tant aimé et que désormais il semblait exécrer. De même, il déteste qu'on écrive « relever le défi ». Alors les zélés, là encore, en ont banni l'usage de leur langage.

Rude métier décidément. D'autant qu'il faut encore deviner les préoccupations du Président avant d'exprimer son opinion. Comprendre, la pensée présidentielle étant fluctuante, que ce qui était bon un jour ne l'est plus le lendemain ou savoir s'écrier après une allocution du chef de l'Etat : « Vous avez été génial et percutant. Après cela, ces médias qui nous détestent tant ne pourront plus rien dire. » Qu'on ne croie pas que ces exemples soient inventés : ils sont hélas! véridiques.

Et puis un bon courtisan ne doit pas s'attarder qu'à enjôler François Mitterrand : il doit également faire le siège de celui qui est en cour et ne pas négliger l'entourage présidentiel. Un mot aimable à Danielle Mitterrand, une attention vis-à-vis de Jean-Christophe peuvent prospérer. Mais que ce travail-là demande de doigté et d'observation ! Ainsi, comment deviner qui de Jean-Jacques Servan-Schreiber ou d'Edgar Faure est, au moment où on va lancer le compliment heureux, le favori dans le cœur du Président ?

Tout, il est vrai, n'est pas facile à analyser. Est-ce de la courtisanerie ou de l'affection, ces cadeaux que beaucoup de collaborateurs de François Mitterrand lui offrent à chacun de ses anniversaires ? Est-ce de la courtisanerie ou de la fidélité que cette réunion d'une cinquantaine de personnes pour fêter la victoire du chef, le 10 mai 1983, dans les appartements de fonction du ministre des P.T.T., Louis Mexandeau — l'idée était de Georges Fillioud : le Président y vint, y dîna et resta tard — ? Difficile à dire, impossible à savoir.

Délicat à déterminer aussi ce qui appartient à l'homme et ce qui relève de la tradition. Car la République, en France, emprunte à la monarchie et des usages républicains se nourrissent des restes d'héritage des rois de France.

Pour l'anecdote d'abord, en théorie François Mitterrand est, comme ses prédécesseurs, chanoine d'honneur de plusieurs paroisses françaises — notamment Saint-Hilaire de Poitiers et Angers — et de Saint-Jean-de-Latran à Rome — ce privilège date de 1482 ! — mais il y a bien longtemps que la République a laissé s'éteindre ces traditions. Toujours vivace, en revanche, celle qui date de Henri IV et accorde au successeur des rois la coprincipauté d'Andorre, ce mini-paradis fiscal, conjointement dirigé par l'évêque d'Urgel, en Espagne, et le président de la République française.

Plus grave, le droit de grâce est encore un legs

de la monarchie. Le chef de l'Etat peut en effet intervenir sur toutes les affaires qui lui sont soumises et décider d'accorder sa grâce. Neuf mille requêtes sont soumises chaque année à l'Elysée et une conseillère, Paule Dayan, effectue un premier tri. Elle renvoie la majorité des affaires à la Chancellerie et rédige pour chacune de celles qu'elle retient une note au Président. Celui-ci souhaite qu'un maximum de précisions lui soient apportées, que la vie et la personnalité de celui qu'il peut être amené à gracier soient racontées en détail. Pour chaque cas, donc, Paule Dayan résume le problème, expose le point de vue du ministère de la Justice et présente son sentiment personnel. Au Président de trancher.

François Mitterrand juge davantage en fonction de critères humains que de principes : il accordera par exemple plus volontiers sa grâce à quelqu'un condamné pour abandon de famille — si la situation a été régularisée — ou à une prostituée amendée qu'à un fraudeur fiscal — dont le recours est fréquemment rejeté. Le taux de grâce reste faible : 225 ont été accordées en 1982, 330 en 1983 et près de 400 à la fin septembre 1984.

Le droit de grâce n'est pas la seule prérogative. Depuis que Louis XIV accepta en 1672 cet honneur, les rois puis les présidents sont les protecteurs de l'Académie française. Avec droit de regard sur les impétrants : le résultat des élections est soumis au chef de l'Etat qui les approuve, aucun exemple de veto n'existant même si Charles de Gaulle priva longtemps Paul Morand d'immortalité — il avait prévenu qu'il ne contresignerait pas la nomination de cet écrivain auquel il reprochait son attitude durant l'occupation.

Bien protocolaire tout cela, mais bien symbolique aussi : le président de la République est toujours plus ou moins le protecteur des arts, comme il est le distributeur des médailles — il est grand maître de l'Ordre de la Légion d'honneur. Il ne va certes pas s'y dérober lorsqu'il s'appelle François Mitterrand, qu'il est lui-même écrivain, vorace lecteur, fervent de théâtre, familier des galeries de peinture et qu'il trouve le moyen de polémiquer sur les mérites comparés de Berlioz [1] alors que la musique n'est ni son point fort ni sa passion prédominante! Au point que son entourage, connaissant son ignorance dans ce domaine, s'opposa à sa participation à une émission du journaliste Pierre Bouteiller qui avait proposé pour thème : « Les rapports du Président et de la musique! »

Plus à l'aise, il s'invite à déjeuner chez Drouant à la table des académiciens Goncourt. Il sélectionne chez de jeunes artistes français les toiles ou les sculptures qui serviront de cadeaux à des chefs d'Etat étrangers. Et veille jalousement à la bonne marche des grands chantiers du septennat.

De Gaulle laissa faire Malraux, Pompidou construisit à Beaubourg le centre qui porte son nom. Giscard mit sur les rails les musées d'Orsay et de la Villette et l'Institut du monde arabe. François Mitterrand a repris ces projets, les a modifiés et leur a ajouté quatre énormes opérations nouvelles : le Grand Louvre, le nouveau ministère des Finances à Bercy, la Tête Défense et l'Opéra de la Bastille. Bref, il construit. Beaucoup et avec panache. Tout cela représente bien sûr beaucoup d'argent [2] et d'engagement personnel du Président qui n'entend laisser à personne la paternité de ces grandioses réalisations.

En choisissant les projets définitifs parmi ceux

1. In *L'Abeille et l'Architecte*. (Flammarion et Le Livre de Poche.)
2. 15,4 milliards de francs, valeur juin 1984.

retenus par les jurys de concours internationaux, le Président ne veut subir aucune contrainte : lui et lui seul décide et qu'importent les délais si sa réflexion n'est pas achevée. Il ne tranche rien à la légère : jusqu'à quarante maquettes ou plans pour un même chantier restent exposés plusieurs semaines dans la salle des fêtes. Après avoir pris l'avis du petit groupe composé de Jack Lang, du ministre de l'Urbanisme (Roger Quilliot puis Paul Quilès), de Paul Guimard et de Robert Lion, le président de la Caisse des Dépôts et Consignations; après avoir rencontré les architectes en compétition; après avoir visité le site; après avoir tout pesé, tout étudié, le Président descend à la salle des fêtes à de nombreuses reprises, seul ou avec un proche dont l'opinion lui importe — en particulier André Rousselet — voir ses « enfants ».

Et ce n'est pas fini : on apporte à l'Elysée des échantillons des peintures et des matériaux proposés afin qu'il les voie de près, les touche, les palpe — il discuta ainsi longuement avec l'architecte de la qualité du marbre pour la Tête Défense. Et puis, un beau jour, un petit déclic se produit sans que personne puisse l'expliquer : il a choisi « son » projet.

La désignation du lauréat n'arrête pas la vigilance présidentielle. Environ deux fois par trimestre, il se rend sur les chantiers, parfois sans crier gare, pour examiner l'avancement des travaux. Il désigne les meilleurs spécialistes et ne laisse rien ni personne entamer sa détermination. On dit qu'il manifeste une grande rigueur financière et qu'il interdit formellement les dépassements de devis. Il a accepté d'étaler dans le temps certains projets, voire d'en amputer : la salle de rock de Bagnolet fut abandonnée et la Cité de la musique faillit bien subir le même sort, seul le Conservatoire national étant sauvé après de nombreuses interventions dont celle, pressante, de Pierre Boulez.

Mais que des conseillers, voire des ministres — c'est arrivé — lui demandent de renoncer et ce sera peine perdue : le Président accepte de réaliser la même chose pour moins cher mais à la condition que le projet ne soit pas modifié; ce qui n'est en pratique jamais possible ou presque. Rien à faire! François Mitterrand — il l'a montré du temps où il était maire de Château-Chinon — est bâtisseur dans l'âme.

Alors, quand s'achèvera au début 1989 le dernier de ses chantiers, il aura terminé son septennat mais Paris en gardera l'empreinte résolument contemporaine : « J'aime, je le confesse, les tours de la Défense et ne déteste pas celle de Montparnasse, a-t-il écrit [3]. La première fois que j'ai vu New York c'était du ciel. Quel éblouissement! (...) Manhattan, gris et doré dans son relief géométrique, avait une douceur ronde. J'ai pensé à Botticelli. »

La modernité architecturale a bien failli entrer à l'Elysée lorsque François Mitterrand a choisi — et seul là encore — parmi les esquisses pour la rénovation de la salle des fêtes. Ces travaux, les plus importants depuis Sadi Carnot, ont été décidés par le Président lui-même. En 1889, Sadi Carnot inaugure à l'occasion de l'Exposition universelle cette gigantesque pièce de réception. Quatre-vingt-douze ans plus tard, en 1981, le lieu a mal vieilli. Guy Nicot, l'architecte du palais, vient trouver François Mitterrand, en présence d'André Rousselet. Le vélum qui couvre le jardin d'hiver depuis la démolition de la verrière par Vincent Auriol n'est que du provisoire qui a déjà trop

3. In *La Paille et le Grain*. (Flammarion et Le Livre de Poche.)

duré, explique-t-il; les installations techniques de la salle des fêtes sont vétustes, la pièce elle-même a besoin d'une sérieuse réfection; de plus, elle manque d'issues, on l'a vu en 1980 lorsque la foule a failli s'écraser pour y apercevoir le pape Jean-Paul II; enfin elle est vraiment laide et ne correspond ni au style ni au prestige de l'Elysée. Bref, plaide l'architecte, il faut refaire toute cette aile côté avenue Marigny. François Mitterrand se lève, gagne la fenêtre et regarde vers l'ouest. A l'évidence, Nicot a raison : cette excroissance montée à la va-vite défigure le palais. On la rénovera donc.

Mais comment ? Les crédits alloués par le ministère de la Culture paieront. Mais en quel style ? Plus compliqué : l'Elysée s'est bâti petit à petit et a emprunté un peu à toutes les époques. Le Président ne reçoit pas moins de sept esquisses, depuis la plus classique, inspirée de l'architecture de l'hôtel d'Evreux, jusqu'à la plus moderne, résolument contemporaine avec sa façade de verre et d'acier. Cinq projets sont très vite éliminés; n'en restent que deux. Les plus extrêmes, le premier défendu par Guy Nicot, le second par Jack Lang. François Mitterrand donne finalement raison à l'architecte. Celui-ci a présenté un argument de poids en expliquant qu'hormis la gaffe de Carnot tous les occupants de l'Elysée ont toujours respecté l'unité architecturale du palais. Peut-être même a-t-il cité à François Mitterrand la consigne que lui donna en son temps Georges Pompidou : « Ce à quoi je tiens avant tout c'est que nos réalisations ne se prêtent pas à être mises en question par mes successeurs. »

Les travaux commencent. De l'été 1983 à l'été suivant, on colle sur les façades des pierres du même type que celles de l'hôtel d'Evreux; on refait complètement l'intérieur, peintures, moquettes, boiseries et plafonds à caissons compris; on perce des ouvertures vers le grand perron; on rétablit la verrière à l'impériale du jardin d'hiver; on crée un théâtre de verdure du côté du parc. Dans le même temps, on commence les aménagements techniques qui ne s'achèvent qu'à l'automne 1984 : éclairage, régie son et vidéo, climatisation, sanitaires en sous-sol, etc. François Mitterrand surveille tout, visite le chantier et c'est avec fierté qu'au bras de son épouse Danielle il fait avec le général Saulnier le « tour du propriétaire » de la salle des fêtes, le 14 juillet 1984, juste avant qu'y déferlent ses sujets de la garden-party, admiratifs devant ce nouveau joyau de la Présidence.

Si la réfection de la salle des fêtes en est le morceau de roi, les travaux effectués sous François Mitterrand à l'Elysée ne s'arrêtent pas là. L'autre rénovation importante est pourtant moins prestigieuse : la transformation des appartements dits du roi de Rome, situés au second étage du grand bâtiment. Lorsque François Mitterrand s'installe à l'Elysée les locaux se révèlent trop petits pour le nombre de conseillers. Pourquoi ne pas gagner de la place sur ces appartements qui ne servent plus à rien d'autre qu'à entreposer de vieux uniformes ? Seulement voilà : la bâtisse n'est plus toute jeune, l'insonorisation est désastreuse et lorsqu'on marche là-haut les lustres — y compris celui du bureau présidentiel — tremblent dangereusement au premier étage : tout a joué et les planchers des appartements du roi de Rome sont si incurvés qu'une bille y roule. On dépose donc les planchers et l'on découvre une catastrophe : la charpente, au dessin extraordinairement compliqué, n'a pas été refaite depuis 1718 et les poutres se sont à moitié disjointes. Que l'une se détache et, transperçant les plafonds classés, elle aboutira directement dans le bureau du chef de l'Etat...

Montant par montant, croisillon par croisillon, tout doit être refixé. Pour chaque pièce, on fabrique sur mesure des sabots d'ancrage en métal qui viennent la caler à chaque extrémité : de deux à trois tonnes d'acier sont nécessaires pour l'opération, le tout se déroulant juste au-dessus de la tête de François Mitterrand. Les travaux les plus bruyants sont effectués en son absence et les ouvriers travaillent essentiellement entre sept heures trente et neuf heures trente. Il faut aller vite : alors le chantier se poursuit parfois plus tard et il est arrivé que des huissiers soient obligés de monter un étage pour obtenir un peu de silence durant une audience du chef de l'Etat ! Tout cela n'aura pas été vain : quelques conseillers se sont installés en haut; le reste des appartements a été repeint et les Mitterrand ont pu les utiliser pendant que les leurs étaient refaits. Enfin, et ce n'est pas le moins important dans la vie quotidienne de l'Elysée, le lustre présidentiel ne tremble plus. Ouf !

LES APPARTEMENTS PRIVÉS

UNE simple plaque de marbre. Mince et parfaitement plane. Sans la moindre incurvation, sans autre relief qu'une évacuation très ordinaire qui perce la roche en son centre. Au-dessus, un robinet-mélangeur. On le tourne, l'eau gicle, s'étire en une mare dont on parierait qu'elle va s'étendre encore et déborder faute de versants pour la canaliser. Mais non, la flaque reste sagement circonscrite autour du centre et s'écoule par l'évacuation... Cet étonnant petit miracle de sobriété et de technologie se trouve au premier étage de l'Elysée, à l'extrémité de l'aile Est : c'est le lavabo de la salle de bain particulière de Danielle Mitterrand. Splendide, stupéfiant, l'objet n'a qu'un défaut : pas question d'y mettre à tremper le linge car l'inondation est garantie si l'on ferme la bonde !

A l'autre extrémité de ces appartements privés qui accueillent l'intimité des Mitterrand à l'Elysée, la salle de bain du Président ne ressemble en rien à celle de son épouse. L'équipement, ici, est tout aussi étonnant mais dans un genre totalement différent. Très spacieuse, la pièce est occupée en son milieu par un grand cercle protégé de rideaux autour duquel une sorte de couloir est ménagé. Derrière les tentures, quatre coins isolés correspondent à quatre fonctions : ici, la coiffeuse; là, la douche et le bidet; puis le lavabo; enfin la baignoire. L'ensemble, qui date de Georges Pompidou, est totalement démontable mais François Mitterrand l'a gardé en l'état et cette pièce est la seule des petits appartements qui n'ait pas été rénovée.

Dans un coin, un vélo d'intérieur, apporté pour le chef d'Etat. Il ne s'en sert jamais et c'est son épouse Danielle qui s'y maintient en forme, tout petit détail, minuscule signe, mais vrai symbole tout de même : les Mitterrand ont chacun son domaine mais peuvent aller de l'un à l'autre, ils communiquent, interfèrent dans l'indépendance mais pas l'indifférence.

Ensemble, ils ont ainsi décidé de faire de leurs appartements privés une vitrine de la création contemporaine. La réfection de ces quatre cents mètres carrés, six pièces et trois salles de bain [1] s'imposait. Dans un premier temps, une quinzaine d'architectes d'intérieurs, décorateurs ou « designers » choisis par Jack Lang, reçoivent des plans et des photos. Chacun élabore un projet, dix sont éliminés, cinq séduisent le couple présidentiel, qui n'arrive pas à se décider.

Danielle Mitterrand surprend tout le monde : pourquoi ne pas inciter ces cinq-là à travailler ensemble et à se partager les pièces ? C'est le petit côté « girl-scout » de la première dame de France qui incline toujours à rassembler. François Mitterrand y souscrit aisément, les créateurs moins. Ils n'ont guère l'habitude de fonctionner en équipe !... Après quelques jours de réflexion, ils relèvent pourtant le défi, l'aventure commence pour Marc Held, Ronald Cecil Sportes, Jean-

1. Le Président acquitte une taxe locale d'habitation, pour ce logement : 10528 francs en 1983.

Michel Wilmotte, Philippe Starck et Annie Tribel. Une expérience unique : créer en totale liberté un décor et des meubles prototypes destinés à être commercialisés grâce au fantastique support publicitaire que constitue l'Elysée.

Starck, le plus débridé de l'équipe, se charge de la chambre de Danielle Mitterrand. La Présidente joue le jeu mais s'inquiète secrètement lorsqu'elle voit les ouvriers poser jusqu'aux trois quarts de la hauteur des cloisons surajoutées particulièrement épaisses qui limitent encore le volume de la pièce déjà pas trop bien équilibrée au naturel. Ne sera-ce pas un blockhaus ? Elle se tracasse encore le jour où arrive Garouste, pinceaux à la main, pour peindre au plafond des fresques mythologiques. Ne sera-ce pas une usine à cauchemars ? Danielle Mitterrand n'a rien voulu empêcher, bien lui en a pris : elle s'est aperçue dès sa première nuit que cette chambre était particulièrement sécurisante. En somme, le fou-fou de la décoration a réussi son affaire et conçu une pièce qui correspond fort bien à la fragilité que l'on sent sourdre chez Danielle derrière une rare force de caractère. Un jeu de combinaison — un solitaire —, un scrabble, quelques livres et du courrier sur le bureau montrent que le lieu est utilisé volontiers.

C'est le même Starck qui a dessiné le bureau-bibliothèque où François Mitterrand vient parfois lire ou réfléchir au calme. Des sièges spartiates, une table, des rayonnages bas pour les livres que le Président a apportés : les *Mémoires* de Saint-Simon, tout Racine et tout Cicéron, notamment. Des rayonnages pour les livres et une cheminée, c'étaient aussi les seules exigences du chef de l'Etat pour la pièce qui communique avec cette bibliothèque : sa chambre, confiée à Jean-Michel Wilmotte. Paisibles, les tons des murs, des meubles, du bois blanchi, du granit et de la pierre grattée. Une table de travail, beaucoup de livres, un Matisse, une sculpture de Lalanne, une vieille carte d'école de l'Afrique politique, trois téléphones, un petit réveil, voilà tout l'univers présidentiel, d'un luxe ultime : le plus dépouillé. François Mitterrand, en fait, dort rarement dans cette chambre qu'il utilise surtout lorsque son épouse voyageant, la maison de la rue de Bièvre est déserte.

Annie Tribel, la seule femme du lot, s'est chargée de la chambre d'amis et de la salle de bain attenante. Elle a joué là le style « transit », genre chambre d'hôtel du plus haut standing : devant un mur de miroirs, un grand plan sert tout à la fois de coiffeuse et d'écritoire; au chevet de chacun des lits jumeaux un véritable tableau de bord commande les radios, les éclairages, la télévision, les réveils, les stores électriques.

Pour le grand salon, Marc Held a fait le choix inverse : beaucoup de dépouillement mais une très grande qualité des matériaux — cuir, épicéa, érable — pour le coin repas et celui du salon. Au plafond, un ciel bleu tacheté de quelques cumulus joufflus. S'ils ont gardé les étonnantes consoles-buffets ventrues et le secrétaire à trente-neuf tiroirs qui, au toucher, ressemble à un violon, François et Danielle Mitterrand ont toutefois écarté un meuble conçu pour la pièce : un fauteuil trop semblable à celui d'un dentiste et qu'ils ont remplacé par une réédition de la célèbre chaise longue de Le Corbusier.

Reste la plus surprenante des pièces : le salon de télévision de Ronald Cecil Sportes. Ici, tout est noir, blanc, acier ou transparent. Du sol au plafond; du canapé multifonctions aux luminaires. Tout sauf la tache de couleur nichée au cœur du « tabernacle de l'information », étonnant cylindre noir dont le ciboire est un téléviseur. Ce meuble est conçu pour accueillir toute une série d'appareils ultra-sophistiqués mais les Mitterrand ont choisi la version la plus fruste : le tabernacle présidentiel n'est doté que d'une télévision et de trois petits écrans de contrôle qui permettent de surveiller les trois programmes en même temps. « Canal Plus » n'existait pas lorsqu'ils ont passé commande ! Un mois après le lancement de la quatrième chaîne, ils n'étaient d'ailleurs toujours pas abonnés. Ni chez eux ni à l'Elysée.

L'endroit est intéressant et beau; mais il n'est pas vivant. Cela se sent, se ressent, se palpe presque. A quelques pas de là, dans une buanderie, neuf penderies posées sur roulettes contiennent la plus extraordinaire garde-robe que l'on puisse imaginer : les vêtements entreposés ici portent toutes les plus prestigieuses griffes de la haute couture nationale et ont été le plus souvent taillés sur mesure. Comme toutes celles qui l'ont précédée, Danielle Mitterrand est en effet la grande ambassadrice de la mode et les couturiers lui prêtent robes ou tailleurs : à charge — c'en est souvent une ! — de les porter pour en assurer le renom international. Elle cède à cette obligation comme aux autres : avec sérieux, application, presque professionnalisme ! Cela surprend ? A juste titre. Danielle Mitterrand n'est certes ni mondaine ni soucieuse du paraître mais elle est la femme du Président; cela implique des obligations. Elle les assume. Voilà tout, dirait-elle, cela ne mérite pas qu'on s'y arrête.

« Ta vie aura un sens si tu te rends utile à l'autre », lui inculqua ce père pour lequel elle garde une véritable vénération. Danielle a retenu la leçon. La tradition veut que l'épouse du chef de l'Etat soit une sorte de super-assistante sociale. Elle s'y plie et surveille le très important courrier qu'elle reçoit et que dépouille son équipe. Elle ne s'occupe pas directement de gérer la caisse de secours, d'adresser ici une aumône, là une obole; elle préfère tenter de faire bouger les choses en profondeur : elle croit si fort au socialisme qu'elle ne peut concevoir qu'il fasse bon ménage avec la charité. Elle est, en fait, une militante qui tire fierté de son engagement.

L'affaire n'est pas nouvelle : la gauche est inscrite dans ses gènes, héritage de parents enseignants vigoureusement socialistes. Résistante contre le nazisme à dix-sept ans, engagée dans des mouvements d'aide au tiers monde, elle n'a pas mis son drapeau dans sa poche le 10 mai 1981. François Mitterrand, la connaissant mieux que nul autre, savait bien qu'elle ne serait pas une potiche. Il n'a donc pas été surpris de la voir manifester en faveur de l'été polonais étouffé, soutenir les « folles de la place de Mai » du temps de la dictature en Argentine ou recevoir des parents de personnes mystérieusement disparues au Maroc. Il n'est pas étonné non plus qu'elle se démène pour les deux associations dont elle s'occupe : « le 21-Juin », qui lutte contre la faim et pour l'alphabétisation dans le tiers monde; et « Cause commune », qui aide à promouvoir les idées originales de créations d'entreprises.

Bref, elle n'a renoncé à rien et que François applique le mitterrandisme n'empêchera pas Danielle de lutter pour le socialisme. C'est qu'elle a son caractère et que beaucoup la jugent plus à gauche que son présidentiel époux, jurant qu'elle n'approuvait guère les choix et les alliances du jeune François Mitterrand lors de la IVᵉ République. Inné pour l'une, acquis pour l'autre, le choix socialiste des années 60 a tout réconcilié et on les entendit même, un jour de 1981, dans la voiture présidentielle, joyeusement siffler de concert *L'Internationale* au sortir d'une soirée réussie.

Nul doute qu'elle continue à alimenter, à accompagner la réflexion présidentielle, et qu'elle manifeste ses désaccords, tout en prenant bien garde de ne pas interrompre les méditations de celui que les Français ont élu. Elle ne se considère pas comme présidente mais comme la femme du Président : la nuance n'est pas nouvelle. Mais elle est de taille et elle est juste.

Ce qui ne l'empêche pas d'aller frapper à la porte du salon doré sans se faire annoncer, de ne pas concevoir d'appeler François Mitterrand « le Président » — « Passez-moi mon mari », demande-t-elle au standard lorsqu'elle lui téléphone — de poursuivre les longues conversations qu'ils n'ont jamais cessé d'entretenir. Parfois, elle lui sert même de messagère lorsque des gens qu'elle rencontre lors de ses promenades dans la rue ou de ses visites dans les grands magasins la chargent de lui glisser un mot. Peut-être alors François Mitterrand la rabroue-t-il; peut-être son visage se chiffonne-t-il un instant, mais ce qui devait être dit l'a été. Et Danielle Mitterrand a l'âme en paix.

DANS L'INTIMITÉ DU PRÉSIDENT

S'IL est quasiment impossible d'imaginer le général de Gaulle hors de l'Elysée, c'est-à-dire hors de l'Etat, il est tout aussi difficile de concevoir François Mitterrand reclus dans le palais : il est trop soucieux de sa liberté et trop attiré par les choses et les gens pour s'y laisser confiner. L'Elysée est un lieu de travail et s'il y déjeune à peu près tous les jours de la semaine, il n'y dîne guère et y couche rarement.

Chaque soir ou presque, il s'en échappe pour rentrer chez lui, souper avec des amis ou au restaurant, deux fois au moins par semaine. Ces dîners-là ne sont presque jamais politiques ni mondains. François Mitterrand en a horreur et en a trop connu, du temps où il ne lui déplaisait pas de courir le Tout-Paris, pour y prendre grand plaisir. En revanche, il accepte volontiers de dîner chez des compagnons de longue date ou chez ceux de ses collaborateurs qui osent le convier. Généralement ceux-ci, du moins ceux qui le connaissent le moins, lui communiquent la liste de leurs invités mais les plus intimes s'en dispensent. Il se rend par exemple fréquemment chez François de Grossouvre (là, le repas, sans protocole, est purement amical) et assez souvent chez Jacques Attali où, sans être « parisienne », la fête prend parfois des allures de « dîners de têtes ».

Pour peu que la conversation lui plaise, François Mitterrand n'est pas homme à s'en aller sitôt le café avalé. Au contraire, il reste assez tard, dépasse allégrement les minuit et donne l'impression de quelqu'un qui n'aime pas se coucher. Dans ces rencontres-là, il est aisément charmeur et spirituel. Il lui arrive même fréquemment de raconter des histoires drôles qui ont généralement pour caractéristique d'être longues et culturelles, c'est-à-dire sur fond historique, littéraire ou biblique. C'est que François Mitterrand est avant tout un conteur qui sait mieux que personne distiller une anecdote, dépeindre une situation, forcer un trait ou ménager un rebondissement. La fable lui convient, l'apologue l'enchante. Même s'il n'était pas encore Président, celui qu'il distilla, à une réunion du secrétariat national du P.S. en 1975, le contient tout entier :

« Un jour, dans une notule en bas de page, *L'Humanité* accuse Pierre Mauroy d'avoir violé une petite fille dans une rue de Lille. Pierre Mauroy hausse les épaules. Il trouve cette histoire ridicule. Le lendemain *L'Humanité* remet ça; sur trois colonnes cette fois, le journal donne des détails, le nom de la petite fille, la date, l'heure et le lieu exact du crime. Quand il lit cet article, Pierre Mauroy hoche la tête : décidément, cette histoire est absurde. Au moment du viol, il se trouvait en Pologne où il donnait une conférence devant trois mille personnes. On ne saurait trouver de meilleur alibi. Notre ami décide de garder le silence : c'est, dit-il, tout ce que mérite aussi sotte calomnie. Mal lui en prend. Le lendemain *L'Humanité* récidive avec un titre énorme qui barre toute la première page : « Le viol de Lille : Mauroy se cache honteusement au lieu de reconnaître les faits. » Alors là, Pierre Mauroy se fâche. Il réunit aussitôt une conférence de presse où il réfute point par point les affirmations de *L'Humanité* et condamne, avec force, « des procédés indignes (je cite) de l'Union de la gauche ». Le jour suivant, un journaliste du *Monde* écrit : « Pierre Mauroy relance la polémique [1] ».

Au fond, François Mitterrand a moins d'humour anglais que d'esprit français. Il n'est pas de ceux qui font des mots ou à qui on en prête. Mais le comique d'un moment ou le ridicule de quelqu'un ne lui échappent guère. Au point que souvent le fou rire le prend si fort qu'il doit, dans un dîner, mordre sa serviette — le geste lui est familier — pour le cacher. Dans la majorité des cas, il ne relève pas, se contentant, par une mimique ou quelques mots, de montrer qu'il n'est pas dupe. Un jour, de retour d'un voyage, un proche soucieux de plaire vante l'enthousiasme de la foule et jure l'avoir entendue scander : « Giscard d'antan, Mitterrand maintenant. » Le Président s'étonne : « Moi, avec tout ce bruit, je n'ai rien entendu. » L'autre persiste. Alors Mitterrand : « Vous êtes sûr ? D'antan, d'antan... Quelle merveille qu'une foule utilise une expression aussi précieuse ! » Le commentaire présidentiel n'ira pas plus loin. L'autre de sentir que, s'il insistait, le sarcasme ne serait pas loin. C'est qu'en permanence, la dérision, la pique affleurent. Une fois, le Président reçoit d'un de ses conseillers une note contenant la demande de grâce d'un violeur. Une phrase insiste à propos de la victime : « Elle rentrait seule à quatre heures du matin. » Aussitôt, rageur, Mitterrand écrit en marge : « Ce n'est pas un crime ! »

Si l'ironie l'habite et voisine avec le désenchantement (« comme tout le monde, dit-il parfois, je

1. Cité par Franz-Olivier Giesbert : *François Mitterrand ou la tentation de l'Histoire* (Seuil).

m'agite, je m'agite et ça ne change pas grand-chose »), elle tourne quelquefois à la méchanceté. La formule jaillit, cruelle, assassine : « Il a plaidé comme un avocaillon du barreau de Bobigny », dira-t-il après avoir vu Valéry Giscard d'Estaing s'expliquer dans l'affaire des avions renifleurs. Et sur André Henry, son ancien ministre, il aura cette phrase : « Il est aussi suffisant qu'insuffisant. » La patte peut être griffure ou coussinet. Souvent, de crainte de blesser, toute algarade est vite compensée par quelque chatterie.

L'homme, en tout cas, est délicieux dans l'intimité et tous ceux qui l'approchent, amis ou ennemis, reconnaissent sa séduction. D'autant que, président, il n'a pas changé son mode de vie : il lui arrive toujours de se livrer dans Paris à ces longues promenades, qu'il adore au point d'oublier l'heure — il n'a jamais porté de montre et n'en a toujours pas —, ou d'entrer dans une librairie à la recherche d'un ouvrage rare, notamment « La Hune » et la librairie Julliard, boulevard Saint-Germain. Il continue d'aller régulièrement au théâtre et à des expositions et si la fonction présidentielle l'a contraint à quelques distractions protocolaires — ainsi les ballets qu'il déteste et qu'il fuit comme la peste —, elle n'a pas modifié ses habitudes.

Le week-end est un moment privilégié. Le samedi midi, le Président déjeune quasi systématiquement dans un de ses restaurants favoris : le Dodin-Bouffant, Prunier, l'Escargot de Montorgueil, le Pactole ou la Gauloise. Ce ne sont pas des établissements de luxe mais plutôt des bistrots cossus, solides, souvent spécialistes de poisson, où la tradition l'emporte sur la recherche et où l'addition tourne autour de deux cents francs par personne. Lipp a été abandonné depuis la fin 1981, date à laquelle la présence présidentielle souleva un mécontentement sensible chez la clientèle. Chaque fois, la table est retenue au nom d'un des participants, les services de sécurité sont prévenus, et ce sont souvent les mêmes personnes qui déjeunent avec le chef de l'Etat : les Hanin, Charles Hernu, Robert Mitterrand, Georges Fillioud, Robert Badinter ou Roland Dumas sont de ces agapes-là.

Après le déjeuner, le chef de l'Etat repasse à l'Elysée; il s'en échappe en fin d'après-midi. « J'ai organisé ma vie, a-t-il raconté [2], de telle sorte que je ne sois pas prisonnier de ma fonction au-delà du nécessaire, que je garde le contact avec l'extérieur. Vivre à l'Elysée n'est pas désagréable : c'est une maison bien tenue et qui présente des aspects assurément confortables. Mais si je devais ajouter à mes douze heures de travail quotidien ici, six jours sur sept, l'obligation d'y habiter et d'y rester à l'heure où l'on peut retrouver dehors ou chez soi les gens qu'on aime voir, où l'on peut lire, écrire, regarder la télévision... oui, si je devais être privé de tout cela, j'étoufferais sans doute un peu. »

Après la Présidence, il quitte la capitale pour le week-end : il se rend alors soit dans une de ces régions qui ont marqué sa vie, la Nièvre, la Charente, les Landes, soit chez des amis, comme à Lusigny dans l'Allier dans la propriété de François de Grossouvre ou à Beauvallon au-dessus de Sainte-Maxime dans la maison d'André Rousselet. Il rentre rue de Bièvre le dimanche en fin d'après-midi : il y retrouve Danielle et leurs enfants et préfère à la télévision — qu'il regarde très peu — ou aux jeux de société — qui l'en-

2. In *Elle* du 5 juin 1984.

nuient [3] — le charme de la conversation et de la lecture. Il suit l'actualité littéraire mais se replonge régulièrement dans les classiques : de juillet 1983 à août 1984 il a ainsi repris la série des Rougon-Macquart d'Emile Zola qu'il n'avait jusque-là jamais lue en entier. Ou il met au propre, pendant ses heures de détente, quelques notes; même si, depuis le début du septennat, il n'écrit plus aussi régulièrement que lorsqu'il était dans l'opposition.

Le dimanche soir est réservé à l'amitié. De nouveau François Mitterrand et sa femme reçoivent pour un de ces repas qu'ils affectionnent et qui a rythmé toute leur vie. Parfois la soirée n'a été organisée que le matin même par Danielle. Là, ne sont reçus que la famille, Christine Gouze-Renal et Roger Hanin, et des intimes, comme Monique et Jack Lang ou Roland Dumas.

Parfois, on va au restaurant : chez le cher Dodin-Bouffant qui est à deux pas; aux Halles aussi, chez Pharamond; à la Bastille chez Bofinger; aux Champs-Elysées manger une choucroute à l'Alsace — les patrons sont de la Nièvre. Il n'y a pas de règle et les Mitterrand, comme tout le monde, mêlent points fixes et découvertes. Le Président règle toujours l'addition en espèces et réclame la plupart du temps un bordeaux rouge frais — et jamais, même avec les fruits de mer, de blanc.

D'autres fois, on reste à la maison et Danielle fait le service : les pièces, petites, se prêtent mal à la présence de domestiques et les maîtres d'hôtel de l'Elysée — tout comme le fleuriste — ne sont mandés que lorsque le repas est cérémonieux. Ce n'est jamais le cas le dimanche soir et cette soirée-là

3. « Je n'abandonne au hasard que la part qui lui revient », a-t-il écrit. In *L'Abeille et l'Architecte.* (Flammarion et Le Livre de Poche.)

ressemble à celles de millions de Français aisés.

Bref, la soirée est familiale pour ce couple qui a toujours pris soin, dans sa vie, de se ménager du temps avec ses enfants. Longtemps, Danielle, un peu amère, a dit à ses deux garçons : « Votre père, on pourrait l'appeler « papa-courant-d'air. » Le clan est soudé : Danielle n'a jamais quitté sa sœur et François entretient des relations avec ses sept frères et sœurs. Il les voit plus volontiers rue de Bièvre qu'à l'Elysée et tous ne sont pas sur le même plan : Geneviève est sans doute la plus proche, Robert est un familier, Jacques n'est pas le plus aimé et Philippe, qui habite en Charente, reçoit régulièrement la visite présidentielle.

Les vacances se passent à Latché. Danielle et François Mitterrand n'utilisent jamais une des résidences officielles de la Présidence. Ils n'ont pas souhaité déroger à leurs habitudes et préfèrent toujours se rendre dans cette propriété sur laquelle tout a été dit. Le Président et son âne... Le Président et ses chiens, Nil, le labrador, trop remuant, qui a quitté l'Elysée pour le château de Rambouillet et qui a été remplacé au palais par Epsilon, un bouvier bernois... Le Président qui observe le temps fuir, qui s'émerveille du vol des bécasses et des palombes, qui a un coup au cœur chaque fois qu'un de ses arbres plie, pousse ou s'effeuille...

L'arrivée à l'Elysée n'a pas changé grand-chose : la sécurité a été renforcée, des moyens de transmission ont été installés, un télécopieur relie Latché à Paris. Quelques grands responsables politiques se sont déplacés là et des objets témoignent de l'importance de l'occupant. Comme cette couverture offerte par Reagan qui drape le lit présidentiel. De juin à octobre aussi et pendant les vacances scolaires, un maître d'hôtel et un cuisinier, venus de l'Elysée, font tourner la maison. A Noël, comme le reste de la famille, ils reçoivent un cadeau. La première année du septennat, une secrétaire accompagnait le Président quand il se rendait dans sa ferme landaise mais il y travaillait peu et l'usage en a été abandonné.

Dans cette retraite tranquille et chaleureuse, François Mitterrand continue de pratiquer un de ses passe-temps favoris, la marche, dans lequel il entraîne ses visiteurs. C'est le seul exercice qu'il fait encore avec, chaque lundi ou mardi matin, en compagnie d'André Rousselet, de Jean Riboud ou de Jacques Attali, un parcours de golf à Saint-Cloud ou près de Versailles. Il a délaissé le ping-pong où il excellait et le tennis — sauf à Latché où il échange quelques balles avec ses fils. L'âge venant l'a contraint à renoncer à ce plaisir et sa dernière partie sérieuse remonte à 1983.

Deux fois par an, François Mitterrand doit en effet se faire une raison : lui qui n'aime guère les médecins et qui garde une méfiance de paysan à leur égard, subit un examen médical complet. C'est la conséquence de la promesse qu'il fit avant d'être élu : publier régulièrement son état de santé. La mort en plein exercice de Georges Pompidou a jeté sur la santé des chefs d'Etat une lumière crue qui n'est pas près de s'éteindre. Même si Valéry Giscard d'Estaing ne rendit pas public son « check-up »; même si François Mitterrand écrivit à propos de Pompidou : « Sans doute répugnais-je à surveiller les feuilles de température, à interpréter les diagnostics qui couraient tout Paris, à scruter les bouffissures qu'exhibait la télévision, à guetter dans la fente des paupières l'éclat nocturne du regard [4]. »

François Mitterrand avait soixante-cinq ans

4. In *La Paille et le Grain.* (Flammarion et Le Livre de Poche.)

lorsqu'il fut élu, des rumeurs avaient déjà couru sur des maladies dont il aurait été atteint, il avait promis de se soumettre à des examens ponctuels. Il tint parole, on n'attendit pas. Dès le lendemain de son entrée à l'Elysée, un communiqué officiel précisait, le 22 mai 1981 : « M. François Mitterrand a été examiné par le docteur Claude Gubler, ancien externe des hôpitaux de Paris, le 20 mai 1981 : taille : 172 centimètres; poids : 80 kilos.

« Examen cardio-vasculaire : tension artérielle prise aux deux bras : 13,5-8; pouls régulier et symétrique; l'électrocardiogramme, les différents paramètres auriculaires et ventriculaires, la repolarisation sont normaux.

« De même, en ce qui concerne l'examen pulmonaire clinique et radiologique, l'examen hépato-digestif, l'examen endocrinologique, neurologique, ophtalmologique et oto-rhino-laryngologique.

« Egalement, l'appareil locomoteur et l'examen des phanères. Les différents tests biologiques pratiqués ne montrent aucune anomalie des paramètres habituellement contrôlés au niveau chimique et hématologique.

« Conclusion : le bilan clinique et paraclinique est normal. L'état général de M. François Mitterrand est tout à fait satisfaisant et aucune anomalie aiguë et chronique n'est décelable. »

A l'exception de celui de décembre 1981, publié alors qu'un hebdomadaire venait de faire état d'examens rares et qu'une nouvelle rumeur attribuait au Président quelque cancer, les communiqués sont désormais beaucoup plus brefs. Mais pas les examens. Deux fois par an, donc, le docteur Gubler ausculte le chef de l'Etat très complètement : observations cliniques, paracliniques (cardiologie et radiologie) et biologiques. Cette inspection se déroule en trois fois, à l'Elysée pour l'essentiel, à l'hôpital du Val-de-Grâce lorsque certaines investigations l'exigent. Le chef de l'Etat est un patient très raisonnable : cela ne l'enchante pas, mais il se plie à tout sans rechigner.

Le Président a en effet pleine confiance dans ce médecin, qui soigne la famille Mitterrand depuis 1970, bien qu'officiellement le professeur Laverdant, du Val-de-Grâce, ait en charge les problèmes de santé du chef de l'Etat.

Rouflaquettes au vent, amour des chiens — il possède le frère du bouvier bernois du Président —, grande expérience et calme à toute épreuve, Claude Gubler reste donc en permanence relié à l'Elysée par l'euro-signal qui ne le quitte pas même lorsqu'il s'adonne à sa passion du bateau. L'été 1983 il tomba à l'eau : l'appareil devenu inutilisable, le médecin dut rester pendant trois jours devant un téléphone. Le Président peut l'appeler à tout moment et n'y manque pas quand, à Latché par exemple, un autre médecin lui prescrit un remède : il veut prendre l'avis de Claude Gubler avant d'ingurgiter le médicament.

François Mitterrand est en effet très sceptique devant la pharmacopée et serait plutôt partisan de soigner la grippe par une chaude écharpe et un bon grog. Claude Gubler le sait, qui attend parfois, le verre d'eau à la main, pour s'assurer que le comprimé recommandé sera bien avalé. Le médecin a plus de facilité pour faire respecter une hygiène de vie adaptée à l'existence d'un président de la République — repas allégés, plages de repos et de sommeil, exercice minimum — : ces ordonnances-là conviennent parfaitement à François Mitterrand. Terrien, celui-ci écrivait en 1972 alors que, déjà, un hebdomadaire affirmait qu'il souffrait d'un cancer : « Rien de plus inquiétant qu'une bonne santé. Les statistiques jouent contre moi. Pour avoir franchi sans dommages un demi-siècle et six années de supplément, je rattrape à grands pas la moyenne au-delà de laquelle on se sent en surnombre. Si cela continue, je mourrai bien portant [5]. »

Reste qu'un chef d'Etat n'a pas toujours le droit d'être malade et que la médication peut alors être indispensable. Que se passe-t-il si le Président est aphone le jour où il doit prononcer un discours essentiel, ou frôle les quarante de fièvre juste avant un tête-à-tête ? Si l'enjeu est véritablement d'importance, le docteur Gubler dispose de remèdes — par exemple la cortisone ou des antibiotiques à très hautes doses — qui donneront un « coup de fouet [6] ». Mais il n'y a pas de miracles : même pour un Président ces traitements, plus ou moins risqués, ne peuvent jamais agir longuement et, même malade, François Mitterrand doit toujours faire bonne figure.

L'image qu'il donne est aussi une préoccupation majeure. L'Elysée, il est vrai, vous change un homme : lui qui s'est rarement soucié de ces détails, élu le voilà devenu coquet. Désormais il choisit lui-même ses chemises, ses cravates et le tissu de ses costumes. A l'Elysée sa garde-robe en contient une vingtaine tous réalisés à ses mesures par Cifonelli — mais il porte aussi parfois du Saint-Laurent. Le couturier possédant ses mesures, il n'a pas à se déplacer : son maître d'hôtel personnel, Michel Julien, lui propose des échantillons, passe commande et l'essayage, généralement unique, se déroule à la Présidence; le coiffeur — de chez Alexandre —, lui, se déplace au palais tous les quinze jours environ pour couper les cheveux présidentiels. Pas de fournisseur atti-

5. *Ibid.*
6. Une éventualité de ce genre ne s'est, semble-t-il, jamais produite (octobre 1984).

tré en revanche pour les chapeaux que le chef de l'Etat affectionne : ce sont des cadeaux offerts par des amis.

Ces amis sont nombreux, séduits par l'homme, fascinés autant par ses qualités que par ses défauts; tous sachant qu'amitié ne veut pas forcément dire avec lui intimité; tous convaincus qu'ils ne connaîtront peut-être pas l'intégralité du personnage et l'acceptant; tous émerveillés par sa disponibilité et sa faculté d'être à l'écoute des autres, dont il exige fidélité absolue, fidélité elle-même réciproque. A cet égard la fonction présidentielle ne l'a pas changé et il n'attache toujours aucune importance aux choix politiques et intellectuels de ses fidèles : ils sont ses amis, il suffit. Pour eux, il est toujours présent et combien de fois ne l'a-t-on pas vu quitter sa charge pour se rendre au chevet d'un ami malade, poursuivre une conversation commencée souvent des années auparavant.

C'est son jardin secret et tenter d'établir la liste de ces hommes-là serait voué à l'échec : trop ne sont connus que de lui seul. Qui sait l'affection qu'il ressent pour Jean Amsler, le traducteur de Günther Grass ? Qui sait qu'il ne craint plus d'évoquer Georges Dayan que depuis la fin 1984, cinq ans après la disparition de l'ami d'entre les amis ? Qui sait qu'il quitta un après-midi la Présidence pour réconforter Jean, le patron, hospitalisé, du Vieux Morvan, cet hôtel où il loge encore lorsqu'il va à Château-Chinon ? Qui sait qu'il assista au mariage de plusieurs de ses collaborateurs et qu'il continue de ne manquer aucun de ceux des enfants de ses amis ?

Porté au pouvoir, ce Mitterrand-là, au moins, ne s'est pas transformé : attentif, attentionné, prévenant, il reste guidé par une sensibilité frémissante. « Je ne calcule pas, je sens », a-t-il écrit un jour.

LES ARCHIVES ET L'HISTOIRE

FRANÇOIS MITTERRAND n'a jamais cessé de conjuguer sa vie au temps. Premier secrétaire du P.S. il lui arrivait souvent de bouleverser son agenda, voire carrément de disparaître, pour lire d'une traite l'ouvrage récemment acheté ou simplement pour flâner. S'il ne fallait sans doute pas trop le croire lorsqu'il écrivait : « J'ai renoncé une fois pour toutes à l'impatience du lendemain pour ne considérer que la patience du temps [1] », il est vrai qu'il évoque souvent le temps qui passe, qu'il est toujours sensible au rythme des saisons et qu'on ne saurait le réduire à son seul combat politique. Et s'il est sensible à sa place dans l'Histoire, au point parfois de paraître surtout occupé à la sculpter, c'est qu'il entend se situer dans la mémoire et que perdure la continuité — lui a-t-on assez reproché ses « ruptures » ! — de sa vie. Le temps l'obsède : passé, présent, futur, intimement mêlés, sont même chose.

Président il ne tarde pas à rencontrer Perrine Canavaggio, conservatrice aux Archives nationales et chargée de répertorier tous les « papiers ». Dès juin 1981, il a fait son choix et donné ses

1. In *L'Abeille et l'Architecte*. (Flammarion et Le Livre de Poche.)

instructions : tout ce qui aura été écrit à l'Elysée sera déposé, à la fin du septennat, aux Archives nationales. Un contrat n'est pas signé mais une note interne, dont le secrétaire général a connaissance, précise les conditions de la donation.

Les archives présidentielles constituent une vieille polémique. Officiellement rien ne les codifie et elles sont considérées comme les papiers personnels du chef de l'Etat : à lui d'en décider et d'en disposer.

Le général de Gaulle, qui avait appelé au palais un conservateur de la Bibliothèque nationale, a été le premier à souhaiter remettre des documents aux Archives (la date du dépôt privé est de décembre 1970). Depuis, sa famille continue à en verser régulièrement.

A la mort de Georges Pompidou, tous les dossiers du chef de l'Etat ont été emportés dans la nuit. Mme Pompidou et Edouard Balladur en ont effectué un dépôt partiel qui ne représentait qu'une infime partie des papiers présidentiels.

Seul Valéry Giscard d'Estaing a créé des règles. Il a suscité à l'Elysée une cellule archives qui a classé systématiquement la production élyséenne et, surtout, il a conclu, le 24 octobre 1979, un contrat à titre privé : ses dossiers ainsi que ceux de ses collaborateurs, auxquels il a ajouté les documents de sa campagne électorale et ceux du temps où il était ministre des Finances, seront soumis aux règles publiques, consultables dans trente ans, sauf autorisation, et deviendront propriété de l'Etat dans soixante. Une exception : les papiers concernant la sécurité de l'Etat et les Affaires étrangères ne seront disponibles qu'à cette dernière date. La quasi-totalité des documents a donc été versée.

Mis à part des documents purement techniques, François Mitterrand, à son arrivée, trouve l'Elysée vide. Ce n'est choquant qu'en apparence. D'abord c'est la tradition. Ensuite les dossiers, témoignages de la continuité de l'Etat, sont dans les ministères. Reste que les papiers élyséens permettent, pour le moins, de déceler une orientation, une philosophie, une évolution : la richesse vient que tout, systématiquement, est conservé et constitue un témoignage unique... et volumineux. Les archives de Valéry Giscard d'Estaing sont constituées en effet de quatre mille cartons de dix à quinze centimètres d'épaisseur et représentent cinq cents mètres linéaires.

Celles de François Mitterrand s'annoncent d'ores et déjà plus volumineuses encore : trente-sept mille notes se sont par exemple accumulées en sept ans sous Giscard. Or, sous ce septennat-là, on écrit beaucoup plus : une trentaine de notes par jour environ, ce qui, si le rythme est maintenu, devrait conduire à plus de soixante-quinze mille à la fin du septennat. D'ores et déjà [2] les archives présidentielles occupent 1 116 cartons, dont 232 pour François Mitterrand et 884 pour ses collaborateurs.

Tout, absolument tout, est gardé : les lettres que reçoit le Président, ses réponses, son courrier personnel expédié de l'Elysée [3], les notes de ses secrétaires, ses annotations, ses carnets de rendez-vous, les demandes d'audience (Jean-Jacques Servan-Schreiber est un des champions), ses interviews et leurs versions successives, ses discours et leurs brouillons, ses dossiers au conseil des ministres, ses conférences de presse et les annotations qu'il griffonne pendant celles-ci. Ainsi, sur la chemise qu'il avait devant lui en sep-

2. En septembre 1984.
3. Courrier personnel au sens strict : 3 800 lettres de mai 1981 à septembre 1984.

tembre 1981, on peut lire les réflexions et les arguments qui lui viennent pendant que les journalistes l'interrogent : « Je ne cherche à plaire à personne... Les entrepreneurs doivent se mettre au travail... M. Barre aurait pu y penser plus tôt... »

Voilà bien l'apport principal de cette documentation : elle est à l'état brut et révèle une pensée spontanée. Ni le calcul, ni le souci des prévenances, ni le goût de poser ne l'ont altérée. Le conseil est tel qu'il a été formulé, le jugement comme il a été porté, sans retenue et sans crainte du lendemain.

Toutes les trois semaines, le secrétariat de François Mitterrand adresse aux archives cette masse de documents. Celui du secrétaire général fait de même tous les six mois, y compris les photocopies des notes des conseillers annotées par François Mitterrand (ce qui risque de poser un problème aux historiens : l'encre bleue présidentielle passe mal à la photocopieuse !). Quant aux collaborateurs (en sept ans l'activité moyenne d'un conseiller représente de trois à quatre cents cartons), ils transmettent régulièrement leurs dossiers dès qu'ils leur semblent clos. Cette documentation écrite est fichée et conservée à l'Elysée dans les sous-sols — un kilomètre et demi de rayonnages est prévu à cet effet.

Elle s'accompagne d'un archivage sonore (discours et interviews présidentiels sont conservés : plus de mille bandes et cassettes à la date de septembre 1984) et de quelques vidéo-cassettes. Mais sur ce point, rien n'est systématique à la différence, par exemple, des Etats-Unis. Il est vrai que là-bas, le souci des archives est poussé à l'extrême puisque chaque coup de téléphone émanant de la Maison Blanche est relevé, chaque numéro noté et la durée enregistrée — mais pas, du moins officiellement, la conversation[4]. Restent les archives de l'Elysée puisque, depuis 1947, une distinction est faite entre les papiers du Président et ceux de l'Elysée. Ces derniers, tout ce qui concerne l'intendance et le protocole, sont versés tous les dix-huit mois aux archives publiques.

Bref, dans une trentaine d'années, les historiens sauront tout de l'Elysée de François Mitterrand. Pourtant une femme n'en ignore déjà rien. Elle est historienne. Elle s'appelle Georgette Elgey. L'hôte du palais, elle le connaît depuis 1961 et même si, en 1981, elle a appelé à voter pour lui, elle fut et reste gaulliste. Au mois d'août 1982, le Président prend contact avec elle; il souhaite mettre en route une expérience qui n'a jamais été tentée : réaliser un travail d'historien sur de l'histoire vivante. Il veut que quelqu'un, c'est-à-dire Georgette Elgey, celle qui a résumé sous le titre *Politique* ses principaux écrits et discours, que quelqu'un donc puisse consulter tous les papiers de la Présidence, enregistrer les déclarations des témoins et établir des dossiers. Il ne s'agit pas de magnifier le septennat mais de témoigner pour l'histoire : tout ce travail sera en effet versé aux Archives nationales, en subira les règles et François Mitterrand, pour qu'aucune ambiguïté n'existe, signe à cette époque une note, rédigée par le directeur général des Archives, codifiant ces décisions.

Depuis, Georgette Elgey travaille : elle lit les notes, les documents, les textes les plus secrets; elle les classe et choisit; elle en établit une chronologie et s'interdit toute censure; si elle le juge nécessaire, elle interroge les témoins puis établit

4. Avec le nouveau standard, les mêmes relevés peuvent être désormais effectués à l'Elysée; le système n'est toutefois pas utilisé.

un compte rendu qui leur est envoyé pour ultime approbation; elle dépeint ainsi comment s'élabore une décision; mais si elle a accès à tout, elle n'assiste à rien; bref, thème par thème, elle écrit l'histoire du septennat. Certaine — elle n'a que deux personnes pour l'aider dans ce formidable travail — qu'elle n'aura pas terminé lorsque François Mitterrand aura quitté l'Elysée. Mais persuadée que les historiens disposeront de documents exceptionnels. Fou d'Histoire, soucieux de marquer son époque, François Mitterrand illustre ainsi, plus peut-être par cette démarche que par toute autre, une de ses réflexions : « Il faut laisser le temps au temps. »

Annexes

TROIS ORGANIGRAMMES

L'ORGANIGRAMME de l'Elysée change souvent. En voici trois photographies : en juin 1981, la première équipe; en juillet 1982, après la grande réorganisation; et en octobre 1984 [1]. Entre 1981 et 1984, on recense douze départs (Bérégovoy, Rousselet, Fournier, Legatte, Bonacossa, Bonnefond, Moreau, Renon, Stasse, Guimard, Cheramy, Ribs), dix arrivées (Dreyfus, Gendreau-Massaloux, Guigou, Hannoun, Levi, Arnoult, Musitelli, Waysbord, Prouteau, Schott), huit promotions (Bianco, Colliard, Sautter, Ménage, Charasse, Penne, Debray, Morel), quinze « sans changements » (Attali, Saulnier, Grossouvre, Vauzelle, Duhamel, Boublil, Castagnou, Nallet, Salzmann, Dayan, Laot, Manceron, Glavany, Soudet, Védrine) enfin, quatre conseillères qui étaient « officieuses » en 1981 ont depuis été nommées au *Journal officiel* (Royal, Sills, Cottin, Mithois). Notons que ces organigrammes ne concernent que les conseillers — les secrétaires particulières n'y figurent pas ni les aides de camp — et les collaborateurs officiels — pas les « officieux » donc.

1981

Secrétaire général : Pierre Bérégovoy (23 décembre 1925).
Chef de l'état-major particulier : général Jean Saulnier (15 novembre 1930).

1. Auprès de chaque nom, figure la date de naissance.

Conseiller spécial auprès du président de la République : Jacques Attali (1er novembre 1943).

Directeur du Cabinet : André Rousselet (1er octobre 1922).

Chargés de mission auprès du président de la République : François de Grossouvre (29 mars 1918); Paul Legatte (26 août 1916).

SECRÉTARIAT GÉNÉRAL

Secrétaire général adjoint : Jacques Fournier (5 mai 1929).

Conseiller auprès du secrétaire général : Michel Charasse (8 juillet 1941).

Porte-parole de la présidence de la République : Michel Vauzelle (15 août 1944).

Attachée de presse de la présidence de la République : Nathalie Duhamel (2 juillet 1948).

Conseillers techniques :

Jacques Bonacossa (27 novembre 1941) : Commerce, Artisanat.

Antoine Bonnefond (31 août 1925) : Justice.

Alain Boublil (22 juillet 1947) : Industrie, Equipement, Logement, Transports, P.T.T., Mer.

Pierre Castagnou (8 septembre 1940) : Relations avec le Parlement.

Yannick Moreau (30 décembre 1945) : Affaires sociales, Santé, Personnes âgées, Famille, Immigration.

Henri Nallet (6 janvier 1939) : Agriculture.

Guy Penne (9 juin 1925) : Affaires africaines.

Gérard Renon (12 septembre 1940) : Energie et matières premières, Recherche et Technologie, Aéronautique, Espace.

Charles Salzmann (25 mars 1927) : Communication, Informatique.

François Stasse (11 janvier 1948) : Economie, Budget, Plan, Aménagement du territoire.

Christian Sautter (9 avril 1940) : Economie internationale.

Hubert Védrine (31 juillet 1947) : Relations internationales.

Chargés de mission :

Paule Dayan (17 janvier 1944) : Relations avec le Parlement.

Régis Debray (2 septembre 1940) : Affaires internationales.

Paul Guimard (3 mars 1921) : Culture.

Jeannette Laot (15 janvier 1925) : Emploi, Travail, Formation professionnelle, Droits de la femme.

Claude Manceron (5 février 1923) : Culture, Commémoration de la Révolution de 1789.

Jacques Ribs (1er août 1925) : Rapatriés, Professions libérales.

CABINET

Directeur adjoint du Cabinet : Jean-Claude Colliard (15 mars 1946).

Chef de cabinet : Jean Glavany (14 mai 1949).

Conseiller technique : Gilles Ménage (5 juillet 1943).

Chargés de mission :

Jean-Louis Bianco (12 janvier 1943) : Economie, Audiovisuel.

Pierre Morel (27 juin 1944) : Sommets.

Laurence Soudet (20 septembre 1931) : Edition.

1982

Secrétaire général : Jean-Louis Bianco (12 janvier 1943).

Chef de l'état-major particulier : général Jean Saulnier (15 novembre 1930).

Conseiller spécial auprès du président de la République : Jacques Attali (1er novembre 1943).

Directeur du Cabinet : Jean-Claude Colliard (15 mars 1946).

Chargés de mission auprès du président de la République :
    François de Grossouvre (29 mars 1918).
    Paul Legatte (26 août 1916).
Conseillers auprès du président de la République :
    Michel Charasse (8 juillet 1941) : Questions constitutionnelles. Collectivités locales et décentralisation.
    Guy Penne (9 juin 1925) : Affaires africaines et malgaches.

SECRÉTARIAT GÉNÉRAL

Secrétaire général adjoint : Christian Sautter (9 avril 1940).
Porte-parole de la présidence de la République : Michel Vauzelle (15 août 1944).
Attachée de presse de la présidence de la République : Nathalie Duhamel (2 juillet 1948).
Conseillers techniques :
    Jacques Bonacossa (27 novembre 1941) : Commerce, Artisanat.
    Antoine Bonnefond (31 août 1925) : Justice.
    Alain Boublil (22 juillet 1947) : Industrie, Equipement, Logement, Transports, P.T.T., Mer.
    Pierre Castagnou (8 septembre 1940) : Relations avec le Parlement.
    Jean-Daniel Levi (30 mai 1940) : Energie et matières premières, Recherche et technologie, Aéronautique, Espace.
    Yannick Moreau (30 décembre 1945) : Affaires sociales, Santé, Personnes âgées, Famille, Immigration.
    Pierre Morel (27 juin 1944) : Affaires européennes, Sommets.
    Henri Nallet (6 janvier 1939) : Agriculture.
    Charles Salzmann (25 mars 1927) : Communication, Informatique.
    François Stasse (11 janvier 1948) : Economie, Budget, Plan, Aménagement du territoire.

Hubert Védrine (31 juillet 1947) : Relations internationales.

Chargés de mission :

Robert Cheramy (31 janvier 1920) : Education nationale.

Paule Dayan (17 janvier 1944) : Relations avec le Parlement.

Régis Debray (2 septembre 1940) : Affaires internationales.

Paul Guimard (3 mars 1921) : Culture.

Jeannette Laot (15 janvier 1925) : Emploi, Travail, Formation professionnelle, Droits de la femme.

Claude Manceron (5 février 1923) : Culture, Commémoration de la Révolution de 1789.

Jacques Ribs (1er août 1925) : Rapatriés, Professions libérales.

CABINET

Directeur adjoint du Cabinet : Gilles Ménage (5 juillet 1943).

Chef de cabinet : Jean Glavany (14 mai 1949).

Chargée de mission : Laurence Soudet (20 septembre 1931) : Edition.

1984

Secrétaire général : Jean-Louis Bianco (12 janvier 1943).

Chef de l'état-major particulier : général Jean Saulnier (15 novembre 1930).

Conseiller spécial auprès du président de la République : Jacques Attali (1er novembre 1943).

Directeur du Cabinet : Jean-Claude Colliard (15 mars 1946).

Chargés de mission auprès du président de la République :

Pierre Dreyfus (18 novembre 1907).

François de Grossouvre (29 mars 1918).

Régis Debray (2 septembre 1940).

Conseillers auprès du président de la République :

Michel Charasse (8 juillet 1941) : Questions constitutionnelles, Collectivités locales et décentralisation.

Guy Penne (9 juin 1925) : Affaires africaines et malgaches.

SECRÉTARIAT GÉNÉRAL

Secrétaire général adjoint : Christian Sautter (9 avril 1940).

Porte-parole de la présidence de la République : Michel Vauzelle (15 août 1944).

Attachée de presse de la présidence de la République : Nathalie Duhamel (2 juillet 1948).

Conseillers techniques :

Alain Boublil (22 juillet 1947) : Industrie, Equipement, Logement, Transports, P.T.T., Mer.

Pierre Castagnou (8 septembre 1940) : Cadres, Commerce, Artisanat, Professions libérales, Relations avec le Parlement, Tourisme.

Michèle Gendreau-Massaloux (28 juillet 1944) : Education nationale, Fonction publique.

Elisabeth Guigou (6 août 1946) : Economie internationale, Commerce extérieur.

Hervé Hannoun (3 août 1950) : Economie, Budget, Plan, Aménagement du territoire.

Jean-Daniel Lévi (30 mai 1940) : Energie et matières premières, Recherche et technologie, Aéronautique, Espace.

Pierre Morel (27 juin 1944) : Affaires européennes, Sommets.

Henri Nallet (6 janvier 1939) : Agriculture.

Charles Salzmann (25 mars 1927) : Communication, Informatique.

Hubert Védrine (31 juillet 1947) : Relations internationales.

Chargés de mission :

Erik Arnoult (22 mars 1947) : Culture.

Christine Cottin (17 février 1949) : Presse.

Paule Dayan (17 janvier 1944) : Justice, Relations

avec le Parlement, Rapatriés, Professions judiciaires.

Jeannette Laot (15 janvier 1925) : Emploi, Travail, Formation professionnelle, Droits de la femme.

Claude Manceron (5 février 1923) : Culture, Commémoration de la Révolution de 1789.

Cécile Mithois (13 mars 1943) : Presse.

Jean Musitelli (18 juillet 1946) : Affaires internationales.

Ségolène Royal (22 septembre 1953) : Affaires sociales, Santé, Personnes âgées, Famille, Immigration, Jeunesse et Sports.

Mary Sills (12 septembre 1947) : Communication.

Hélène Waysbord (19 novembre 1936) : Grands chantiers, Environnement.

CABINET

Directeur adjoint du Cabinet : Gilles Ménage (5 juillet 1943).

Chef de cabinet : Jean Glavany (14 mai 1949).

Conseillers techniques :

Christian Prouteau (7 avril 1944) : Sécurité.

Cyrille Schott (27 octobre 1950) : Organisation, Courrier.

Chargée de mission : Laurence Soudet (20 septembre 1931) : Edition.

1. *François Mitterrand.* — L'ancien bureau de Charles de Gaulle et de Georges Pompidou.
2. *Jacques Attali.* — Les aides de camp de De Gaulle se tenaient là.
3. *Jean-Louis Bianco.* — La salle du conseil des ministres sous de Gaulle.
4. *Jean-Claude Colliard.* — L'ancien bureau de Valéry Giscard d'Estaing.
5. *Paulette Decraene et Marie-Claire Papegay.* — C'est là qu'Alain Poher s'est installé pendant l'intérim de 1969.
6. *Christian Sautter.* — L'un des bureaux gagnés sur les anciens appartements du roi de Rome.
7. *Jean Glavany.* — Le bureau traditionnellement réservé au chef de cabinet.
8. *Salle des fêtes;* en dessous de cette pièce rénovée en 1984, le Président a fait installer un studio de télévision d'où il peut intervenir sans qu'il faille mettre en place des installations spéciales.
9. *Jardin d'hiver,* refait en 1984.
10. *Salle à manger Napoléon III.*
11. *Salon Murat,* où se tient le conseil des ministres.
12. *Salon des aides de camp,* où ont lieu les déjeuners officiels avec un nombre restreint de convives.
13. *Salon des ambassadeurs,* où sont présentées les lettres de créance.
14. *Salon de l'hémicycle,* derrière lequel se trouve l'ascenseur réservé au Président.
15. *Salon des portraits,* où se déroule le petit déjeuner du mardi matin.
16. *Salon Cléopâtre,* qui sépare les appartements privés du président de la République de la Présidence.
17. *Bibliothèque.*
18. *Les appartements privés,* rénovés en 1984.

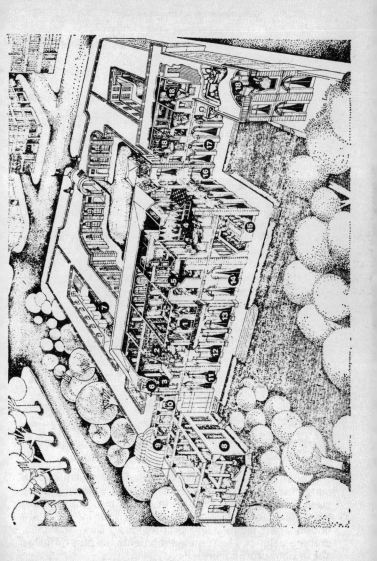

Dessin d'Alin Letève

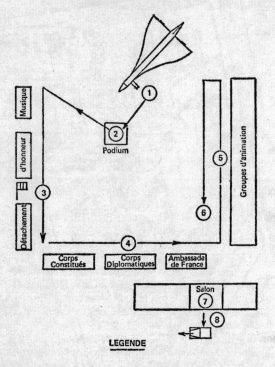

VISITE AU RWANDA

Cérémonie d'arrivée à l'aéroport de Kigali

Lundi 10 décembre 1984

Musique

d'honneur

Détachement

Podium

Groupes d'animation

Salon

Corps Constitués	Corps Diplomatiques	Ambassade de France

LÉGENDE

→ Trajet de Monsieur le Président

1. Accueil à la coupée
2. Hymnes nationaux et présentation du chef de détachement
3. Revue du détachement d'honneur (court arrêt devant le drapeau et remerciement du chef de détachement)

4. Salut des personnalités
5. Passage devant les groupes d'animation
6. Retour vers le salon d'honneur
7. Bref arrêt au salon d'honneur
8. Embarquement en voiture

A chaque voyage, le président de la République et sa suite disposent d'un « petit livre blanc » établi par les services du protocole. Ce livret définit très précisément les différentes étapes de la visite et tout ce qui a été codifié par la mission préparatoire. Des schémas, comme celui-ci, illustrent les moments les plus difficiles sur le plan protocolaire.

LES « INVITÉS PERSONNELS »
DE FRANÇOIS MITTERRAND

(octobre 1981 - juillet 1984)

Mexique (19-21 octobre 1981) :
Roger Gouze, Jean Daniel.

Algérie (30 novembre - 1er décembre 1981) :
Roland Dumas, Claude Estier, Gisèle Halimi, Jules Roy, Roger Hanin, Fernand Montlahuc.

Israël (3-5 mars 1982) :
Christine Gouze-Renal, Jacques Attali, Mme Barnes, Mme Boniface, Jean Poperen, Jacques Piette, Roland Amsellem, Jacques Fauvet, Claude Lanzman, Philippe Bourdrez, Henri Finifter, Pierre Aidenbaum, Prosper Nakache.

Japon (14-18 avril 1982) :
Mme Théobald-Paoli, Jean-Jacques Servan-Schreiber, Bernard Frank, M. Balthus de Rola, Pierre Uri, Jean Daniel, Alain Jouffroy, Nicole Wybo, Alain Colmerauer.

Danemark (28-29 avril 1982) :
François-Régis Bastide, Lydie Dupuy, Marie-Pierre Landry, Stéphan Jouanneau, Mme Stéphan Jouanneau.

Niger et Sénégal (19-25 mai 1982) :
André Valabregue, Christine Forsne, Françoise Fugier, Georges Beauchamp, Hervé Bourges,

393

Ernest Cazelles, Mme Jean-Claude Colliard, Roger Hanin, M. Munier, Mme Munier, Bernard Tarrazi.

Hongrie (7-9 juillet 1982) :
Michèle Cotta, Mme Pierre Joxe, François-Marie Banier.

Grèce (1er-3 septembre 1982) :
André Rousselet, Jean-Jacques Servan-Schreiber, Jacques Lacarrière, Mme Nicole Loraux.

Burundi, Rwanda, Zaïre et Congo (6-11 octobre 1982) :
Danièle Burguburu, Jean-Marie Burguburu, Jean Ballenci, Jean Dupuy, Jeanny Lorjou, Haroun Tazieff.

Egypte (24-26 novembre 1982) :
Mme Jack Lang, Jean Poperen, Nathalie Poperen, Henri Michel, Paulette Nevoux, Roger Gouze, Laurence Soudet, Elisabeth Mitterrand, Marie-France Lavarini, Christine Forsne, André Manon, Mireille Albrecht.

Inde (27-30 novembre 1982) :
Mme Jack Lang, Jean Poperen, Nathalie Poperen, Henri Michel, Paulette Nevoux, Roger Gouze, Laurence Soudet, Elisabeth Mitterrand, Jean-Luc Chambard, Marie-France Lavarini, Christine Forsne, André Manon, Mireille Albretch.

Togo et Bénin (14-16 janvier 1983) :
Georges Beauchamp, Roger Fajardie, André Valabregue, Jean-Pierre Aubert, Henry Finifter, Jean-Marie Burguburu, Jean-Jacques Kourliandsky, Monique Verny.

Gabon (17-18 janvier 1983) :
Georges Beauchamp, Roger Fajardie, André Valabregue, Mme Jacques Pelletier, Jean-Pierre Aubert, Henri Finifter, Jean-Marie Burguburu, Jean-Jacques Kourliandsky, Monique Verny.

Maroc (27-30 janvier 1983) :
Mme Gaston Deferre, Alain Billon, François de Grossouvre, Mme François de Grossouvre, Jacques Ribs, Didier Pineau-Valenciennes, Jean Daniel, Jean Védrine, Mme Dollfus, Maurice Buttin, Jean Mauriac.

Suisse (14-16 avril 1983) :
  Jean-Marie Bockel, Christine Arnothy.

Népal (2-3 mai 1983) :
  Etienne Manac'h, Mme Maurice Faure, Michel Pecqueur, Patrice Pelat, Claude Allègre, Gilbert Comte, Marcelle Padovani, Yves Hervouet, Marie-Claire Bergère, Jean-Marie Cambacérès, Lucien Sfez.

Chine (3-7 mai 1983) :
  Etienne Manac'h, Jean-Pierre Brunet, Mme Maurice Faure, Michel Pecqueur, Patrice Pelat, Claude Allègre, Gilbert Comte, Marcelle Padovani, Yves Hervouet, Marie-Claire Bergère, Jean-Marie Cambacérès, Lucien Sfez.

Cameroun (20-21 juin 1983) :
  Jean-Pierre Aubert, Jean-Marie Burguburu, Philippe Decraene, Christiane Doré, Jean Dromer, Henri Finifter, Yannick Noah, M. et Mme Zacharie Noah, Lucien Pfeiffer.

Belgique (12-14 octobre 1983) :
  Pierre Merli.

Tunisie (27-29 octobre 1983) :
  Gabriel Ventejol, Gisèle Halimi, Mme Pierre Mendès France, Jacques Bonnot, Olivier-Clément Cacoub, Jacques Celerier, Serge Moati, Patrick Niclot, Jean Rous, Mme Rous, André Sudre.

Yougoslavie (15-17 décembre 1983) :
  Hélène Ahrweiller, François-Marie Banier, Hervé Bourges, Roland Dumas, Roger Gouze, Bernard Hanon, Marcelle Padovani.

Monaco (19-20 janvier 1984) :
  Alain Bombard, Claude de Kemoularia, Jean Deflassieux.

Pays-Bas (6-8 février 1984) :
  M. et Mme Yves Cazaux, Irène Dayan, Christine Gouze-Renal, Jacques Marot, Jacques Stern.

Etats-Unis d'Amérique (21-29 mars 1984) :
  Hélène Waysbord, Jean-Claude Héberlé, Raphaël Doueb.
      San Francisco : Haroun Tazieff.
      A partir de San Francisco : Henri Mendras.

A partir de Pittsburgh : Jean-Jacques Servan-Schreiber, Jean Daniel.

Norvège (14-16 mai 1984) :

Michel Pecqueur, Marie-Christine Subot, Christine Forsne.

Suède (16-18 mai 1984) :

François Gros, René Thomas, Christine Forsne.

Moscou (20-23 juin 1984) :

Edgar Faure, Maurice Faure, Pierre Joxe, Marcelle Padovani, Jean Daniel, Théo Klein, André Fontaine, Michel Tatu, Robert Paumier, Jean Lacouture, Jean-Claude Héberlé, Claude Estier, Jean Riboud, Alain Gomez, Frédéric Grendel.

Jordanie (9-11 juillet 1984) :

François-Marie Banier, Mario Beunat, Claude de Kemoularia, André Manon, père Jacques Tournay.

Index des noms cités

Bettencourt André, 140.
Bettencourt Pierre, 36.
Beylier Hubert, 49.
Bianco Jean-Louis, 21, 34, 35, 36, 43, 44, 47, 50, 54, 55, 57, 80, 106, 130, 138, 141, 142, 144, 148-155, 156, 161, 162, 163, 166, 167, 169, 171, 175, 176, 181, 182, 184, 185, 189, 190, 192, 197, 199, 214, 215, 216, 217, 218, 219, 220, 221, 224, 228, 229, 230, 231, 256, 265, 266, 267, 270, 275, 296, 317.
Bidault Jean-Joseph, 222.
Blainville Charles-Henri de, 336.
Blum Léon, 10.
Boissonnat Jean, 44, 186.
Bombard Alain, 225.
Bonnefous Edouard, 65.
Bordin Sylvie, 32.
Boublil Alain, 16, 21, 24, 106, 107, 161.
Boulez Pierre, 351.
Bourbon Charles de, 44.
Bourbon Louis-Joseph Henri de, 118.
Bourdieu Pierre, 186.
Bourges Hervé, 246.
Bouteiller Pierre, 349.
Bradbury Ray, 152.
Brandt Willy, 9.
Branner, 36.
Brejnev Leonid, 15.
Briançon Pierre, 44.
Bruand Aristide, 257.
Burguburu Jean-Marie, 246.

C

Camus Albert, 200.
Canavaggio Perrine, 36, 374.
Cardin Pierre, 65.
Carnot Sadi, 121, 352.
Carrère d'Encausse Hélène, 326.
Carzou Jean, 36.

Casimir-Perier Jean, 121.
Castagnou Pierre, 57, 106, 141, 143, 166, 172, 174, 194.
Castro Fidel, 227.
Castro Roland, 178.
Cellard André, 195.
Chaban-Delmas Jacques, 255, 267.
Chadli Bendjedid, 185.
Chapelain-Midy Roger, 59.
Chapuis Bernard, 281.
Charasse Michel, 22, 36, 42, 43, 79, 106, 136, 139, 141, 144, 147, 158, 161, 163, 165, 172, 173, 215, 216, 218, 229, 230, 231, 296, 317.
Charles IX, 93.
Charles X, 69, 93.
Charles, Prince de Galles, 235.
Chateaubriand Alphonse de, 119, 181.
Chéreau Patrice, 326.
Chevènement Jean-Pierre, 228.
Cheysson Claude, 130, 222, 227.
Chirac Jacques, 155.
Cicéron, 357.
Claisse Guy, 132, 186.
Clemenceau Georges, 61, 65.
Closets François de, 186.
Codine Marie-Claire, 95, 98, 99.
Cohen Samy, 158, 162, 168, 170.
Colé Gérard, 269, 270.
Colliard Jean-Claude, 20, 21, 35, 36, 43, 47, 54, 55, 57, 63, 79, 109, 112, 114, 138, 141, 145, 149, 156, 157, 158, 161, 163, 170, 173, 175, 176, 216, 217, 265, 266, 267, 270, 279, 296.
Colombani Jean-Marie, 324.
Coluche, 326.
Conchon Georges, 326.
Cordier Marie-France, 173.

401

Index des matières

Table

TROISIÈME PARTIE

L'ELYSÉE PLUS SECRET

ANNEXES

7463

IMPRIMÉ EN FRANCE PAR BRODARD ET TAUPIN
58, rue Jean Bleuzen - Vanves - Usine de La Flèche.
LIBRAIRIE GÉNÉRALE FRANÇAISE - 14, rue de l'Ancienne-Comédie - Paris.

ISBN : 2 - 253 - 03889 - X

30/6187/6